중국 언어의 이해
漢語綜述

중국 언어의 이해
漢語綜述

이가수李家樹, 진원지陳遠止, 사요기謝耀基 지음
박찬욱, 김희성, 김승현, 신근영 옮김

한국문화사

『漢語綜述』
Copyright © Hong Kong University Press. 1999
Korean Translation Copyright © The Hankook Publishing House Co. 2022
All rights reserved. No portion of this publication may be reproduced or transmitted
in any form or by any means, electronic or mechanical, including photocopy,
recording, or any information storage or retrieval system, without prior
permission in writing from the Publisher.

■ 역자의 말

　중국(언)어학 개론서는 이미 시중에 많이 나와 있다. 고전과 현대를 아우르고 음운론, 어법학, 문자학에 유형론, 화용론, 교육학 등을 아우르는 입문서들이 다양한 관점에서 중국어의 본질을 소개하고 있다. 양적으로는 이미 충분하다 느껴짐에도 또 한 권의 저서를 번역하게 된 데에는 몇 가지 동기가 있었다.
　첫째, 중국 언어 현상을 문학과 문화 속에서 논의한다. 바야흐로 융합의 시대이다. 이것과 그것이, 그것과 저것이 만나 새로운 무언가를 만들어내는 시대이다. 이에 중어(中語)와 중문(中文)에도 그와 같은 시도가 지속해서 그리고 과거보다 더욱 적극적으로 시도될 필요가 있다고 보았다. 문(文)과 이(理) 간의 구분도 초월해가는 시대에, 본서는 문학과 문화에 바탕하여 언어를 분석하고 언어에 기초하여 문학과 문화 텍스트를 이해하는 데 작은 단초를 제공해 줄 것이라고 본다.
　둘째, 중국 언어 현상을 사회적 과정이자 결과로 논의한다. 언어는 사회 속에 있다. 사회는 언어를 통해 연결되고 그 결과로서의 언어는 사회의 면면을 반영한다. 이는 그 자체가 논쟁거리이면서 부인할 수 없는 사실이다. 언어를 언어적 관점에서만 보게 되면 언어가 사회로부터 얼마나 유리(遊離)되어 있는지 알 수 없게 된다. 단어 하나가 어떠한 교류의 산물이고 어법 구조가 어떻게 사회적 영향을 반영하고 있는지를 살펴볼 때, 그때부터 우리는 진정한 외국 언어 학습과 연구의 길로 들어설 수 있을 것이다. 본서는 그 길로 들어서는 안내자 역할에 충실하다고 본다.
　셋째, 중국 언어 현상을 기타 언어와의 비교로써 논의한다. 비교는 현상을 이해하는 원초적 방법론 중의 하나이다. 기호학의 가르침처럼 무언가의 의미는 비교에 기초한 차이를 통해 인식하고 이해할 수 있다. 중국 언어 현상이 갖는 고유함과 특별함은 그 자체만 바라볼 때는 알 수 없다. 그것은 기타 언어 현상과의 비교를 통해 드러난다. 본서는 형·음·의에 기초한, 이른바 전통에 기초하여 중국어의 제 현상을 설명하지만 그와 극명한 차이를 보이는 인도유럽어와의 비교를 통해 중국 언어 현상이 가진 의미를 소개한다.

본서의 작업은 기본적으로 역자의 전공을 기초로 진행했다. 이에, 제2장 어음(語音)은 김희성이, 제3장 어휘(詞彙)는 신근영이, 제4장 어법(語法)은 김승현이, 제5장 문자(文字)는 박찬욱이 각각 맡았다. 그리고 제1장 머리말과 제6장 맺음말은 김희성과 박찬욱이 함께했고 용어와 부호의 통일, 전체 내용의 일관성 조정은 박찬욱이 맡아 진행했다. 최대한의 노력을 기울였음에도, 연구와 번역은 그 역시 별개의 일이기에, 오역과 누락을 피할 수는 없을 것이다. 역자들의 손을 떠나 결과물로 나오게 된 이상 향후 수정으로 미진함을 메우고자 한다. 독자들의 질정을 바라마지 않는다.

끝으로, 출판에 흔쾌히 응해주신 한국문화사 김진수 사장님과 낱낱의 원고를 한 권의 책으로 나올 수 있도록 출판에 힘써주신 조정흠 부장님, 김태균 편집장님, 김주리 대리님께 감사의 마음을 전한다.

2022년 2월
역자를 대표하여 박찬욱 씀

■ 차례

제1장 머리말 ·· 1
  1.1. 현대중국어의 특성과 운용 ································· 1
    1.1.1. 현대중국어와 방언 ····································· 1
    1.1.2. 중국어의 어음, 어휘, 어법의 특징 ············· 3
    1.1.3. 중국어 문자의 특징과 의미전달 ················· 6
    1.1.4. 중국어 특징에 기초한 중국어 글쓰기 ········· 7
  1.2. 중국어 규범화의 기준 ··· 8
    1.2.1. 시대별, 지역별 요소들을 포괄한다 ············· 8
    1.2.2. 순화시키지 않고 있는 그대로 사용한다 ····· 9
    1.2.3. 어음과 문자도 사회적 약속을 따른다 ······· 10

제2장 어음 ·· 13
  2.1. 중국어 어음의 특징 ·· 13
    2.1.1. 단음절을 위주로 한다 ······························· 13
    2.1.2. 성조가 의미 변별을 보조한다 ··················· 15
    2.1.3. 음악성이 풍부하다 ··································· 17
  2.2. 성모, 운모, 성조 ·· 21
    2.2.1. 자음과 모음 ··· 21
    2.2.2. 성모와 운모 ··· 28
    2.2.3. 현대중국어의 성조 ··································· 31
  2.3. 음절, 압운, 평측 ·· 34
    2.3.1. 중국어의 음절구조 ··································· 34
    2.3.2. 압운, 평측, 그리고 중국어의 음악미 ········ 37
  2.4. 다음자 처리 ·· 41
    2.4.1. 이독자 ·· 41
    2.4.2. 다음다의자 ·· 44
    2.4.3. 다음다의자 학습과 이독자 처리 ··············· 45

제3장 어휘 47

3.1. 중국어 어휘의 특징 47
    3.1.1. 이음절어가 우세해져 간다 47
    3.1.2. 융통성이 풍부하다 50
    3.1.3. 결합의 균형을 중시한다 52
3.2. 단어의 분리성 문제 56
    3.2.1. 형태소, 단어, 구 56
    3.2.2. 단일어와 합성어 61
    3.2.3. 형태소, 단어, 구의 구분 기준 67
3.3. 단어의 동일성 문제 71
    3.3.1. 어휘의 동음 현상 문제 71
    3.3.2. 동음어와 다의어 73
    3.3.3. 동의어와 반의어 76
3.4. 단어의 겸류와 활용 81
    3.4.1. 단어 운용의 오류 81
    3.4.2. 겸류와 활용 84
    3.4.3. 사회적 관습에 준한 결정 88
3.5. 단어의미 변천의 구체적 상황 91
    3.5.1. 단어의미의 정의 91
    3.5.2. 단어의미 발전의 3대 규칙 94
    3.5.3. 단어의미의 인신과 발전 관계 96
    3.5.4. 존폐 관점에서 본 단어의미 98
3.6. 어휘의 발전과 규범 106
    3.6.1. 끊임없는 발전과 변화 106
    3.6.2. 방언어, 고어, 외래어의 광범위한 흡수 108
    3.6.3. 어휘의 규범화 문제 112

제4장 어법 ····· 115

4.1. 중국어 어법의 특징 ····· 115
4.1.1. 중국어는 의미조합적이다 ····· 115
4.1.2. 중국어는 간결하다 ····· 119
4.1.3. 중국어는 융통적이다 ····· 121

4.2. 단어와 구 ····· 126
4.2.1. 각 층위별 어법단위 ····· 126
4.2.2. 합성어의 구조 ····· 128
4.2.3. 품사는 단어의 어법적 분류이다 ····· 134
4.2.4. 단어, 구, 문장의 구조는 기본적으로 일치한다 ····· 140

4.3. 문장성분과 문장분석 ····· 144
4.3.1. 문장성분에는 여러 대응 관계가 존재한다 ····· 144
4.3.2. 문장성분에는 판별의 문제가 발생한다 ····· 147
4.3.3. 문장분석에는 다양한 방법들이 존재한다 ····· 153
4.3.4. 도해로 문장분석 결과를 보여준다 ····· 155

4.4. 문장의 유형 ····· 158
4.4.1. 문장의 다양한 분류 근거 ····· 158
4.4.2. 단문의 어법 분류 ····· 159
4.4.3. 복문의 의미 분류 ····· 163
4.4.4. 문장의 복잡화 ····· 166

4.5. 단문, 복문, 문단 ····· 172
4.5.1. 단문과 복문의 구분 문제 ····· 172
4.5.2. 문단은 최대 어법단위이다 ····· 179
4.5.3. 문단과 복문의 분류는 기본적으로 일치한다 ····· 182

4.6. 어법의 발전과 규범화 ····· 185
4.6.1. 인징성과 변동성 ····· 185
4.6.2. 어법의 규범화 ····· 190

제5장 문자 ··· 197

　5.1. 한자의 특징 ··· 197
　　5.1.1. 성질상 표의문자이다 ·································· 197
　　5.1.2. 형태상 방괴자이다 ····································· 202
　　5.1.3. 독음은 단음절이다 ····································· 207
　5.2. 한자의 구성방식과 서체 ······································ 210
　　5.2.1. 독체와 합체 ··· 210
　　5.2.2. 육서 규칙 ··· 211
　　5.2.3. 상형, 지사, 회의 ·· 214
　　5.2.4. 형성 ·· 222
　　5.2.5. 전주와 가차 ··· 227
　　5.2.6. 한자 서체의 변화 ······································ 234
　5.3. 한자의 간화와 병음화 ·· 239
　　5.3.1. 고대의 한자 간화 ······································ 239
　　5.3.2. 현대의 한자 정리 ······································ 242
　　5.3.3. 한자의 병음화 ·· 247
　5.4. 한자의 정자법 ··· 250
　　5.4.1. 정자법의 필요성 ·· 250
　　5.4.2. 자형과 독음에 주의한 한자 쓰기 ··················· 251

제6장 맺음말 ·· 255

　6.1. 중국어와 중국문화 ·· 255
　6.2. 중국어 활용의 문화 차이 ····································· 261

후기 ·· 265

일러두기

1. 인명과 서명은 한자음 표기를 택했다. 처음 출현하는 인명과 서명에 한해 첨자로 원어를 제시하고 그 뒤로 반복 제시된 인명과 서명에는 원어 제시를 하지 않았다.
2. 인명과 서명 뒤에 붙는 한국어 조사는 한자음에 준해 부가했고 중국어 어휘, 문장, 문자 뒤에 붙는 한국어 조사는 중국어 원음에 준해 부가했다.
3. 어휘(詞彙)에 관한 제3장에서는 내용의 특성을 고려하여 예시된 단어에 한어병음과 의미를 첨자로 부기하였다. 다만, 나머지 장에서는 맥락에 따라 제시한 부분도 있고 일부 제시하거나 제시하지 않은 부분도 있다.
4. 본문 중에 예로 제시된 어휘, 문장, 단락뿐만 아니라 발췌된 문집의 일부, 인용된 고전 시가나 경전 등도 가급적 원문을 함께 제시했다.

제1장 머리말

1.1. 현대중국어의 특성과 운용

1.1.1. 현대중국어와 방언

현대중국어는 현대 중국의 공용어이다.[1] 공용어는 모든 사회 구성원에게 통용되는 언어이다. 그래서 '보통화普通話' 또는 '국어國語'라고 부른다. 이러한 공용어의 형성은 언어가 사회적 통일과 궤를 같이 하며 통일돼온 결과이다. 한 민족에게 수준 높은 정치, 경제, 문화적 통일이 이루어지면 지역 사람들 간의 왕래는 필연적으로 빈번해질 수밖에 없다. 그리고 이때 의사소통 도구로서의 통일된 언어는 절실히 요구된다. 그 결과로서, 어느 한 방언에 기초하여 형성된 공용어가 점차 전국 가지로 퍼져나가 각 방언지역에서 공통적으로 사용되는 언어로 자리 잡는다.

---

1 [역주]본서에서 '중국어'는 '漢語'를 가리킨다. 단, 1.2.1절에서와 같이 외래 성분과 구분된 대상으로서의 한어나 『한어병음방안』과 같이 고유명사로 지칭되는 경우는 '한어'를 그대로 사용하였다.

과거 이천여 년 동안 지속돼온 중국어 문어書面語와 구어口語 간 괴리는 '문언文言'을 탄생시켰다. 하지만 5·4 백화문 운동 이후 구어와 문어가 통일을 이루는 과정에서 문언은 도태되었다. 그리고 양자 간 통일체로서 '백화白話'가 형성되었다. 현대중국어의 문어는 곧 백화이다.

1955년 10월 전국문자개혁회의全國文字改革會議와 현대중국어규범문제학술회의現代漢語規範問題學術會議가 개최된 이래 현대중국어는, 구체적으로, "북경어음을 표준 발음으로 하고 북방방언을 기초방언으로 하며 모범적인 현대백화문 저작을 어법 규범으로 하는以北京語音爲標準, 以北方話爲基礎方言, 以典範的現代白話文著作爲語法規範" 보통화를 의미해왔다.2

중국은 국토가 넓고 인구가 많아 다양한 방언이 존재한다. 보통화는 여기서 각 방언 지역을 연결하는 매우 중요한 역할을 한다. 더욱이 보통화는 문어와 큰 괴리를 보이지 않기 때문에 '말을 직접 글로 옮길 수 있다'라는 점에서 여타 방언들의 간섭을 줄일 수 있어 어문능력 향상에 도움이 된다.

방언의 간섭을 줄일 수 있다는 것이 곧 방언의 사용을 금지하자는 이야기는 아니다. 다만, 보통화를 구사할 줄 모르면 방언구 간에 문어로만 교류할 수밖에 없던 것이 2000년대까지 이어져 온 중국의 현실이었다. 홍콩의 경우를 보자. 1997년 이후 홍콩과 중국 간 교류가 늘어나면서 보통화의 중요성 역시 눈에 띄게 늘어났다. 보통화와 (월어粵語 위주의)홍콩 광동어廣東話는 공용어와 방언의 관계이다. 여기에는 분명히 주와 차의 구분이 존재하지만 지위 고하의 우열이 존재하는 것은 아니다. 그리고 때로는 보통화도 방언에서 유래된 어휘들을 수용함으로써 표현의 범위를 늘리기도 한다. 따라서 방언지역에서의 표준어 보급은 절차에 따라 점진적으로 이루어져야

---

2 호유수胡裕樹 編著, 『현대중국어現代漢語』(개정본), 上海: 上海教育出版社, 1995, pp. 9~17 참고.

할 것이며 행정명령에 따라 급격하게 진행돼서는 안 될 것이다.

1.1.2. 중국어의 어음, 어휘, 어법의 특징

중국어는 모음이 우세한 데다 성조의 변화와 음절의 장단까지 더해져 풍부한 음악성을 갖는다. 중국어에서는 성조, 운율, 음의 조화를 모두 추구하는 운문韻文 뿐만 아니라 산문散文에서도 운율감과 낭랑함이 중요시된다. 음절의 조화는 안정감과 균형감을 주고 단음절과 쌍음절의 유연한 사용은 박자감을 더해 단조롭고 딱딱한 느낌을 없애준다. 중국어의 음악성을 제대로 파악하면 어음을 미학적으로 구성하는 데 도움을 준다. 예를 들어 어음의 종류, 고저, 장단 등에서부터 쌍성雙聲, 첩운疊韻, 첩음자 단어疊音字詞 등의 구성, 압운押韻, 평측平仄, 음보音步 등의 배치에 이르기까지 다양한 수단을 통해서 중국어는 언어의 표현 효과를 배가시킬 수 있다.

현대중국어의 단어는 의미 표현을 좀 더 풍부하고 섬세하게 하고자 단음절에서 이음절로 변화돼가고 있다. 그 과정에서 중국어 단어는 풍부한 가변성을 갖고 때론 단음절로, 또 때론 이음절로 사용되기도 한다. 하지만 선택과 조합 등의 관계를 고려하여 문장을 구성할 때는 대칭과 균형에 대한 제약을 크게 요구받는다. 문장 내 음절들이 고르게 배치되어야 읽기에도 좋고 어감 상에도 균형을 이룰 수 있기 때문이다. '戒驕戒躁jiè jiāo jiè zào 교만함을 경계하고 조바심을 경계하다'에서의 '驕'와 '力戒驕傲lìjiè jiāo'ào 교만함을 경계하다'에서의 '驕傲'는 의미가 동일해도 음절수가 달라 상호 대치가 어렵다. '戒驕傲戒躁'나 '力戒驕'는 음절의 균형이 깨져 읽기에 매끄럽지 못하기 때문이다. '我把這個難忘記的故事埋在心底나는 이 잊기 어려운 일을 마음 속에 묻어두었다'와 '西安是中國的一座古首都시안은 중국의 옛 수도이다'도 마찬가지로 매끄럽지 못하다.

'難忘記nán wàngjì'를 '難以忘記nányǐ wàngjì'나 '難忘nánwàng'으로 바꾸고 '古首都gǔ shǒudū'를 '古都gǔdū'로 고쳐야만 구조와 음절이 비로소 균형을 이룰 수 있다. 단음절에는 단음절을, 이음절에는 이음절을 더하는 것이 어음 조화의 기본 형식이다. 그것이 현대중국어의 보편적인 운율 경향이 된 것은 두 개의 음보로 이뤄진 네 음절이 사람들에게 보다 더 큰 안정감을 주기 때문이다. '粗心 | 大意cū xīn | dà yì 세심하지 못하다', '心花 | 怒放xīn huā | nù fàng 대단히 기쁘다', '烏合 | 之衆wū hé | zhī zhòng 오합지졸', '墨守 | 成規mò shǒu | chéng guī 헤묵은 틀 속에 갇히다' 등과 같이 네 자로 된 성어가 많이 사용된다는 사실도 '둘로 양분되는' 이음보 사음절 구조란 중국어의 독특한 음악성을 반영한다.

중국어 어법의 특징은 의미조합성意合性으로 드러난다. '의미조합意合'과 '형식조합形合'은 상대적이다. 형식조합화하는 인도유럽어계 언어는 단어와 문장구성이 형태 변화를 동반하므로 일목요연하다. 형태변화규칙을 따르기만 하면 합어법적인 문장을 구성할 수 있다. 반면에 의미조합화하는 중국어는 언어단위의 구성과 조합이 형식표지보다는 성분 간 의미관계와 그 호응 여부에 의지해 있다. 다시 말해, 중국어에서 의미조합성은 언어단위들이 의미적으로 결합 가능하다는 전제하에 상호 결합을 허용하고 형태적인 제약을 받지 않게 함으로써 언어 표현 형식에 풍부한 가변성을 부여한다. 예를 들어, '天氣好날씨가 좋다'와 '好天氣좋은 날씨'는 어순이 바뀌며 구조관계도 바뀌었으나 말의 기본적인 의미는 바뀌지 않았다. 반면에 '屢敗屢戰lǚ bài lǚ zhàn 연패를 거듭하더라도 계속 싸워나가다'과 '屢戰屢敗lǚ zhàn lǚ bài 연전연패하다', '法無可恕, 情有可原법적으로 용서할 수 없으나, 정상을 참작할 만하다'과 '情有可原, 法無可恕정상을 참작할 만하나, 법적으로 용서할 수가 없다'는 구조관계가 그대로지만 바뀐 어순으로 인해 미묘한 의미 차이가 발생했다. 전자는 어순 변화로 인해 긍정적 의미가 부정적 의미로 바뀌었다. 그리고 후자는 범인을 안도하게 하는 의미에서 우려하도록 하는 의미로 바뀌었다. 범인에게 내려진 판결문이 '법적으로는 용서할 수 없다'이기 때문이다. 허사를 이용해서도 구조관계와 의미를 바꿀 수 있다. 예컨대, '弟弟把妹妹打哭了남동생이 여동생을 때려서 울렸다'에서 '把'를 '被'로 바꾸면 행위자, 피행위자 관계와 의미가 완전히 뒤바뀐다. '賣東西mài dōngxi 물건을 팔다'는 동빈관계로서 행위를 서술한다. 반면에 '賣的東西파는 물건'는 수식관계로서 서술 대상은 '東西물건'이다. 또 '賣東西的'는 명사형을 만드는 '的de'자 구조로서 물건을 파는 사람이나 사물을 개괄적으로 표시한다. 이처럼 중국어는 어순과 허사를 이용하여 각종 구조관계와 의미를 나타낼 수 있다.

이렇듯 중국인들의 사유에서는 문장 내부 요소들의 의미관계가 쉽게 융합된다. 그리고 거기에 외부 의미들(언어 맥락이나 참여자 간 심리 요인 등)이 결합되어 문장이 구성된다. 그러므로 중국어의 문장 의미는 전체적 관점으로 접근할 때 이해된다. 그리고 그로 인해 형식 논리적 측면으로는 분석과 이해가 불가능한 경우가 발생하곤 한다. 예를 들어, '養病yǎngbìng 요양하다[역주]직역: 병을 기르다)', '救火jiùhuǒ 불을 끄다[역주]직역: 불을 구하다)', '曬太陽 shài tàiyáng일광욕을 하다[역주]직역: 태양을 볕에 쬐다)', '恢復疲勞huīfù píláo피로가 회복되다 (역주]직역: 피로한 상태로 회복시키다)', '打掃衛生dǎsǎo wèishēng 깨끗하게 청소하다[역주]직역: 위생을 청소하다)', '我的錢比你多내가 너보다 돈이 많다[역주]직역: 나의 돈이 (너의 돈이 아닌) 너보다 많다)', '街上好不熱鬧거리가 몹시 떠들썩하다[역주]직역: 거리가 몹시 떠들썩하지 않다)', '一鍋飯吃三十個人서른 명이 한솥밥을 먹는다[역주]직역: 밥 한 솥이 서른 명을 먹다)' 등은 모두 비논리적 어구들이다. 하지만 중국어에서는 광범위하게 받아들여져 보편적으로 사용되고 있다.

중국어는 '의사 전달'을 우선시하는 반면 어법 형식의 완결성을 중시하지는 않는다. 그 결과 중국어에서는 간결성이 중시되며 의미의 이해를 방해하지 않는 선에서 필요 없는 성분은 가급적 사용하지 않는다. 옛 선인들은 '書讀百遍, 其義自見책을 백 번 읽으면 그 뜻을 자연스럽게 알게 된다', '熟讀唐詩三百首, 不會吟詩也會偸당시 삼백 수를 숙독하면 시를 읊을 줄 몰라도 읊게 된다'라는 말로써 어문 학습을 '심오한 이치를 깨닫는 일'로 여기거나 '선대로부터 쉽게 물려받기 힘든' 것으로 생각하곤 했다. 이와 같았던 것은 주로, 중국어가 의미조합법에 기초해 구성되고 그것의 어법 역시 객관화되지 않은, 심리적 실체로서의 주관적 성질을 가진 데 기인한다.3

1.1.3. 중국어 문자의 특징과 의미전달

예변隸變과 해서화楷書化를 거친 한자는 자형으로써 의미를 직접 표시하는 정도가 크게 약화되었다. 하지만 한자의 절대적 비중을 차지하는 형성자의

---

3   임기성林記誠은 「언어 문화 개론語言與文化綜論」에서 다음과 같이 언급했다.
    "중국어의 이러한 문화적 특징은, 깨달음은 중시하되 형식 논증은 중시하지 않는 중국 철학, 그리고 외적 형태보다는 내적 정신을 담아온 예술 방면의 오랜 문화 전통과 불가분의 관계에 있다."(고가조顧嘉祖, 육승陸昇 主編, 정립신鄭立信 副主編, 『언어와 문화語言與文化』, 上海: 上海外語教育出版社, 1990, p. 11)
    또 계공啓功은 「고대시가와 변문의 어법문제古代詩歌, 騈文的語法問題」에서 다음과 같이 예를 들며 말했다.
    "이것은 비단 고대중국어뿐 아니라 여타 중국 민족예술에서도 자주 발견할 수 있다. 예를 들어, 중국 고전 회화에서는 주전자 하나와 찻잔 하나를 함께 그려 넣고 그 안에 '육우고풍陸羽高風'이라고 제목 붙인 그림을 자주 발견할 수 있다. 술 주전자 하나와 술잔 하나를 그렸다면 '도잠일흥陶潛逸興'이라는 제목이 붙여진다. 그림 속에 사람이 없는 것은 문장 속에 주어가 생략되는 점과 닮았고, 차나 술을 따르는 과정이 그려지지 않은 것은 문장 속에 서술어가 생략되는 점과 닮았다. 잔 속의 차나 술의 색깔이 없는 것은 문장 안에 빈어가 생략되는 점과 닮았다. 주전자 입구가 잔을 향하지 않고, 심지어 손잡이가 잔을 향해 있다고 하더라도 역시 문제가 되지 않는 것은 문장 속에서 단어의 위치가 뒤바뀌거나 성어의 앞·뒤 구성단위가 뒤바뀌는 점과 닮았다."(『중국어현상논총漢語現象論叢』, 北京: 中華書局, 1997, p. 13)

형방形旁은 글자의 의미 범주를 표시하는 데 있어 여전히 일정한 역할을 담당한다. 그러므로 표음문자에 비해 현대중국어는 여전히 표의적 성질을 띤 문자에 속한다고 할 수 있다.

중국어를 기록하는 기호로서의 한자는 의미를 표시하는 데 편리하지만 소리를 표시하는 데는 불편하다. 한자는 글자의 형태와 의미가 긴밀하게 연결되어 있다. 그 때문에 한자로 전달된 메시지에는 형태와 의미 간 연계성에 기초한 확실성과 명확성이 저자와 독자의 정확한 의미 이해를 돕는다. 정보 전달의 과정에서 '자형으로 의미를 드러내는' 한자의 특징을 정확히 파악한다면 일정한 효과를 거두는 데는 어렵지 않다.

1.1.4. 중국어 특징에 기초한 중국어 글쓰기

중국어는 추상적 개념을 설명하는데 있어 외국어만큼 명료하거나 정확하지는 않다. 이 때문에, 사람들은 자연스럽게 어문 능력이 향상되는 것으로 간주해왔다. 그래서 대부분은 많이 읽고 많이 쓰게 함으로써 다른 사람들이 어떻게 낱말을 고르고 문장을 만드는지 배우며 중국어 구조 규칙을 조금씩 깨칠 수 있게만 해왔다.

많이 읽고 많이 쓰면 물론 말하기와 쓰기 능력은 향상될 것이다. 그런데 이러한 방법은 기초를 다지는 데 중점을 둔다는 점에서 그 효과가 당장 드러나지는 않는다. 그러니 중국어의 특징을 이해한다면, 그리고 그 특징에 맞춰 중국어를 말하고 쓴다면 그 효과는 곧바로 드러난다.

어문 학습이 어문활용능력을 공고히 하는 데까지 나아가려면 혼자 더듬어가는 수준에 머물러 있지 말고 효과적인 방법들을 강구해야 할 것이다. 어문에 대한 인식과 실천을 감성적 차원에서 이성적 차원으로 진전시켰는가가 어문 능력의 향상을 판가름하는 기준이 된다. '일을 잘하려면 연장부터 예리하게 다듬어야 한다'는 말이 있다. 중국어의 특징을 명확히 이해하는 것은 곧 예리한 도구를 손에 넣는 것과 같다. 의도하는 바를 자유자재로 말하고 쓸 수 있기 때문이다.

1.2. 중국어 규범화의 기준

1.2.1. 시대별, 지역별 요소들을 포괄한다

현대중국어는 고대중국어로부터 발전돼온 것으로서 하루아침에 형성된 것이 아니다. 고대 사회는 현대 사회와 다르다. 그리고 그만큼 언어도 다르다. 하지만 그럼에도 불구하고 현대중국어는 고대부터 한족 사회와 함께 발전해왔기 때문에 고대중국어가 현대중국어의 뿌리이자 근간이란 점은 의심의 여지가 없다. 시대마다 풍부한 표현력과 생동감을 갖던 여러 단어들, 그리고 시대를 거치며 간결하고 명료해진 여러 문법 형식들은 현대중국어 발전에도 여전히 일정 역할을 담당하며 현대중국어가 풍부한 내용과 보다 수준 높은 표현력을 갖도록 촉진한다. 그러므로 현대 백화와 고대 문언 간 관계가 단절된다면, 자양분을 공급하는 뿌리를 잃는 것처럼, 현대중국어는 쉽게 생기를 잃게 될 것이다. 현대중국어는 고대중국어와 대립 관계에 있지 않다. 오히려 그 반대로, 현대중국어는 고대중국어로부터 유용한 성분들을 흡수함으로써 스스로를 풍부히 해오고 있다.

현대 중국의 공용어는 북방 방언에 기초해 있지만 기타 지역 방언의 유용한 성분들도 적절히 흡수할 필요가 있다. 여기서 방언이란 일정 지역

내에서만 유행하고 전국적으로는 통용되지 못하는 언어를 가리킨다. 한족 사회는 점한 면적도 넓고 인구도 많았던 까닭에 단일했던 중국어에도 어음, 어휘, 어법 면에서 다양한 현상과 규칙들이 생겨났다. 하지만 이렇게 발생한 방언과 공용어 간에는 어떤 절대적 경계가 존재하지 않는다. 방언은 현실 생활과 밀착돼있어 일상을 표현하기에 적합하고 그것의 유용한 성분들은 공용어가 발전, 형성되는 과정에서 필요에 따라 공용어 안으로 흡수되기 때문이다. 지역 방언의 관점에서 공용어는 상호 소통을 위해 존재하지 방언을 배척하며 존재하지 않는다.

언어는 늘 발전중에 있고 그 속에서 세상 모든 언어는 외래 성분들을 부단히 흡수한다. 현대중국어도 예외는 아니다. 중국어의 역사를 통해 본 한족과 타민족 간 왕래는 매우 광범위하고도 복잡하다. 그로 인해, 한족의 공용어가 한어 외 성분을 차용했던 경우도 여러 방면에 걸쳐 존재한다. 근대로 들어서서는 중국어가 어휘뿐만 아니라 구조까지도 한어 외부로부터 받아들였다. 명청 시기 백화소설과 현대 백화소설을 비교만 해도 여러 새로운 단어와 구조들이 출현했던 것을 볼 수 있다. 이는 이미 그 속에서 커다란 변화가 있었음을 보여준다. 생명력 강한 언어들끼리 서로 영향도 주고 모방도 하며 자민족 외 어휘와 구조들을 수요에 맞게 들여오는 것은 실제로 필요한 부분이다. 이 같은 '언어적 융합'까지 포괄한다는 점에서 현대중국어는 결코 우리의 생각만큼 폐쇄적이지는 않다.

1.2.2. 순화시키지 않고 있는 그대로 사용한다

홍콩 사회의 언어 환경은 상당히 복잡하다. 기본적으로, 중국어와 영어를 공용어로 하되 일상어는 중국어인 이중언어 사회다. 그러나 일상어로서의 중국어는 월어粵語를 구어로 하고 있어 문어와 분리돼 있다. 이 같은 사회환경과 교육 환경 때문에 학생들은 말하기와 글쓰기 모두에서 영어와 월어의 간섭에서 자유롭지 못하다. 여기에 어문 기초까지 제대로 갖추지 못 하면 문언과 백화 간 차이마저 구분 못 하고 중국어도 영어도 아닌 데다 구어와 문어, 방언 속어까지 뒤섞인, 속칭 '홍콩식 중국어港式中文'를 말하고 쓰는 결과를 빚게 된다. 이로 인해 '중국어 규범화' 문제를 논하면서 일각에서는 학생들에게 순수 중국어를 쓰도록 해야 한다고 말한다. 이는 문언과 방언, 외래(특히 서구화된) 성분들이 필히 근절돼야 한다는 생각에 기인한다. 물론 지나치게 서구화된, 또는 방언화, 문언화된 문장이라면 글을 쓰는데 고될 수밖에 없다. 하지만 현재의 중국어문이 순화시킬 정도까지 이르렀을까. 사용 중인 모든 언어는 시대별, 지역별 요소들을 포용하며 표현 능력을 증대시키는 방향으로 발전한다. 그런 점에서 '중국어 규범화'는 규범과의 부합 여부에만 주의를 기울여야지 순화를 요구해서도 요구할 필요도 없다.

하지만 기준의 완화가 기준의 부재를 의미하지 않는다. 문언과 방언, 외래 성분들을 수용하는 과정에서도 중국어는 여전히 자체의 내부 발전규칙의 제약을 받는다. 그러므로 강제로 순화시킨 중국어문은 규범화된 중국어문을 대표하지 못한다. 순화된 것은 사용 중이 아닌, 생기를 잃은 것인데 반해 규범화된 것은 지금 현재 사용 중인, 살아있는 것이기 때문이다.[4]

1.2.3. 어음과 문자도 사회적 약속을 따른다

---

[4] 이가수李家樹, 「문언, 방언, 외래 성분으로부터 필요한 것들은 수용해야 한다 ─ 현대중국어의 발전경향을 논하며須從文言方言及外來成分汲取營養─談談現代漢語的發展趨勢」, 『현대교육통신現代教育通訊』, 1991年3月 17期, pp. 37~41.

중국어 규범화란 중국어가 사회적 의사소통 기능을 좀 더 잘 수행할 수 있도록 그만의 발전 규칙에 따라 어음, 어휘, 어법 방면에 기준을 세우고 그것을 널리 보급하는 것을 가리킨다.

어음은 시시각각 변하며 변화의 과정에서 여러 불규칙 현상을 발생시킨다. 하지만 그런 번거로움에서 벗어나고자 현재 사용 중인 어음을 버리고 사용하지도 않는 고음古音을 복원시키려 한다면 일상어의 의사소통 기능은 사라지게 될 것이다. 홍콩의 월어를 살펴보자. 월어에서는 '獅吼shīhǒu 사자후'의 '吼[hǒu[hau3]'를 '[haau1]敲qiāo'로 읽고 '駢文piánwén 변려문'의 '駢pián[pin4]'을 '[ping4]平píng'으로 읽는 것이 허용된다. 그리고 '鼓吹gǔchuī 고취시키다'의 '吹chuī[ceoi3]'를 '[ceoi3]趣qù'로 읽지 않고 '提倡tíchàng 제창하다'의 '倡chàng[coeng3]'을 '[coeng3]唱chàng'으로 읽지 않는 것도 허용된다. 하지만 ([역주]형성자의 성부임에도) '塑sù[sou3] 빚다'를 '[sok3]朔shuò'으로, '茜qiàn[sin3] 꼭두서니'을 '[sai1]西xī'로, '酗xù[jyu3] 술주정하다'를 '[hung1]凶xiōng'으로, '涮shuàn[saan3] 씻어내다'을 '[caat3]刷shuā'로 읽는 것은 허용되지 않는다.5 이 같은 경우 어떤 것을 표준음으로 정할지의 문제는 간단하다. 그것의 허용 여부와 수용 여부는 모두 언중에게 달려있기 때문이다. 그러므로 설령 '오독錯讀'의 결과였어도 언중들에게 일단 받아들여지면 '속음俗音'이 되고, 그에 대해 언중들은 그에 상응하는 지위를 부여해주어야 한다.

그러나 이미 내키는 대로 한자를 읽는 것이 심각한 지경에 이른 현재, 이를 대하는 어문교육 관계자들은 그것이 사회적 약속에 의해 널리 수용되

---

5 [역주]월어의 예는 한자에 한어병음과 월어 발음을 함께 병기하였다. 한어병음은 괄호없이, 월어 발음은 중괄호([ ]) 안에 표기하여 구분을 두었다. 월어 발음은 홍콩중문대학香港中文大學의 인문전산연구센터人文電算研究中心에서 제공하는 '다기능 한자 데이터베이스漢語多功能字庫' 사이트(http://humanum.arts.cuhk. hk/Lexis/lexi-mf/)를 참고하였다.

기 전에 확고한 입장에서(물론 과도하지는 않게) '오독'을 바로 잡고 언중들이 헷갈리지 않도록 해야 할 것이다. '그릇되지만 익숙해진 한자음을 원래의 한자음인 양 여겨온' 것은 그것이 그릇됐음에도 불구하고 앞선 세대로부터 고칠 여지도 없이 이어져 내려와 부득이 받아들일 수밖에 없었던 이유만 제공했을 뿐이다. 하지만 원래의 한자음을 대체하기 전까지 그릇된 한자음은 지속해서 수정될 필요가 있다.[6]

한자는 현대로 들어서면서 번체와 간체란 두 체계로 발전했고 거주 공동체마다 각기 다르게 사용돼왔다. 또 한편으로 한자는 일상 속에서 수많은 이체자가 만들어져 읽고 쓰는 데 어려움이 많아지기도 했다. 그러므로 어음 영역에서 표준음을 중시하는 것처럼, 문자 영역에서도 정보 소통에 지장 없도록 하기 위한 표준 문자를 논의하고 있다.

---

[6] 하문회何文匯, 「월어 표준음과 정독기준에 대한 소고粵語正音及粵音正讀標準我見」, 『월어교육기사粵音教學紀事』, 香港 : 香港中文大學中國文化研究所吳多泰中國語文研究中心, 1995, pp. 151~158 참고.

제2장 어음

2.1. 중국어 어음의 특징

2.1.1. 단음절을 위주로 한다

언어는 의미를 소리에 싣는다. 중국어에서 의미와 소리의 결합은 주로 단음절로 구성되며 한 음절로 하나의 형태소를 표시한다. 단음절 단어 '人rén 사람', '車chē 차', '高gāo 높다', '紅hóng 빨갛다', '飛fēi 날다', '跑pǎo 달리다'는 한 음절로 하나의 형태소를 표시한다. 이음절 단어 '國家guójiā 국가', '結婚jiéhūn 결혼하다', '正直zhèngzhí 정직하다', '强壯qiángzhuàng 건장하다', '玩弄wánnòng 놀리다', '呼吸hūxī 호흡하다'는 두 음절로 두 개의 형태소를 표시한다.

이처럼 중국어 형태소가 단음절 위주인 데는 형태 변화가 없는 중국어의 특성과 매우 밀접한 관련이 있다.

인도유럽어계 언어는 형태 변화를 이용하여 어법의미를 표현하기 때문에 '단어의 형태'('문자의 형태字形'가 아닌) 변화가 많고 어음구조 역시 중국어에 비해 훨씬 복잡하다. 예를 들면, 영어에서는 어법의미를 표시하는 형태 굴절이 중시된다. 그래서 'eat(먹다현재시제)', 'eating(먹는 중이다진행상)', 'ate(먹었다과거시제)', 'eaten(다 먹었다완료상)'과 같이 어법의미가 다르면 어음구조도 달라진다. 이러한 성질로 인해, 영어의 어음구조는 유연한 '음소音素' 배열과 별다른 제약 없는 음소 개수를 갖게 되었다. 예를 들어 /k/, /æ/, /t/ 세 음소는 /kæt/으로 배열되면 cat(고양이)이고 /tæk/으로 배열되면 tack(압정), /ækt/로 배열되면 act(연기하다)가 된다. 음소가 줄어 /æt/으로 배열되면 at(부사)이고 음소가 늘어 /tækt/로 배열되면 tact(위트, 영국인들은 '압정으로 고정시키다'의 과거시제인 tacked로 많이 읽는다)가 된다. 또한 'electrocencephalography(뇌전도)'와 같이 다량의 음소를 사용할 수도 있다. 이같이 유연한 음소 사용 방법을 언어학에서는 '이원적 체계重排模式'라고 부르는데[1] 형태 변화를 갖는 언어에서는 어형을 구성하는 데 중요한 역할을 담당한다.

---

[1] '이원적 체계'를 서양언어학에서는 'duality of patterning'이라고 한다. 이 체계는 인간 언어의 중요한 특징이다. 특별히 훈련을 받지 않은 사람들은 일반적으로 100개 정도의 음소(낱소리)를 낼 수 있다. 그러나 '이원적 체계'를 이용하면 유한수의 무의미한 음소들로 무한수의 유의미한 말소리를 만들 수 있다. R. L. Trask는 이 같은 이원 체계의 중요성을 매우 적절히 지적하고 있다.
"이원 구조가 왜 그렇게 중요할까. 그럼, 그 대안으로 무엇이 있을지 생각해보자. 무의미한 소리 단위가 없다고 가정해보자. 각각의 소리에 모두 고유한 의미가 있다고 보는 것이다. 이때 소리를 배열하면 어떻게 될까. 결과는 명백하다 — 조합 가능한 소리단위 수만큼만 의미를 표현할 수 있다. 다시 말해, 낱소리는 100개 이상 낼 수 없다고 했기 때문에 언어들마다 약 100개의 '단어들' 밖에 가질 수 없다는 결론에 이른다. '영어'가 100개 이하의 단어로 구성됐다는 것은 상상만으로도 끔찍한 일이다. 그렇게 극히 제한된 어휘들로 모든 일을 처리한다는 것은 애초부터 불가능하다. 차에 무슨 문제가 있는지도 정비사에게 설명할 수 없고, 토끼나 요정들에 대한 이야기도 아이들에게 해줄 수 없다. 선거를 조직하거나 조약을 조율할 수도 없고 매혹적인 대화로 타인의 마음을 사로잡을 수도 없을 뿐만 아니라 언어에 관한 책 역시 쓸 수 없을 것이다."(*Languages: The Basics*, London: Routledge, 1996, p. 4)

이에 반해 '어형詞形' 변화가 없는 중국어는 어음구조도 간단하고 음소 간 결합에도 엄격한 제약을 받는다. 중국어 어음의 기본단위는 음절이다. 음절은 최대 네 개의 음소로 구성되며 자음은 모음을 중심으로 최대 두 개만 허용된다. 그리고 겹자음은 허용되지 않는다. 예를 들어 dan蛋은 허용되지만 자음을 dna처럼 모음 앞에 연이어 두거나 and처럼 모음 뒤에 연이어 둘 수는 없다. 음절 내 음소 수도 엄격하게 제한되고 음소 배열 방식도 다양하지 못하다. 그로 인해 중국어 '음소의 이원 체계音素重排模式'는 영어처럼 형태 변화를 갖는 언어에 비해 그 기능이 명확치 않다. 대신 중국어 음절은 모음의 지위가 우세하다. 모음은 공명도가 크고 분별이 용이해 음절을 명확히 분리하는 역할을 한다. 그 결과 중국어 단어의 형태 구조는 '음절의 이원 체계音節重排模式'에 주로 기반 해있다.² 단음절에서 이음절로 현대중국어 단어가 발전했다는 점은 중국어에서 음절의 이원 체계가 구체적으로 어떻게 적용됐는지를 잘 보여준다.

2.1.2. 성조가 의미 변별을 보조한다

중국어 어음은 음절을 기본으로 한다. 음절구조는 전통적으로 성모聲母와 운모韻母 두 부분으로 나뉜다. 성모와 운모의 결합이 중국어의 모든 음절을 구성한다. 현대중국어 성모는 22개, 운모는 39개이다. 하지만 음절 수는

---

2   중국어 어음에도 '음소 이원적 체계'가 존재한다. 음절 mǎ馬에 음소 i를 더하면 mǎi買를 만들 수 있고 음소 m을 빼면 ǎi矮를, a를 빼면 mǐ米를 만들 수 있다. 다만 현대중국어에 존재하는 다량의 이음절 단어들은, 어음 특징들의 제약을 받고 있으므로 음소의 이원적 체계보다 음절의 이원적 체계를 따르는 것이 중국어에 더 적합하다는 것을 보여준다.

단순히 성모, 운모 간 결합으로만 구성되지 않는다. 규칙에 따른 성모, 운모 간 조합으로 만들 수 있는 유의미한 중국어 음절 수는 400여 개에 불과하다.3 하지만 이렇게 적은 음절 수로는 폭넓은 의사소통을 포괄하는 데 한계가 있다. 이에 중국어는 성조를 구분하여 의미변별력을 높이는 방법으로 문제를 해결했다. 현대중국어 성조는 음평陰平, 양평陽平, 상성上聲, 거성去聲으로 나뉜다. 이중에 한 성조가 음절에 더해져야 비로소 단어詞(또는 형태소語素)가 된다. 예를 들어, 음절 yi에 네 개의 성조가 더해지면 네 개의 단어 yī(衣 옷) , yí(移 이동하다), yǐ(椅 의자), yì(意 의미)가 만들어진다. 또 다른 예로, 음절 tang에 성조가 없다면 의미는 불분명하다. 하지만 음평성陰平聲으로 읽으면 '湯tāng'(끓는 물) 또는 '鏜tāng'(종과 북소리)을 의미하고 양평성陽平聲으로 읽으면 '糖táng'(사탕)이나 '唐táng'(왕조 또는 성씨명), '塘táng'(연못), '堂táng'(교실)을 의미한다. 또 상성上聲으로 읽으면 '倘tǎng'(만약), '帑tǎng'(나라 곳간), '淌tǎng'(눈물짓다), '躺tǎng'(눕다)을 의미하고 거성去聲으로 읽으면 '趟tàng'(일회 왕복), '燙tàng'(화상)을 가리킨다. 이렇듯 각기 다른 성조의 사용으로 현대중국어 음절 수는 천 백여 개까지 늘어날 수 있었다.4 더불어 이음절화 과정에서 성조가 일조하면서 중국어 음절 수가 일상

---

3 22개 성모에는 영성모가 포함된다. 그리고 성모는 운모 er과는 결합하지 않는다. 전희성田希誠의 『보통화음절표普通話音節表』에는 총 406개 현대중국어 음절이 수록돼있다.

"주음자모를 연구했던 과거 저작 중에는 411개 음절을 제시한 음절표도 있다. 이와 비교하면, 본 음절표에는 음절 다섯 개 — iɑi(崖), sei(塞), lün(淋), lüan(孿), tei(忒) — 가 없다. 이들 음절은 모두 베이징 방언土音이다(보통화 어음 심사위원회普通話審音委員會가 공포한 『보통화 이독어 심사표普通話異讀詞審音表』에도 채택되지 않았다)."(『어음상식語音常識』, 山西: 人民出版社, 1974, p. 58)

4 현대중국어는 각 음절이 성조에 따라 네 개로 나뉜다. 하지만 음절이 있다고 해서 모두 의미를 표시하는 것은 아니다. 예를 들어, kuài는 '快빠르다', '筷젓가락', '會회계', '膾'(膾炙人口인구에 회자되다의 膾), '塊흙덩이' 등의 단어(또는 형태소)를

의 의사소통 수요도 충족시킬 수 있었다.

2.1.3. 음악성이 풍부하다

중국어 어음은 음절에 기초해있다. 음절은 성모 운모, 성조로 구성된다. 이러한 구조적 특성은 중국어에 두드러진 음악성을 부여한다.

단음절이란 특징은 정연하고 균형잡힌 표현형식을 만드는데 용이해 고전시가나 산문의 대구對仗 속에서 무수히 많이 사용되었다. 음절 간 대비를 통해 리듬감을 배가시켰던 것이다. 음절을 어음의 기본 단위로 둔다는 점은 중국어의 가장 큰 특징이다. 음절 간에 경계가 뚜렷하다는 점은 중국어에서 리듬 배분에 도움이 된다. 중국 문학에서 리듬은 주로 '음보音步'란 형식을 통해 표현된다. 두 음절이 결합해 작은 리듬 단위를 구성하고 다시 둘씩 대비를 이루게 함으로써 강약, 경중, 고저, 장단 등의 리듬을 부각시킨다. 중국 고전시가는 각 구마다 여러 음보로 나뉜다. 음보 간 중복 또는 간격은 조화와 변화를 오가는 다채로운 리듬을 구성할 수 있다.『시경·주남詩經·周南』의「관저關雎」편을 살펴보자.

關關 | 雎鳩,
在河 | 之洲。
窈窕 | 淑女,
君子 | 好逑。
(까악까악 물수리,
황하의 모래톱에 있구나.

의미하고 kuǎi는 '捵물 한 술 뜨다'와 '蒯황모초' 두 단어를 의미한다. 하지만 kuai에 음평성, 양평성으로 발음되는 단어는 존재하지 않는다.

아리땁고 참한 숙녀,
군자의 좋은 배필이구나.)

   이 사언시는 구마다 네 음절로 이뤄져 있고 두 음절이 하나의 음보를 구성한다. 다시 이상은李商隱의 「만청晩晴」을 살펴보자.

深居│俯│夾城, 春去│夏│猶淸。
天意│憐│幽草, 人間│重│晩晴。
竝添│高閣│逈, 微注│小窗│明。
越鳥│巢乾│後, 歸飛│體│更輕。
(깊은 곳 은거하며 성곽을 굽어보니 봄은 지났으나 여름은 아직도 청명하네.
하늘의 뜻 깊어 어두운 곳에 놓인 풀 불쌍히 여기니 인간사 어두움도 느지막이 개이는구나.
높은 누각에 오르니 시야는 아득하지만 희미한 빛줄기 작은 창을 비추네.
월조越鳥의 둥지가 햇볕에 마르니 뒤돌아 날아가는 자태도 가볍구나.)

   이 오언시의 음보 구조는 2│1│2 (深居│俯│夾城, 春去│夏│猶淸)와 2│2│1 (竝添│高閣│逈, 微注│小窗│明) 두 종류로 나뉜다. 이 같은 음절과 음보 간 조화는 읽는 이에게 두드러진 리듬감을 부여한다.
   음보는 어음 대비와 음절 중첩을 통해 풍성한 리듬감을 만들어낸다. 이청조李淸照의 「성성만聲聲慢」을 살펴보자.

尋尋覓覓, 冷冷淸淸,
悽悽慘慘戚戚。
乍暖還寒時候,

最難將息。
(찾고 또 찾아봐도 쓸쓸하고 쓸쓸할 뿐
처량하고 비참하고 암담하여라.
온전히 따뜻해지기 전까지가
가장 견디기 힘들다는 것을.)

일곱 쌍의 첩자疊字가 첫머리부터 연이어 사용돼 독특한 리듬을 구성하고 있는데, 이 때문에 지금까지도 회자되는 뛰어난 시문으로 인정받고 있다.

'쌍성雙聲'과 '첩운疊韻'으로 불리는 성모, 운모 간 결합은 또 다른 음악적 감각을 제공한다. 쌍성은 성모가 동일한 두 음절을 가리키고 첩운은 운모가 동일한 두 음절을 가리킨다. 고대중국어 어휘 중에는 쌍성이나 첩운으로 구성된 수많은 '연면어聯綿詞'들이 존재한다. 예를 들면 다음과 같다.

蜘蛛zhīzhū 거미　　蟋蟀xīshuài 귀뚜라미　　顚倒diāndǎo 뒤바꾸다
踟躕chíchú 망설이다　彷彿fǎngfú ~인 듯 하다　　　　(쌍성)

螳螂tángláng 사마귀　薜荔bìlì 왕모람　　徘徊páihuái 배회하다
棲遲qīchí 놀며 쉬다　窈窕yǎotiǎo 얌전하고 곱다　　(첩운)

쌍성이나 첩운으로 구성되면 읽기도 좋고 듣기에도 낭랑해 시문이나 노랫말로 쉽게 사용돼왔다. 다음 예를 보자.

信宿漁人還泛泛, 淸秋燕子故飛飛。(杜甫 「秋興」)
(이틀 밤을 지샌 어부는 아직 배 안에 있고 맑은 가을날 제비는 오르락 내리락 날아다니네. (두보, 「추흥」))

悵望千秋 灑淚, 蕭條異代不同時。(杜甫 「詠懷古迹」)
(천추의 옛일 원망스러워 흐르는 눈물 참을 수 없으니 쓸쓸함은 그

저 세대만이 달랐을 뿐. (두보, 「고적에서 회포를 읊다」))

"信宿xìnsù"와 "淸秋qīngqiū"는 쌍성 간 대구를 이루고 "悵望chàngwàng"과 "蕭條xiāotiáo"는 첩운 간 대구를 이루고 있다.

상기와 같이 이음절 간 결합으로 리듬을 구성할 수도 있지만 단음절과 이음절을 혼용하여 음보를 조절함으로써 리듬에 균형감을 더하기도 한다. 아래 예를 살펴보자.

三仙姑也暗暗猜透大家的心事, 衣服穿得更新鮮, 頭髮梳得更光滑, 首飾擦得更明, 宮粉搽得更勻, 不由青年們不跟著她轉來轉去.(趙樹理『小二黑結婚』, 見『李有才板話』)
(삼선고三仙姑는 모두의 마음을 은근히 알아채고는 옷을 더욱 눈에 띠게 입고, 머리는 더 매끈히 빗고, 장신구는 더 반짝이게 닦고, 화장품도 더 꼼꼼히 잘 발랐다. 이 때문에 젊은 청년들이 그녀를 이리저리 따라다니지 않을 수가 없었다.(조수리, 『소이흑의 결혼』, 『이유재의 쾌판 이야기』에서))

예문은 "光guāng" 대신 "光滑guānghuá"를 사용해 선행된 "新鮮xīnxiān"과 대응을 이루고 "明亮míngliàng" 대신 "明míng"을 사용하여 후행한 "勻yún"과 대응을 이루고 있다. 이처럼, 동의어 중에서도 단음절과 이음절 간 취사선택은 음절 구조에 균형을 부여해 음악적 감각을 돋보이게 한다.

과거에는 음절 간 조합에 대해 '짝수는 배치가 쉽지만 홀수는 적용이 어렵다'는 생각이 있었다. 균형잡힌 음절 조합이 안정되고 조화로운 느낌을 준다고 생각했기 때문이다. 중국어 음절 조합의 다수가 이음보 사음절 형식을 띠는 것은 바로 이러한 느낌을 추구했던 데 기인한다. 만약 음절 간 조합이 홀수였다면 홀수 음절을 나란히 놓아 사실상 짝수화시키곤 했다.

앞서 제시된 예문 "首飾擦得更明, 宮粉搽得更勻"에서 "明"과 "勻"은 단음절이다. 하지만 두 구를 나란히 붙여 놓으면 대구偶語의 느낌이 생겨 조화롭고 듣기 좋게 읽힌다.[5]

이렇듯, 음절 간의 대비와 성모, 운모 간의 조화는 중국어에 상당히 풍부한 음악성을 제공했다. 그래서 예부터 중국 문인과 선비들도 이를 십분 활용하여 수많은 대작들을 만들어냈다. 그 외, 음운音韻과 성조도 중국어에 음악미를 더하는데 매우 유리한 조건들을 제공했는데 아래부터는 이에 대해 논한다.

2.2. 성모, 운모, 성조

2.2.1. 자음과 모음

음소는 '자음輔音'과 '모음元音'으로 나뉜다. 양자 간 차이는 크게 두 가지이다.

첫째, 자음은 구강이나 비강을 지날 때 받는 방해를 해소하며 내뱉는 기류로 만들어진다. 그러므로 그것의 발음은 '방해 형성成阻', '방해 지속持阻', '방해 해소除阻'라는 세 단계로 이뤄진다. 각 단계는 구강 내 활동 가능 부위(윗입술上脣, 아랫입술下脣, 혀끝舌頭, 연구개軟顎, 목젖小舌, 성대聲帶)와 활동 불가 부위(윗니上齒, 아랫니下齒, 치조上齒齦, 후치조下齒齦, 경구개硬顎)의 각기 다른 결합으로 구성된다. 반면에 모음은 구강을 통과하는 기류가 아무런

---

5 여운한黎運漢, 장유경張維耿, 『현대중국어수사학現代漢語修辭學』, 香港: 商務印書館, 1986, pp. 65-66 참조.

방해를 받지 않는다. 모음은 구강이 공명기 역할을 하는데 혀끝과 입술 간의 다양한 결합이 공명기의 공간을 조정하며 만들어진다.

둘째, 자음은 '조음噪音'의 일부 또는 그 자체로 이뤄진다. 반면에 모음은 '악음樂音'이다. 악음과 조음은 음악상의 구분이다. 소리는 물체의 진동을 통해 만들어지는데, 규칙적인 진동에 기인해 단일음으로 들리면서도 특정 음높이가 있는 것처럼 들리는 소리는 악음이다. 반면에 불규칙적인 진동으로 인해 단일음으로 들리지도, 음높이를 쉽게 특정할 수도 없는 소리는 조음이다. 양자를 어음의 관점에서 살펴보자. 악음은 발음 시 팽팽하게 긴장돼 있는 성대를 기류가 통과하면서 규칙적인 성대 떨림을 유발한 결과인데, 이를 중국 음운학에서는 '유성음濁音'이라고 한다. 반대로 조음은 성대가 느슨해 있어 기류가 성대를 통과하면서도 아무런 떨림을 유발하지 않은 것으로 중국 음운학에서는 이를 '무성음淸音'이라고 한다. 모음은 모두 유성음이지만 자음은 유·무성 간 구분이 있다.

자음은 기류가 방해를 받아 만들어진다. 자음의 여러 성질은 방해 받는 방식(조음방법發音方法)과 방해 받는 부위(조음위치發音部位)에 따라 분석된다. 이 중 방해 받는 방식에 따라 구분하면 아래 몇 가지 부류로 나뉜다.

(1) 파열음塞音

파열음은 발음 시 막았던 기류를 갑자기 개방시켜 내는 소리이다. 이때 기류는 파열되며 터지는 소리를 내는데 이를 '파열음塞音' 또는 '폭발음爆發音'이라고 한다. 예를 들어 '獨'dú의 d는 발음 시 혀끝을 치조에 붙이고 연구개를 올려 비강을 닫으면 기류가 완전히 막히는데, 이 때 혀끝을 개방하면 기류가 터지며 만들어지는 파열음이다. '布'bù의 b는 위아래 입술을 막았다 내는 파열음이고, '故'gù의 g는 혓바닥 뒤쪽으로 연구개를 막았다 내는 파열음이다.

(2) 마찰음擦音

발음 시 기류의 통로를 좁히면 부위별로 틈이 만들어진다. 마찰음은 이 틈을 기류가 마찰하며 나갈 때 만들어진다. 예를 들어 '俗'sú의 s는, 연구개로 비강을 막고 혀끝을 윗니 뒤로 가까이 대면 좁아진 통로가 생기는데 이를 기류가 빠져나가며 생긴 마찰로 만들어진다. '符'fú의 f는 아랫입술에 윗니를 대며 내는 마찰음이고 '胡'hú의 h는 혓바닥 뒤쪽을 연구개에 가까이 붙이며 내는 마찰음이다.

(3) 파찰음塞擦音

파찰음은 막았던 통로를 천천히 개방하며 만들어진 틈을 기류가 마찰하며 나갈 때 만들어진다. 예를 들어 '族'zú의 z는 먼저 연구개를 들어 비강을 막고 윗니 뒷면에 혀끝을 대어 기류를 막는다. 그리고 곧바로 혀끝을 개방하면 좁아진 틈이 생기는데 이를 기류가 지나가며 만들어지는 파찰음이다. '竹'zhú의 zh는 들어 올린 혀끝과 경구개 간 틈으로, '急'jí의 j는 혓바닥과 경구개 간 틈으로 기류가 마찰하며 만들어지는 파찰음이다.

(4) 비음鼻音

연구개를 내려 구강 통로를 막으면 기류가 비강으로 나가면서 '비음'이 만들어진다. 예를 들어 '奴'nú의 n는 윗니 뒷면에 혀끝을 대고 연구개를 내려 기류를 비강으로 내보내는 비음이다. '母'mǔ의 m는 위아래 입술을 막았다 내는 비음이다.

(5) 설측음邊音

입천장에 혀끝을 대고 혀의 양 측면을 이완시킬 때 기류가 혀 양쪽으로 빠져나오며 만들어지는 소리이다. 예를 들어 '爐'lú의 l는 혀끝을 윗니 뒤에 대고 연구개를 들어 비강을 닫을 때 기류가 혀 양쪽으로 비집고 나오는 소리이다. 현대중국어에서 설측음은 l 하나이다.

한편, 기류가 방해받는 부위를 기준으로 볼 때 자음은 다음 일곱 개 부류로 분류된다. 위·아래 입술을 닫아 기류를 방해하는 '양순음雙脣音'(예: '罷'bà, '怕'pà), 윗니를 아랫입술에 대어 흐름을 방해하는 '순치음脣齒音'(예: '發'fā), 혀끝과 윗니 뒷면이 만나 방해하는 '치음舌尖前音'(예: '再'zài, '菜'cài), 혀끝과 치조가 만나 방해를 만드는 '치조음舌尖中音'(예: '大'dà, '踏'tà), 경구개 앞부분과 들어 올린 혀끝이 만나 기류를 방해하는 '교설음翹舌音'(또는 '설첨후음舌尖後音'. 예: '詐'zhà, '詫'chà), 혓바닥 앞부분과 경구개 앞부분이 만나 흐름을 방해하는 '경구개음舌面音'(예: '記'jì, '氣'qì), 혓바닥 뒷부분과 연구개가 함께 기류를 방해하는 '연구개음舌根音'(예: '蓋'gài, '害'hài)이 그에 속한다.

자음의 발음 방법은 기류의 강약에 따라 '유기음送氣'과 '무기음不送氣'으로 구분된다. 내뱉는 기류가 상대적으로 강하면 유기음이고 상대적으로 약하면 무기음이다. 유사한 어음구조에서 유기음과 무기음은 의미 변별 기능을 갖는다. 예를 들어 '兔子'(tùzi토끼)와 '肚子'(dǔzi위)에서 '兔'의 자음 t는 유기음이고 '肚'의 자음 d는 무기음이다. 앞서 자음은 성대의 진동 여부에 따라 '유성음'과 '무성음'으로 나뉜다고 한 바 있다. 발음 시, 성대의 진동으로 악음화樂音化 된 조음은 유성음이고, 성대의 무진동으로 만들어진 순수한 조음은 무성음이다. 현대중국어에서는 m, n, l, r, ng가 유성음이며 그 외 자음들은 모두 무성음이다.

현대중국어에는 22개의 자음이 있다. 자음은 조음방법과 조음위치에 따라 다음 표와 같이 정리할 수 있다.[6]

---

6 [역주]원서의 표에서는 '치음'이 '치조음' 뒤로 배치되어 있으나 입술에서 연구개 방향으로의 조음위치 순에 따라 역자가 양자의 순서를 임의 수정하였다. 아울러, r의 음가에 대하여 학자들마다 여러 이견이 존재한다. 접근음[ɻ], [ɹ], 마찰

조음방법		조음위치	양순음	순치음	치음	치조음	교설음	경구개음	연구개음
파열음	무성음	무기음	b			d			g
		유기음	p			t			k
파찰음	무성음	무기음			z		zh	j	
		유기음			c		ch	q	
마찰음		무성음		f	s		sh	x	h
		유성음				r			
비음		유성음	m			n			ng
설측음		유성음				l			

모음의 성질은 구강의 크기 변화와 모양 변화에 따라 달라진다. 구강은 혀의 상하, 전후 움직임과 입술 모양에 따라 공간이 커지기도 하고 작아지기도 한다. 예를 들어 '啊'ɑ, '衣'i, '烏'u는 상이한 성질을 가진 세 모음이다. 'ɑ'는 발음할 때 입을 크게 벌린다. 이때 혀는 뒤쪽에 낮게 위치하고 입술은 동그랗지 않다.[7] 'i'는 입을 작게 벌린다. 혀는 앞쪽에 높게 위치하고 입술은 마찬가지로 동그랗지 않다. 'u'는 입을 작게 벌린다. 혀는 뒤쪽에 높게 위치하고 입술은 동그랗다. 이렇듯, 모음의 여러 성질들은 혀와 입술의 움직임에 따라 대략 다음 세 부류로 분류된다. 첫째, 혀의 상하 움직임에 따라 '고모음高元音', '반고모음半高元音', '반저모음半低元音', '저모음低元音'으로 나뉜다. 둘째, 혀의 전후 움직임에 따라 '전설모음前元音', '중설모음央元音', '후설모음後元音'으로 나뉜다. 셋째, 입술 모양에 따라 '원순모음圓唇元音'과 '비원순 모음不圓唇元音'으로 나뉜다. 이에 따른 현내중국어 모음은 모두 10개이나.

음[ʒ] 등이 대표적이다.
7 [역주]한어병음 ɑ는 혀의 전후위치에 따라 둘로 나뉜다. 하나는 상기 '啊ɑ'와 같은 '후설 저모음'으로서 IPA로는 [ɑ]이다. 또 하나는 아래 10개 모음에 대한 설명 중에 출현하는 '發達fādá'와 같은 '전설 저모음'으로서 IPA로는 [a]이다.

ɑ[a]   비원순 전설 저모음. 혀를 앞으로 펴고 입을 크게 벌린다. 혀
       는 낮게 두고 입술은 자연스러운 상태를 유지한다. 예: 發達
       fā dá.⁸

o[o]   원순 후설 반고모음. 혀를 뒤로 수축시키고 입을 반쯤 벌린
       다. 혀는 뒷부분을 반고 정도 높이로 올리고 입술은 둥글게
       오므린다. 예: 薄膜 bó mó.

e[ɤ]   비원순 후설 반고모음. 혀의 상하, 전후 위치는 o와 같지만
       입술 모양은 동그랗지 않다. o를 발음한 상태에서 입술을 펴
       면 e가 된다. 예: 隔閡 gé hé.

ê[ɛ]   비원순 전설 반저모음. 혀를 앞으로 펴고 입을 반쯤 벌린다.
       혓바닥 앞부분을 반저 정도 높이로 올리고 입가를 양쪽으로
       벌린다. 예: 欸 ê.

i[i] · 비원순 전설 고모음.⁹ 혀를 앞으로 펴고 입을 작게 벌린다.
       혓바닥 앞부분은 경구개 가까이 올리고 입가는 벌린다. 예:
       地理 dì lǐ.

u[u]   원순 후설 고모음. 혀를 뒤로 수축시키고 입을 작게 벌린다.
       혓바닥 뒷부분은 연구개 가까이 올리고 입술은 작은 구멍 모
       양으로 오므린다. 예: 圖書 tú shū.

ü[y]   원순 전설 고모음. 혀의 위치는 i와 같지만 입술은 둥근 모양
       을 유지한다. i를 발음한 상태에서 입술을 오므리면 ü가 된
       다. 예: 綠女 lǜ nǚ.

-i[ɿ] 비원순 전설 고모음, 설첨전모음. 혀끝을 앞으로 펴 윗니 뒤
       면에 닿도록 한다. 입술은 양쪽으로 벌린다. 예: 四次 s-ì c-ì.

-i[ʅ] 비원순 후설 고모음, 설첨후모음. 혀끝을 경구개 쪽으로 치

---

8 [역주]원서에서는 한어병음 ɑ를 [A]로 표기하고 있다. IPA로 [A]는 '중설 저모
  음'을 가리키는데 '중설 저모음'은 현재 IPA 모음도에서 부재하다. 아울러, 상기
  설명과 예시 모두가 '전설 저모음'이란 점에서도 [A]와는 호응하지 못한다. 이에
  '전설 저모음' IPA인 [a]로 역자가 임의 수정하였다.
9 [역주]원서에는 '후설'로 표기돼 있으나 i는 전설모음이므로 오기로 판단하여 역
  자가 임의 수정하였다.

켜 올린다. 입술은 양쪽으로 벌린다. 예: 支持 zh-ī ch-í.

er[ɚ] 비원순 중설 중모음, 교설모음. 매우 특수한 모음으로서 두 개의 한어병음 자모로 표기되지만 실제로는 하나의 음소이다. 혓바닥 중간 부분을 반 정도 올리고 혀끝은 경구개 가까이 치켜 올린다. 입술은 약간 벌린다. 예: 二耳 èr ěr.10

상기 모음 중 앞의 일곱 개는 발음 시 혓바닥이 주요 기능을 담당하므로 '설면모음舌面元音'이라고 한다. 그리고 -i[ɿ]와 -i[ʅ]는 혀끝이 주요하므로 '설첨모음舌尖元音'이라고 한다. 나머지 er은 혀를 치켜들기 때문에 '교설모음翹舌元音'이라고 한다. 다만 er은 혀끝의 역할 역시 크다는 점에서 '설첨모음'으로 분류되기도 한다.

현대중국어에서는 이들 모음이 환경에 준해 다르게 발음될 수 있으므로 『한어병음방안』은 모음을 i, u, ü,11 o, e, a12 여섯 개 알파벳으로만 표기하

---

10 er은 자립 운모로서 성모와는 결합하지 않는다. 현대중국어에서 er운으로 발음되는 한자를 '아운자兒韻字'라고도 하는데 兒, 而, 爾, 二, 耳 등 소수에 불과하다. 한편, '兒'음은 다른 음절과 결합하여 원래의 운모가 가진 음색에 변화를 주기도 하는데, 이때의 '兒'음을 '교설음화운모兒化韻'라고 한다. '아운자'와 '교설음화운모'는 다르다. '교설음화운모'는 혀를 치켜 올리도록 하는 동작을 음절 말미에 추가하는 운모로서 별개의 음절이 아니다. 현대중국어의 운모는 ê와 er을 제외하고는 모두 운모의 교설음화가 가능하다. 교설음화를 『한어병음방안漢語拼音方案』에서는 음절의 말미 운모 뒤에 r 하나를 덧붙여 표기하도록 규정하고 있다. 예: 花兒huār, 鳥兒niǎor.

11 ü는 출현하는 환경이 정해져 있기 때문에 『한어병음방안』에서 ü의 위 두 점은 많은 경우 생략된다. ü, üe, üan, ün 네 운모가 성모 없이 그 자체로 독립된 음절을 이룬다면 yū(迂), yuē(約), yuān(冤), yùn(暈)과 같이 음절 앞에 y가 부가되고 ü의 위 두 점은 생략된다. 운모 ü, üe, üan, ün은 j, q, x, n, l 다섯 성모 뒤에만 올 수 있다. 그리고 이들 운모는 xū(虛), xué(學), xuǎn(選), xún(旬)과 같이 j, q, x와 결합할 때 ü의 두 점은 생략된다. j, q, x는 합구호 운모 u와 결합하는 일이 없으므로 혼동의 여지가 없기 때문이다. 하지만 nǚ/nǔ(女/努), lǜ/lù(律/

고 있다.

2.2.2. 성모와 운모

'성모'와 '운모'는 중국어 어음을 연구하는 데 사용되는 전문 용어이다. 중국 음운학자들은 일찍부터 중국어 음절을 분석했는데, 음절을 두 부분으로 나누고 앞부분을 성모, 뒷부분을 운모라고 불렀다. 예를 들어 '巴'ba의 앞머리 자음 b는 성모, 그 뒤를 잇는 모음 a는 운모이다. '書'shu에서 sh는 성모, u는 운모이다.13 자음, 모음 간 분류와 성모, 운모 간 분류는 성질이

路)와 같이 ü와 n, l 간 결합에서는 u와 혼동될 수 있으므로 두 점이 생략되지 않는다. 이에 『한어병음방안』에서는 n와 l 뒤에서만 ü의 두 점을 표기하도록 규정하고 있다. 때문에 ü는 있는 그대로 표기되는 경우가 매우 드물다.

12 『한어병음방안』에는 ê, -i[ɿ], -i[ʅ], er이 없다. ê는 '欸'를 제외하고 단독으로 사용되는 경우가 없고 -i[ɿ]와 -i[ʅ]도 단독으로 음절을 구성하지 못하며 er은 단독으로 음절 구성이 가능하나 성모와 결합하는 경우가 없기 때문이다.

13 한어병음 자모를 이용한 성모, 운모 분석은 당연히 고대의 방식이 아니다. 고대에는 한자음을 '반절反切'이란 방법으로 분석했다. 반절은 한자 두 개로 또 다른 한자 독음을 표시하는 방법이다. 당대唐 이전에는 '반反', 송대宋 이후에는 '절切'로 많이 불렸다. 최초의 반절은 자연 발생적이었다. '何不hébù'를 '盍hé'로, '之於zhīyú'를 '諸zhū'로 읽었듯, 두 한자를 연속해 읽음으로써 한 음을 구성했다. 이는 마치 현대 북경어에서 '不用búyòng'을 '甭'(béng)으로 읽는 것처럼 두 음이 하나로 자연스럽게 결합된 결과였다. 이후 불경 번역으로 산스크리트어의 음표기 원리를 이해하게 되었고 그 과정에서 반절은 점차 발전되어갔다. 반절의 응용은 대략 동한東漢 말기부터 시작됐고 반절에 의한 독음 표기가 보편화된 것은 한위漢魏 이후부터이다. 반절은 각각 '반절상자反切上字', '반절하자反切下字'로 불리는 두 개의 한자를 이용하는데, 성모를 표시하는 반절상자와 운모를 표시하는 반절하자가 결합하여 ('피절자被切字'라고 불리는)제3의 한자 독음을 표기하는 것이다. 예를 들면, '冬, 都宗切'이라고 했을 때 '冬'은 피절자, '都'는 반절상자, '宗'

다르다. 자음과 모음은 음소 분석에 쓰이는 명칭인 반면, 성모와 운모는 음절구조 분석에 사용되는 명칭이다.

중국어 성모는 자음으로 구성되어 있기 때문에[14] 그 특징도 자음과 완전하게 같다. 다만 '衣'i, '烏'u, '與'ü, '恩'en, '安'an과 같이 운모만 있고 성모가 없는 한자음도 있는데, 이 같은 경우는 그 앞에 '영성모零聲母'라는 성모가 있다고 가정하고 필요하면 운모 앞에 Ø를 붙여 표기하기도 한다.[15]

운모는 음절에서 성모를 제외한 부분으로서 음절의 주요 성분이다. 중국어 음절에서는 성모가 없을 순 있으나 운모가 없을 수는 없다. '蛇'shé와 '山'shān에서 성모가 제거돼도 두 음절 '鵝'é와 '安'ān은 여전히 유의미하다.

운모는 모음 하나로 구성될 수도 있다. 이 같은 운모를 '단운모單韻母'라고 하는데 현대중국어 단운모는 총 10개로서 앞서 제시된 10개의 모음으로 구성되기 때문에 양자 간 성질도 동일하다. 단모음 운모는 발음 시 혀와 입술에 인한 구강 변화가 없어 소리가 단일하다.

은 반절하자를 가리킨다. 이는 '都du + 宗zōng ― 冬dōng', 즉 '都'의 성모 d에 '宗'의 운모 ong을 더하면 '冬'dōng으로 발음된다는 의미이다. 여기서 '冬'의 성조는 곧 '宗'자의 성조와 동일하다. 이처럼 한어병음 자모로 분석하면 반절상·하자가 각각 어떤 기능을 하는지 알 수 있다. 이상의 반절 규칙은 다음과 같이 간단하게 정리된다. '반절상자는 성모를 가리킨다. 반절하자는 운모를 가리킨다. 반절상자는 유성·무성淸濁 여부를 결정한다. 반절하자는 성조를 결정한다.'

14 현대중국어에는 22개 자음이 있지만 음절 내에서 성모로 쓰일 수 있는 것은 21개에 국한한다. 연구개 비음인 ng는 음절 앞머리에 출현할 수 없기 때문이다.
15 『한어병음방안』은 운모 i 앞이 영성모일 경우 yī(衣), yē(耶), yīn(因), yōng(雍)으로 쓰고 운모 u 앞이 영성모일 경우 wū(烏), wō(窩), wēi(威), wēng(翁)으로 쓰며 운모 ü 앞이 영성모일 경우 ü의 위 두 점을 생략하고 yū(迂), yuē(約), yuān(冤), yùn(暈)으로 쓴다고 규정하고 있다.

운모는 두 개(ei, ou 등) 혹은 세 개(iou, uei 등)의 모음으로 구성될 수도 있다. 이를 '복운모複韻母'라고 하는데, 혀의 위치와 입술 모양이 그것을 구성하는 모음에 따라 순차적으로 바뀐다. 그리고 그 결과가 전체로서의 한 음절을 구성한다. 다만 복운모 내 단모음들은 개별 단모음과 그 성질이 다르다. 복운모는 모음 간 단순 결합이 아니기 때문이다. 그러므로 복운모는 발음 시 모음 간에 쉼을 두어서는 안 된다. 쉼을 두면 두 세 개의 단운모가 된다. ɑi(愛)는 연이어진 두 개의 모음이 전체로서의 한 음절을 이룬다. 하지만 중간에 쉼을 둔다면 ɑ(阿)와 i(姨) 두 개 음절로 나뉘게 된다.

운모는 모음에 비음 자음 n 또는 ng이 부가되기도 한다. en, ong 등이 그에 속하는데 이를 '비음운모'라고 한다. 비음운모는 모음으로 시작하여 비음으로 끝난다.

운모에 모음 하나만 있을 때는 이 모음이 곧 운모의 주요 성분, 즉 '운복韻腹'이 된다.16 운모에 두세 개 모음이 있을 때는 개구도와 공명도가 큰 모음이 운복이다. 운복 앞에는 '운두韻頭'(혹은 '개음介音'), 뒤에는 '운미韻尾'가 있다. 복운모에서 운복은 개구도와 공명도가 큰 ɑ, e, o가 맡는다. 복운모는 공명이 큰 모음이 어디에 위치하는가에 따라 '전향前響'(운두는 없고 운미만 있다), '중향中響'(운두와 운복이 모두 있다), '후향後響'(운두는 있지만 운미가 없다) 세 종류로 나뉜다.

현대중국어 운모는 39개이다. 운모는 운모 내의 모음 수에 따라 아래와 같이 분류된다.17

---

16 [역주]'운복'을 '주요모음'이라고도 한다. '운복'을 사용한다면 운모는 보통 '운두韻頭 — 운복韻腹 — 운미韻尾'란 용어로 나뉘고 '주요모음'을 사용한다면 '개음介音 — 주요모음主要元音 — 운미韻尾'란 용어로 나뉜다.

17 [역주]원서의 표에서는 '전향 — 후향 — 중향'으로 제시되어 있으나 설명 내용과의 일관성 유지를 위해 '전향 — 중향 — 후향' 순으로 역자가 임의 수정하였다.

단운모(10개)			복운모(13개)			비음운미운모(16개)	
설면모음	설첨모음	교설모음	전향	중향	후향	치조비음운미	연구개비음운미
a	-i[ɿ]	er	ai	iao	ia	an	ang
o	-i[ʅ]		ei	iou	ie	ian	iang
e			ao	uai	ua	uan	uang
ê			ou	uei	uo	üan	eng
i					üe	en	ing
u						in	ueng
ü						uen	ong
						ün	iong

중국어의 39개 운모 구조는 '사호四呼'에 따라 다음과 같이 분석 가능하다.

  개구호開口呼 운두가 없으면서 운복이 i, u, ü가 아닌 운모 :
         a, o, e, ê, -i[ɿ], -i[ʅ], er, ai, ei, ao, ou, an, en, ang, eng, ong.
  제치호齊齒呼 운두 또는 운복이 i인 운모 :
         i, ia, ie, iao, iou, ian, in, iang, ing, iong.
  합구호合口呼 운두 또는 운복이 u인 운모 :
         u, ua, uo, uai, uei, uan, uen, uang, ueng.
  촬구호撮口呼 운두 또는 운복이 ü인 운모 :
         ü, üe, üan, ün.

2.2.3. 현대중국어의 성조

'성조聲調'는 음절 발음 시 발생하는 소리의 높낮이 변화이다. 어음의 높낮이는 성대의 진동 주파수로 결정된다. 발음 시 성대가 긴장하면 진동 주파수가 높아 소리도 높다. 반대로 성대가 이완되면 진동 주파수가 낮아

소리도 낮다. 한편, 발음하는 동안 성대 긴장도에 변화가 없다면 성조의 높낮이에도 변화가 없다. 하지만 성대가 이완됐다 긴장하면 성조는 낮은음에서 높은음으로 변화한다. 반대로, 성대가 긴장했다 이완되면 성조도 높은음에서 낮은음으로 변화한다. 이렇게 산출된 높낮이 변화가 여러 다양한 성조를 만들어낸다. 성조의 성질은 음절 내에서 발생하는 '음높이의 상대적인 변동폭에 따라 결정된다. 그러므로 절대적 음높이는 성조 변화와 무관하다.

성조 개념에는 '성조값調値'(또는 '성조 유형調型')과 '성조 종류調類'가 포함된다. 성조값은 성조가 실제로 읽히는 방법으로서 높고 낮음高低, 상승과 하강升降, 꺾임과 곧음曲直, 길고 짧음長短의 형식을 갖는다. 예를 들면, 현대중국어에서 '衣'는 성조가 높은 채로 유지되는데 이를 '유지조高平調'라고 부른다. '移'의 성조는 중간 높이에서 최고 높이로 상승하므로 '상승조高升調'라고 한다. '椅'는 성조가 차하위 높이에서 최하 높이로 하강했다가 다시 차상위 높이로 상승하기 때문에 '꺾임조降升調'로 칭한다. '意'의 성조는 높은음에서 최하 높이로 하강하므로 '하강조全降調'라고 부른다. 이상의 유지, 상승, 꺾임, 하강은 중국 각 방언들에 존재하는 4대 성조 유형이다.

성조 종류는 성조값을 분류한 결과로서 성조값이 같으면 동일 부류로 분류한다. 현대중국어에서 성조값이 높으면서도 유지되면 '음평陰平'으로 분류하고 중간 높이에서 최고 높이로 상승하면 '양평陽平'으로 분류한다. 하강했다가 상승하는 성조값들은 '상성上聲'으로 분류하고 높은음에서 낮은음으로 하강하면 '거성去聲'으로 분류한다. 현대중국어 성조는 상기 음평, 양평, 상성, 거성 네 종류이다. 이를 '제1성', '제2성', '제3성', '제4성'으로 부르기도 하지만 '평平, 상上, 거去, 입入'이라는 고대 명칭을 이어서 사용하기도 하고[18] 현대까지의 분화 과정을 고려해 또 다른 명칭을 부여하기도 한다. 예컨대, 고대 평성자平聲字는 현대중국어에서 '음평', '양평'으로 나뉘어 불리고 고대 '입성入聲'은 현대중국어에서 '음평', '양평', '상성', '거성'으로 나뉘어 변화했다. 이렇듯 성조 종류에 부여된 고대 명칭을 사용하면 고대와 현대 어음의 변천 관계를 이해할 수 있다는 장점이 있다.

중국어의 성조값을 정확히 기술하기 위해 사용하는 방법이 '오도제五度制' 표기법이다. 이 표기법은 높낮이 비교선을 세로축으로 하여 네 등분하고 다섯 점을 찍은 뒤 1, 2, 3, 4, 5로 낮음, 반낮음, 중간, 반높음, 높음을 표시한다. 그리고 아래 그림과 같이, 세로축 옆으로는 가로선, 사선, 곡선을 이용하여 음의 높낮이 변화를 표시한다.

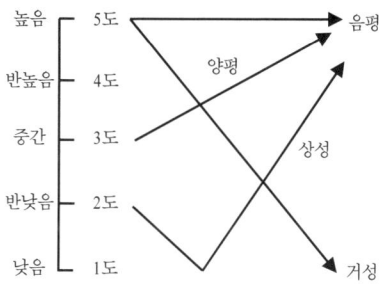

오도제 표기법에서는 가로선의 기점과 종점, 전환점 위치를 숫자로 표기할 수 있는데(음평은 55, 양평은 35, 상성은 214, 거성은 51) 이것이 곧 '성조값'이다. 그리고 높고 낮고 오르고 내리는 선의 모양이 곧 '성조 유형'

---

18 중국어 연구사에서, 성조에 관한 학설을 완전하게 갖추어 최초 제시했던 학자들로는 남조시기 양대梁代의 심약沈約, 사조謝朓, 주옹周顒, 왕빈王斌 등이 있다. 이들은 당시의 중국어 성조 종류調類에 따라 '평平', '상ㅏ', '거ㅓ', '입入'이란 네 가지 명칭을 붙인 사성학설四聲學說을 제기했는데, 이들 네 가지 명칭은 지금까지도 줄곧 사용돼오고 있다.

을 가리킨다.

『한어병음방안』에 제시된 성조부호는 이 같은 오도제 표기법을 간소화시킨 것으로서 ' ˉ '은 음평, ' ´ '는 양평, ' ˇ '는 상성, ' ` '는 거성을 의미한다. 또한 성조 부호는 운복 위에 일괄 표시하도록 규정하고 있다.

현대중국어에는 네 개의 성조 외에 가볍고 짧게 발음하는 '경성輕聲'이 있다. 소리의 높낮이 변화에 따라 결정되는 여느 성조와 달리, 경성의 성질은 소리의 강약에 따라 결정된다. 경성의 특징은 들이는 힘이 적은 만큼 소리도 매우 약하다는 데 있다. 하지만 경성으로 읽히는 글자들에도 모두 각자의 고유한 성조는 있다. 예컨대, '們'은 어휘 내에서 늘 경성으로 읽히지만 단독으로 사용되면 여전히 양평으로 읽힌다.

『한어병음방안』에서는 일반 성조들과의 구별을 위해 '喜歡'xǐhuan, '知識'zhīshi, '事情'shìqing 등과 같이 경성에는 성조부호를 부여하지 않고 있다.

2.3. 음절, 압운, 평측

2.3.1. 중국어의 음절구조

중국어의 음절은 성모, 운모, 성조로 구성된다. 그리고 이 중 운모는 운두, 운복, 운미로 다시 나뉜다. 이에 경우에 따라서는 성모, 운두, 운복, 운미, 성조를 모두 갖는 음절도 있다. 음절마다 운복과 성조는 필수적이지만 그 외 부분은 수의적이다. 중국어의 음절구조는 다음 네 가지 특징을 갖는다.

첫째, 한 음절에 최대 네 개의 음소가 올 수 있고 그 중 다수는 모음이다.
둘째, 자음은 음절 앞머리 또는 맨 뒤에만 출현하며 자음 두 개를 연이어 놓지 않는다.
셋째, 모음은 최대 세 개까지 연이어 놓을 수 있다. 이때 모음은 각각 운두, 운복, 운미를 담당한다.
넷째, 모든 음절에는 운복과 성조가 있다. 반면에 성모, 운두, 운미는 없을 수 있다.

열거된 특징에 따르면, 중국어는 다른 언어들에 비해 음절 구조가 간단하지만 규칙 면에서 엄격한 제약을 받는다. 한어병음 자모에서 모음만 운복이 될 수 있다. 그중에서도 개구도가 크고 혀의 위치가 낮은 a, o, e 등이 주로 맡는다. 또한 운모에서 모음이 한 개인 경우는 i, u, ü 등과 같이 개구도가 작고 혀의 위치가 높더라도 운복이 될 수 있다. 한편, ng을 제외한 모든 자음은 성모가 될 수 있다. 그리고 운두는 i, u, ü 세 모음만 가능하다. 운미는 i, u (ao, iao의 운미도 사실상 u이다) 두 개의 모음과 n, ng 두 개의 자음만 가능하다.

현대중국어에는 엄격한 제약으로 결합 불가능한 성모, 운모 간 결합도 있다. 양자 간 결합으로 음절을 구성할 수는 있으나 구성된 음절이 아무런 의미도 표시할 수 없는 경우이다.

영성모를 포함한 22개 성모와 39개 운모는 현대중국어에서 400여 개의 음절 조합만 가능하다. 양자 간 결합은 성모의 조음위치와 운모의 사호 체계로부터 제약을 받기 때문이다.

b, p, m는 개구호, 제치호, 합구호(u에 한함) 운모와만 결합하고 촬구호 운모와는 결합하지 않는다. 현대중국어에 bü, pü, bua, pua 같은 음절은 없다.

f는 개구호, 합구호(u에 한함) 운모와만 결합하고 제치호, 촬구호 운모와는 결합하지 않는다. 현대중국어에 fi, fia, fü, füan, fuan 같은 음절은 없다.

d, t는 개구호, 제치호, 합구호 운모와만 결합하고 촬구호 운모와는 결합하지 않는다. 현대중국어에 dü, tü, düe, tüe 같은 음절은 없다.

n, l는 개구호, 제치호, 합구호, 촬구호 운모 모두와 결합한다.

g, k, h, zh, ch, sh, r, z, c, s는 개구호, 합구호 운모와만 결합하고 제치호, 촬구호 운모와는 결합하지 않는다.

j, q, x는 모든 제치호, 촬구호 운모와 결합하지만 개구호, 합구호 운모와는 결합하지 않는다.

영성모는 사호의 모든 운모와 결합한다.

이상 중국어 성모, 운모 간 결합 규칙은 아래 표와 같이 정리 가능하다.

성모＼사호	개구호	제치호	합구호	촬구호
b p m	班bān	編biān	布bù(u에 한함)	○
f	番fān	○	富fù(u에 한함)	○
d t	單dān	顚diān	端duān	○
n l	難nán	年nián	暖nuǎn	虐nüè
g k h	乾gān	○	官guān	○
j q x	○	堅jiān	○	捐juān
zh ch sh r	佔zhàn	○	專zhuān	○
z c s	贊zàn	○	鑽zuān	○
영성모	安ān	煙yān	彎wān	冤yuān

○는 현대중국어에 없는 음절을 표시한다

임의의 성모가 사호 중에 어느 한 운모와 결합한다는 것이 곧 해당 사호 내 모든 운모와 결할 수 있다는 것을 가리키진 않는다. 예를 들어 b, p, m는 제치호 운모와 결합할 수 있지만 같은 제치호에 속한 ia, iang과는 결합하지 않는다. 현대중국어에 b, p, m와 ia, iang이 결합한 음절은 없다.

d, t는 합구호 운모와 결합 가능하지만 같은 합구호인 uai, uang과는 결합하지 않는다. duai, duang, tuai, tuang 같은 음절은 현대중국어에 존재하지 않는다. 그 외에, o는 순음 성모 b, p, m, f 와만 결합하고 기타 성모들과는 결합하지 않는다. 반대로 uo와 e는 순음을 제외한 성모와만 결합한다. 또 -i[ɿ]는 z, c, s와만 결합하고 -i[ʅ]는 zh, ch, sh, r와만 결합한다. er은 성모와 결합하는 일 없이 그 자체가 하나의 음절을 구성한다.

2.3.2. 압운, 평측, 그리고 중국어의 음악미

중국 문학에서의 운문韻文은 부르고 읊는 데 목적이 있어 음악과 밀접한 관계에 있다. 음절과 성조는 중국어 어음의 주요 구성성분이다. 이 중 성조는 발음되는 과정에서 한 음절 내에 발생하는 음의 높낮이와 길이 변화이다. 이 음의 높낮이와 길이 변화가 중국어에 음악성을 부여했고 풍부한 음악성은 시詩와 사詞를 발전시키는 데 매우 유리했다. 성조들이 음절 간에 적절하게 어우러지면 고저의 변화, 반복, 조화를 통한 그만의 독특한 느낌이 만들어져 읽기에도 수월하고 듣기에도 부드럽기 때문이다. '압운押韻'과 '평측平仄'은 바로 이 같은 중국어 어음 특징으로 음악미를 살려내는 예술적 기법이다. 압운과 평측은 비단 시나 사 등의 운문뿐만 아니라 산문에서도 수시로 사용됐다.

압운은 운모가 같거나 비슷한 글자를 문말에 놓는 기법이다. 아래 두보의 「망악望嶽」을 살펴보자.

岱宗夫如何? 齊魯靑未了(liǎo)。
造化鐘神秀, 陰陽割昏曉(xiǎo)。
盪胸生層雲, 決眥入歸鳥(niǎo)。

會當凌絕頂, 一覽衆山小(xiǎo)。
(태산은 어떠한가? 제나라와 노나라의 짙푸름이 끝이 없다.
자연의 세계는 신비롭고 아름다워 산의 남쪽과 북쪽은 황혼과 새벽
처럼이나 다르다.
가슴을 쓸어내리면 층층 구름이 피어나고 눈을 크게 뜨면 귀조歸鳥가
날아든다.
반드시 태산의 정상에 올라 뭇 산들의 작음을 일람하리라.)

위의 시는 각 행 말미에 운모가 iao인 한자를 사용함으로써 운들이 조화 돼있다는 느낌을 전달한다. 이 같은 기법을 압운이라고 하고 압운에 사용된 한자를 '운각韻脚' 또는 '운자韻字'라고 한다. 운각의 규칙적이고도 반복적인 출현은 듣는 이에게 순환, 조화, 갖춤의 느낌을 주고 읽는 이에게는 암송을 용이하게 해준다. 또한 운각에 쓰인 소리의 전후 호응은 시상詩想을 부각시키고 전달력을 높이는 데 도움을 준다. 예컨대, 공명도가 높은 운모의 반복적인 출현은 웅대함, 호방함, 기뻐함 등의 시상을 부각시킬 수 있다. 노륜盧綸의 「새하곡塞下曲」을 예로 살펴보자.

月黑雁飛高, 單于夜遁逃。
欲將輕騎逐, 大雪滿弓刀。
(칠흙같이 어두운 달밤 기러기들 높이 나는데
흉노의 두목두목單于이 밤을 틈타 도주를 하네.
날쌘 기병들 인솔하여 쫓아가니
큰 눈 위에 활과 칼이 가득하네.)

위의 시는 "高"(gāo), "逃"(táo), "刀"(dāo)로 압운된다. 운복 a는 공명도가 높은 모음으로서 장군이 눈밭에서 적을 무찌르는 호방함을 부각시킨다. 반대로, 공명도가 낮은 운모의 반복적인 출현은 슬픔과 분노, 근심과 괴로

움, 어쩔 수 없는 부득이함 등의 감정을 드러내는 데 적합하다. 위장韋莊의 「금릉도金陵圖」를 살펴보자.

江雨霏霏江草齊, 六朝如夢鳥空啼。
無情最是臺城柳, 依舊煙籠十里堤。
(강비가 부슬부슬 내리고 풀들은 가지런히 돋아나는데
육조의 일은 마치 꿈인 듯하고 새들은 부질없이 울어댄다.
무정한 것은 누대와 성안의 버드나무들 뿐
안개는 여전히 십 리 둑을 에워싸고 있는구나.)

위의 시는 "齊"(qí), "啼"(tí), "堤"(dī)로 압운된다. 여기서 모음 i는 낮은 공명도로써 과거 일로 슬픔에 젖은 감정을 부각시키고 있다. 압운은 고전시와 사에 음악성을 부가할 목적으로 사용된 기법이지만 현대문학 창작에도 널리 사용되고 있다. 소평蕭平의 「삼월설三月雪」을 살펴보자.

在北方, 廣闊的平原上,
年輕的姑娘背著槍,
獻一束鮮花,
給死去的娘。
(북쪽, 광활한 평원 위에서
젊은 아가씨 등에 총을 메고
꽃 한 다발을 바친다
돌아가신 어머니께.)

시에서 "上shàng", "槍qiāng", "娘niáng"의 운모는 모두 ɑng이다. 압운으로 운율에 맞춰 음악미를 드러내기 위해 위의 시는 제4행에서 '母親'이나 '媽'를 사용하시 않고 "娘"을 사용하고 있다.

평측平仄은 사성四聲을 번갈아 사용하며 리듬감을 만들어내는 기법이다.

평측에서 '평'은 평성을, '측'('仄'을 '側'이라고 하기도 한다. '기울다'는 뜻으로 평평하다는 '平'과 대립된다)은 상성, 거성, 입성을 가리킨다. 평측은 상대적으로 자수가 같은 두 구를 필요로 한다. 두 구 간 상호 대응된 위치에 출현한 음절들이 서로 반대된 평, 측을 갖는데, 이때 고, 저, 장, 단이 교체되면서 리듬 간에 조화가 만들어진다. 두보의 「춘망春望」을 살펴보자.

國破山河在,　　측측평평측
城春草木深。　　평평측측평(각운)
感時花濺淚,　　평평평측측
恨別鳥驚心。　　측측측평평(각운)
烽火連三月,　　측측평평측
家書抵萬金。　　평평측측평(각운)
白頭搔更短,　　평평평측측
渾欲不勝簪。　　측측측평평(각운)
(나라가 망하였는데도 산과 강은 여전하니
성 내의 봄에 잡초가 무성하구나.
시국을 느낌에 꽃을 보아도 눈물이 흐르고
이별이 한스러워 새를 보고도 놀라게 되는구나.
봉화가 석 달을 멈추지 않으니
가족의 편지가 만금보다 귀하노라.
백발이 성성하여
비녀도 못 꽂을 지경이구나.)

위의 시는 어음의 높낮이가 두 구씩 짝을 이루며 부족한 부분을 메워주는 형식을 띠고 있는데, 이는 음악적 측면에서 억양 변화가 만들어내는 미적 감각을 드러낸다. 더불어, 성조의 기복에 따라 선을 그어보면 평성에서는 높아지고 측성에서는 낮아져 절묘하게 배치된 어음의 흐름이 아래와 같이 더욱 부각되어 보인다.

國破山河在,
城春草木深。
感時花濺淚,
恨別鳥驚心。
烽火連三月,
家書抵萬金。
白頭搔更短,
渾欲不勝簪。

이러한 고전시가의 음악미는 시인의 독창성뿐만 아니라 중국어의 어음 특징에도 기인해있다.

2.4. 다음자 처리

2.4.1. 이독자

중국어에서 '다음자多音字'는 두 종류로 나뉜다. 하나는, 한 단어로서의 한자 한 자가 여러 독음讀音을 갖는 '이음동의異音同義'이다. 이를 '이독자異讀字'라고 한다. 다른 하나는, 한자 한 자가 각기 다른 독음의 여러 단어로 기능하는 '이음이의異音異義'이다. 이를 '다음다의자多音多義字'라고 한다.

이독자는 동일 시기, 동일 지역, 동일한 어음체계 내에서 한 단어로 기능하는 한자 한 자가 여러 독음으로 읽히는 것을 가리킨다. 예를 들어, '强'자는 qiáng(堅强jiānqiáng 굳세다)으로도 읽히고 jiàng(倔强juéjiàng 고집이 세다)으로도 읽힌다. 또 '爪'는 zhǎo(爪牙zhǎoyá 발톱과 이빨)로도 발음되고 zhuǎ(鷄爪子 jīzhuǎzi 닭발)로도 발음된다. 한편, 중국어는 문어와 구어 간 독음이 완전히 일치하지 않는 경우도 있다. '薄'는 문어로 bó(厚薄hòubó 두께)지만 구어로는 báo(紙很薄Zhǐ hěn báo 종이가 매우 얇다)이다. 또 월어의 '靑'은 문어로 [tsiŋ]이지만 구어로는 [tsɛŋ]이다. 이른바, 독서음과 구두음이 상이한 문백이독文白異讀 현상이다.

일반적으로 글자의 독음은 어음 변화에 따라 바뀐다. 하지만 독음이 변화됐음에도 불구하고 여전히 습관적으로 고음古音으로 읽히는 한자도 있다. 예를 들어 한자 '廈'는 shà로 변화됐지만 '廈門Xiàmén'에서는 여전히 xià로 읽히고 '否'는 fǒu로 바뀌었지만 '否極泰來pǐ jí tài lái 고생 끝에 낙이 온다'에서는 여전히 pǐ로 읽힌다. 또 월어에서 한자 '車'는 [tsɛ]로 변화됐지만 '車馬砲차마포'에서의 '車'는 여전히 [gœy]로 읽히고 있다. 이들 이독 현상은 사회적 약속에 따른 언어 관습으로 단어의 의미와는 무관하다.

이독과 (한자음을 잘못 읽는) '오독誤讀'은 본래 별개의 문제지만 유행됐거나 사회적 계약에 기초한 오독은 이독으로 간주되기도 한다. 오독자는 성부聲符로 음을 표기하는 한자의 조자造字방식과 밀접한 관계에 있다. '수재는 독서할 때 절반만 읽는다秀才讀書讀半邊'는 중국 속담이 있다. 낯선 한자를 보면 자신에게 익숙한 성부만으로 한자를 읽어나간다는 뜻으로, 상기 속담에서의 '절반'은 '형성'자의 성부를 가리킨다. '형성'자가 만들어질 당시엔 성부의 독음이 한자 독음과 상당히 일치했지만 어음 변화로 인해 현대 '형성'자는 양자가 일치하지 않게 됐다. 예를 들어 '倜tì', '等děng', '怡yí', '練liàn',

'揮huī', '揣chuāi'의 성부는 각각 '周zhōu', '寺sì', '台tái', '柬jiǎn', '軍jūn', '耑duān'이지만 한자 독음과 성부의 독음 간 괴리는 상당히 커져 있다.

한자의 기본 구성단위인 부건部件 간 조합도 성부의 표음 기능에 영향을 준다. 부건은 '형성'자에서 상하 또는 좌우로 조합하는 것이 대부분이다. 하지만 형성자 중에는 성부의 필획 일부가 생략된 생성省聲자도 많고 성부 자체가 형성자여서 복잡한 구조로 분별이 어려워진 경우도 많다. 또한 자형이 방괴형으로 바뀐 결과 성부를 특정하기 어려워진 형성자도 적지 않다. 예를 들면 '黴méi', '黎lí', '望wàng', '翰hàn', '骰gòu', '載zài', '修xiū', '滕téng', '肆sì', '痣zhì' 등이 모두 '형성'자지만 여기서 성부를 포착하기란 이미 어려워졌다.19 그 외에, '榻tà', '燹xiǎn', '斲zhuó', '第zǐ' 등과 같은 일부 형성자들의 성부는 단독으로 사용될 때 상용자도 아니고 독음도 그다지 일치하지 않는다.20

---

19 [역주] '黴méi'의 성부는 '微wēi'의 생성, '黎lí'의 성부는 '秒lì'의 생성, '望wàng'의 성부는 '朢wàng'의 생성이다. '翰hàn'의 성부 '倝gàn' 외에, '骰gòu'의 '殼què', '載zài'의 '𢦒zāi', '修xiū'의 '攸yōu'는 그 자체가 형성자이다. 그리고 '滕téng'의 '朕zhèn', '痣zhì'의 '矢shǐ'는 변천 과정에서 자체가 바뀌면서 성부를 특정하기 힘들어졌고 '肆sì'는 '四'와 독음과 외미가 같지만 자체가 다른 이체자이다.

20 [역주] '榻tà'의 성부 '𦎧'는 독음이 tà이고 '第zǐ'의 성부 '朿'는 zǐ이다. 그러나 '燹xiǎn'의 성부 '豩'는 bīn이고 '斲zhuó'의 성부 '斦'는 독음이 없다.

2.4.2. 다음다의자

고서古書에는 다음다의자多音多義字가 상당히 많다. 고대에는 '통가通假'법으로써 유사하거나 동일한 독음의 한자를 원래 써야할 한자 대신 차용한 예가 많았기 때문이다. 그 과정에서 다음다의 현상은 쉽게 빚어졌다. 예를 들어, '荷'는 본래 '연꽃荷花 héhuā'을 가리키는 데 쓰였지만 후에 '부담負荷 fùhè'을 지칭하는 데도 차용됐다. 그 결과 현대중국어에서 '荷'는 hé로 읽힐 땐 '연꽃'을, hè로 읽힐 땐 '부담'을 의미하게 되었다. 이보다 더 복잡한 상황의 한자들도 있다. 예컨대 '參'자는 '參商shēnshāng 서쪽별(參)과 동쪽별(商)'과 같이 shēn으로 읽히면 별자리이름星名을 가리킨다. 별자리이름이 '參'의 본의이다. 하지만 sān으로 읽히면 숫자 '3'이란 가차의를, cān으로 읽히면 '연구하다', '참여하다'란 가차의를 표시한다. 또 cēn이란 독음은 오직 '參差cēncī 들쑥날쑥하다'란 연면어에서만 발음된다. 그 외에, 고대에 음역된 외래어 명사의 독특한 독음이 현재까지 유지돼온 예들도 있다. 몽골어에서 유래한 '可汗칸'은 kèhán으로 읽고 돌궐어에서 유래한 '龜茲구자. 고대 서역의 국명'는 Qiūcí로 읽는다. 또 '單'은 성씨일 때는 Shàn으로, 고대중국어의 '單于(흉노)군주'를 가리킬 때는 chányú로 읽는다. 그리고 '番'은 '番禺광동의 한 지명'란 지명으로 쓰일 때는 Pānyú로 읽는다.

의미가 파생된 '인신引申'과 품사를 겸하는 '겸류兼類'도 다음다의자 발생에 영향을 미친다. 먼저, 한자가 같더라도 본의인지 인신의인지에 따라 독음이 달라지는 경우가 있다. 일례로, '中'은 중심을 뜻할 때는 zhōng으로 읽지만 그로부터 파생된 '정확히 맞추다'를 뜻할 때는 '射中shèzhòng 명중하다'과 같이 zhòng으로 읽는다. 그리고 이 같은 독음 상의 차이는 품사를 구분할 때도 많이 쓰인다. '行'이 동사일 때는 '行走xíngzǒu 걷다'처럼 xíng으로 읽지만 명사일 때는 '銀行yínháng 은행'처럼 háng으로 읽는다. 또 '沒'가 부사일 때는 '沒來méi lái 오지 않았다'처럼 méi로 읽지만 동사일 때는 '水沒過了頭 Shuǐ mò guo le tóu 물이 머리 위까지 차올랐다'와 같이 mò로 읽는다. '還'가 부사일 때는 '還好hái hǎo 그런대로 괜찮다'처럼 hái로 읽지만 동사일 때는 '還你huán nǐ 네게 돌려주다'처럼 huán으로 읽는다.

2.4.3. 다음다의자 학습과 이독자 처리

현대중국어 상용자에는 3, 4백 개가량의 다음다의자가 있다. 그러므로 일상에서 단어의 의미와 품사에 많은 주의를 기울이면 독서 시 다음다의자의 독음과 의미관계를 파악하는 데 도움이 된다. 특이한 지명이나 인명, 고유명사 등을 만나면 자전이나 사전을 자주 찾아보며 주의 깊게 분석할 필요가 있다. 오독에 대해서는 먼저 드물게 사용되는 글자나 주로 문어에만 쓰이는 단어들에 유의해야 할 것이다. 그뿐만 아니라, 불필요한 웃음거리가 되지 않도록, 오독을 대수롭지 않게 여기거나 임의로 성부에 기대서만 넘겨짚고 읽는 것도 삼가야 할 것이다.

이독자와 다음다의자 정리는 1950년대부터 중시되기 시작했다. 보통화 어음 심사위원회普通話審音委員會는 1957년부터 1962년까지 세 차례에 걸쳐 『보통화 이독어 어음심사표 시안普通話異讀詞審音表初稿』을 발표했고 1963년에는 그때까지 정리된 이독자와 다음다의자를 『보통화 이독어 3차 어음심사총표 시안普通話異讀詞三次審音總表初稿』에 수록했다. 상기 『어음심사총표 시안』은 사회 각 분야에 걸쳐 두루 관심을 받았고 현대중국어의 어음 규범 제정에서도 일익을 담당했다. 그러나 한편으로는, 언어 변화로 인해 『어음심사총표 시안』에 제시됐던 일부 독음들에도 재심의가 필요했고 규범의 기준이

되기 위해서는 『시안』의 확정도 필요했다. 그 결과 1982년 6월에는 보통화 어음심사위원회가 재구성되고 수정작업도 진행됐다. 수정작업은 현대중국어의 어음 발전 규칙을 준수하되 이미 관습화된 어음과 현재의 사용 상황도 함께 고려한다는 원칙 아래 이뤄졌다. 완성된 작업은 1985년 『보통화 이독어 어음심사표普通話異讀詞審音表』로 발표되어 이후 중국어 다음자를 심의하는 데 많은 도움을 주고 있다.

제3장 어휘

3.1. 중국어 어휘의 특징

3.1.1. 이음절어가 우세해져 간다

어휘는 언어의 건축 자재이다. 다양한 건축 자재를 알지 못하면, 그리고 그 건축 자재의 기능과 특징에 대해 익숙지 않으면 언어라는 고층 빌딩을 짓기 어렵다.

단음절어 우세에서 이음절어 우세로의 발전은 중국어가 가진 내부 발전 규칙 중 하나이다. 상고중국어(기원전 12세기~3세기)에는 단음절어가 다수였지만, 중고중국어(3세기~13세기)에 이르러서는 이음절어가 많아졌다. 현재 일상생활과 과학 용어뿐만 아니라 사회과학과 자연과학 분야의 새로운 단어들 대다수는 이음절어이다.

중국어 음운 체계는 지속해서 간략화돼왔다. 성모, 운모, 성조가 줄어들면서 단음절어의 동음 현상이 증가하고 그에 따른 구어 속 중의(岐義) 출현 가능성이 높아지면서 소통에도 불편이 초래됐다. 하지만 형태소 두 개로 이음절어를 구성하면서 동음에 의한 불편함은 크게 줄었다.[1] 청각에만 의지할 경우 소리에 의한 의미 분별이 상당히 중요한데 단음절 동음어가 많아지면 혼란이 발생할 수 있기 때문에 용이한 의미 구분을 위해서라도 단음절어는 이음절어로 변화할 필요가 있었다.

사실 단음절어의 사용은 일상생활에서 제약이 상당하다. 예를 들면, "'張Zhāng 장'씨 성을 가진 사람은 '老張lǎo Zhāng' 또는 '小張xiǎo Zhāng'이라 부를 수 있지만 '歐陽Ōuyáng 구양' 성을 가진 사람은 '老歐陽lǎo Ōuyáng'이나 '小歐陽xiǎo Ōuyáng'이라고 하지 않는다. 단음절 지명에는 모두 縣, 國 등 분류명이 붙지만 이음절어에는 그렇지 않다. 예컨대 '大興Dàxīng 대흥, 順義Shùnyì 순의'와 '通縣Tōngxiàn 통현, 涿縣Zhuōxiàn 탁현', '日本Rìběn 일본, 印度Yìndù 인도'와 '法國Fǎguó 프랑스, 英國Yīngguó 영국'를 각각 비교해 보자. 이는 숫자에도 똑같이 적용된다. 한 달 중 앞의 10일은 반드시 '一號yī hào 1일'…'十號shí hào 10일'이라고 말하지만 '十一shíyī 11'부터는 '號hào 일'를 붙이지 않아도 된다."[2]

이음절어는 자주 사용할수록 구어색이 짙어져 읽기에도 매끄럽다. 노신

---

1 곽소우郭紹虞의 「중국어 어휘의 융통성中國語詞之彈性作用」을 참고하면 다음과 같다. "언어 변화의 측면에서 보면 중국어는 접사를 통해 단어의 음절수를 늘려가지만 문자 응용의 측면에서 보면 여전히 단음절의 특징을 유지하고 있는 것 같다. 이 같은 상황은 문언문文言文에서 특히 현저하다. 이는 읽기와 듣기란 두 상이한 기능에서 비롯된다. 듣기는 음성으로써 의미를 변별하기 때문에 다음절어를 이용해야 하지만 읽기는 그럴 필요가 없다. 그러므로 말을 할 때는 최대한 다음절어를 사용하고 글을 쓸 때는 간단한 단음절어를 쓴다. 본래 단음절어지만 말을 할 때는 상황에 맞게 다음절이 될 때도 있다. 이러한 현상이 언어의 유동성流動性을 조성하는데, 예를 들어 '衣服yīfu 옷'의 衣는 '椅yī 의자'와 동음이기 때문에 말을 할 때는 '衣服'와 '椅子'로 구분을 둘 필요가 있다. 하지만 글을 쓸 때는 단음절 '衣'와 '椅'로 각각 사용해도 무방하다. 동음이면서 성조만 달라도 이 같은 특징을 보이는데 동음에 동일 성조라면 더 말할 필요가 있겠는가?" (『연경학보燕京學報』, 第24期, 1938年 12月, pp. 2~3)

2 여숙상呂叔湘 主編, 『현대중국어 800단어現代漢語八百詞』, 北京: 商務印書館, 1980, pp. 2~3.

魯迅의 『백초원에서 삼미서옥까지從百草園到三味書屋』 초고初稿에 아래와 같은 단락이 있다.

> 掃開一塊雪, 露出地面, 用一枝短棒支起一面大的竹篩來, 下面撒些秕穀, 捧上繫一條長繩, 人遠遠地牽著, 看鳥雀下來啄食, 走到篩下時將繩一拉, 便罩住了。(見『魯迅手稿選集初編』)
> (한 더미의 눈을 치우니 바닥이 드러난다. 짧은 막대기로 큰 대나무 체를 세우고, 그 아래에 있는 곡식 쭉정이를 살짝 치운다. 들어 올린 체에 긴 끈을 매어 멀리서 잡고 새가 내려와 먹이 먹는 것을 지켜본다. 새가 체 아래로 왔을 때 줄을 잡아당겨 뒤집어씌운다. (『노신 친필원고 선집 초편』에서))

노신은 후에 단음절 "篩shāi 체", "下xià 아래", "時shí 때"를 이음절 '竹篩zhúshāi 대나무 체', '底下dǐxia 아래', '時候shíhou 때'로 수정하고 '底下'와 '時候' 사이에 '的'를 추가해 음절을 조정함으로써 어구를 보다 듣기 좋게 수정했다. 엽성도葉聖陶의 『외국기外國旗』에 나온 다음 구절도 살펴보자.

> 她的面孔全部漲紅; 語調越到後越快, 聲音像有尖刺似的。(見『葉聖陶選集』)
> (그녀의 얼굴이 전부 빨갛게 상기되었다. 어조는 갈수록 빨라졌으며 목소리는 가시같이 날카로웠다. (『엽성도 선집』))

최종 원고에 이르는 동안, 엽성도는 단음절어 "後hòu 뒤에"를 이음절어 '後來hòulái 뒤에'로 대체하여 "……語調越到後來越快……yǔdiào yuè dào hòulái yuè kuài"로 수정하였다.(『엽성도 문집』) 그 목적은 음절을 조정하여 문장에 구어색이 짙어지도록 하는 데 있다.

두 형태소보 이음절어를 구성하면 단어의 의미는 상당히 명확해진다. 그로 인해, 이음절어는 그에 대응되는 단음절어보다 의미 범위가 좁고 확정적이다. 예를 들어, "계획이 주도면밀하다는 것을 형용할 때는 '深遠shēnyuǎn'을, 기초가 튼실하다 또는 은혜가 두텁다는 것을 형용할 때는 '深厚shēnhòu'를 이용해 표현한다. 거듭된 재난이나 가중된 죄악에는 '深重shēnzhòng'을, 심오한 의미 또는 곱씹을수록 새겨지는 의미에는 '深長shēncháng'을 사용하여 형용한다. 그리고 날씨가 어둡다거나 속셈이 감추어져 있다든지, 태도가 진중할 때는 '深沈shēnchén'으로, 의미나 원리가 깊이 감춰져 있다거나 숙고 없이는 이해할 수 없다든지 할 때는 '深奧shēn'ào'로 형용할 수 있다. 또한 밀접한 관계나 깊은 정, 정곡을 찌르는 말에는 '深切shēnqiè'를, 각인된 인상이나 명확한 견해에는 '深刻shēnkè'를 사용한다. 더불어 '深刻'는 묘사를 치밀하게 하거나 법조문을 세세하고 엄격하게 인용할 때도 사용할 수 있다."[3] '深遠', '深厚' 등 상기 여덟 개의 이음절어는, 그에 상응하는 단음절어 '深'과 비교할 때, 분명히 의미적으로 많이 '제한적'이다. 그 결과 의미가 명확해지면서 사용범위도 좁아졌다. 단어의미는 이처럼 단음절이 이음절로 늘어나는 과정에서 명확한 구분이 지어졌다.

3.1.2. 융통성이 풍부하다

동음 현상으로 빚어지는 오해를 피하기 위해, 중국어 구어에서는 단음절어에 특별한 의미가 없는 접사連綴를 부가하여 이음절어를 자주 만든다. 중국어 단어의 '융통성'은 여기서 비롯된다.

단어의 융통성이란 단어가 일정한 형식을 띠지 않고 상황에 따라 단음절로 되었다 이음절로 되었다 하는 것을 가리킨다. 이는 구어와 문어 간 부조

---

[3] 주문숙朱文叔, 「어휘 학습의 일례―'深'과 '淺'學習詞彙的一例―"深"和"淺"」, 『어문학습 語文學習』, 1951, 第1期, p. 17.

화에 기인하는데 단음절어 앞·뒤에 붙는 접사가, 의미적 필수 성분이 아닌 부가의미 표시나 음절 보충의 역할만 한다면, 문어 속에서는 간결하고 분명한 의미 전달을 위해서 임의적으로 삭제될 수도 있고 복원될 수도 있기 때문이다.

'道路dàolù 도로', '羣衆qúnzhòng 대중', '智慧zhìhuì 지혜', '泉源quányuán 원천', '驅逐qūzhú 몰아내다', '捨棄shěqì 포기하다', '購買gòumǎi 구매하다', '生産shēngchǎn 생산하다', '廣闊guǎngkuò 광활하다', '偉大wěidà 위대하다', '親密qīnmì 친밀하다', '豊富fēngfù 풍부하다' 등의 단어들은 의미가 같거나 비슷한 두 글자로 구성되어 있다. 이들 단어의 어간詞根과 접사는 의미상 병렬 또는 대등 관계에 있으므로 모두 어간으로 간주할 수도 있다. 한편, 어간에 의미적으로 비슷하거나 관련된 글자를 덧붙인 단어들도 있다. 예를 들어 어간이 앞에 위치한 '質量zhìliàng 질량', '人物rénwù 인물', '國家guójiā 국가', '事情shìqing 업무', '佔有zhànyǒu 점유하다', '縫制féngzhì 만들다'와 어간이 뒤에 위치한 '乾淨gānjing 깨끗하다', '熱鬧rènao 번화하다', '容易róngyì 쉽다', '溫暖wēnnuǎn 따뜻하다', '仔細zǐxì 꼼꼼하다', '發覺fājué 발견하다' 등이 그에 속한다. 이들 단어는 현저한 이음절화 추세로 인해 앞·뒤로 부가된 접사의 의미가 완전히 사라졌다.

한편 접사가 앞에 위치한 '老師lǎoshī 선생님', '小販xiǎofàn 소상인', '烏龜wūguī 거북', '蒼蠅cāngying 파리', '飛禽fēiqín 조류', '走獸zǒushòu 짐승'와 접사가 뒤에 위치한 '石頭shítou 돌', '桌子zhuōzi 탁자', '尾巴wěiba 꼬리', '豆類dòulèi 콩류', '藥品yàopǐn 약품', '眼部yǎnbù 안부', '省份shěngfèn 성', '竟然jìngrán 의외로', '只是zhǐshì 단지', '桃花táohuā 복숭아꽃', '柳樹liǔshù 버드나무', '鯉魚lǐyú 잉어', '肝臟gānzàng 간장' 등에서는 접사가 의미적으로 있으나 마나 하기 때문에 변별 기능 없이 음절만 보충하고 있다.

이렇듯 구어에서는 단음절어가 동음어同音詞 간 구별을 목적으로 접사를 부가하여 이음절어를 구성한다. 이때 만약 이음절어 내 접사가 어간을 돋보이게 하거나 음절을 맞춰주는 역할만 할 뿐 접사 부가 이전의 단음절어와 의미적으로 큰 차이를 보이지 않는다면, 그 이음절어는 문어에서 단음절과 이음절로 모두 쓰일 수 있는 융통성을 갖는다.[4]

3.1.3. 결합의 균형을 중시한다

현대중국어 단어는 구어와 문어 간 부조화로 인해 단음절로 구성될 수도, 이음절로 구성될 수도 있다. 양자 간에 의미적으로 큰 차이가 없다면, 수사적 측면, 그중에서도 특히 음절 상의 선택이 요구된다. 단어 간 결합에는 음절의 결합과 구조가 균형을 이뤄야 한다는 규칙이 있기 때문이다.

중국어는 한 자에 한 음을 갖는다. 중국어는 경성자를 제외하고 자수 배분과 음절 배분이 일치한다. 이는 구어, 문어에 상관없이 어조의 자연스러움을 중시한 결과이다. 겉으로 보기에는 한 어절에 몇 자를 사용하고 어떤 단어를 사용하는지가 음절 결합과는 무관하게 내용에 따라 결정되는 것처럼 보이지만 사실은 그렇지 않다.

균형은 미학의 기본 원칙이면서 언어 예술의 기본 원칙이기도 하다. 단어 선택에서 음절 간 조합이 적절하고 휴지 구간이 균등하면 리듬감이 부각된다. 이같은 리듬감으로 읽기 위해서는 동의어 중에서도 단음절어에는 단음절어를, 이음절어에는 이음절어를 결합하는, 언어적 균형미를 고려하며 단어를 선택한다. 예를 들면, '戒驕戒躁jiè jiāo jiè zào 교만함과 성급함을 경계하다'와

---

[4] 여숙상, 「'자유'와 '의존'에 대하여說"自由"和"粘著"」, 『중국어문中國語文』, 1962, 第1期, p. 1~6; 여숙상, 「현대중국어 단·쌍음절 문제 시론現代漢語單雙音節問題初探」, 『중국어문』, 1963, 第1期, pp. 16~22.

'力戒驕傲lìjiè jiāo'ào 오만하고 경박함을 힘써 경계하다'의 '驕jiāo', '驕傲jiāo'ào'는 의미가 같지만 음절수가 다르다. 그래서 만약 '戒驕戒躁'의 '驕'를 '驕傲'로 대체한다면 읽기가 까다로워진다. 또 다른 예로, '臉發燒, 心慌, 手脚痴笨。Liǎn fāshāo, xīn huāng, shǒujiǎo chībèn 얼굴에 열이 나고, 심장이 두근거리며, 손발이 둔하다'도 어구 간에 균형이 깨져 부조화를 이루므로 '臉發燒, 心發慌, 手脚痴笨。'로 수정되어야 한다. 산문 작가 진목秦牧은 이러한 원리에 매우 정통한 사람이었는데, 그의 「고무나무의 멋진 수염榕樹的美髯」에는 다음과 같은 문장이 있다.

> 在巨大的榕樹的樹蔭下開大會, 聽報告, 學文化, 乘涼, 抽煙, 喝茶, 聊天, 午睡, 下棋, 幾乎是任何南方人生活中必曾有過的一課了。(見『長河浪花集』)
> (거대한 고무나무 그늘 아래에서 회의를 하고, 보고를 듣고, 문화를 배우고, 바람을 쐬고, 담배를 피우고, 차를 마시고, 이야기를 나누고, 낮잠을 자고, 장기를 둔다. 남방 사람들의 거의 모든 생활에 반드시 거쳐가는 나무이다. (『장강의 물보라』에서))

상기 예에서, 이음절어 "大會dàhuì 회의", "報告bàogào 보고", "文化wénhuà 문화"는 각기 두 자씩 대응되고 단음절어 "涼liáng 시원함", "煙yān 담배", "茶chá 차", "天tiān 하루", "睡shuì 잠", "棋qí 바둑"는 음절 간 결합을 이뤄 읽기에 부드럽다. 「기이한 나무奇樹」에서도 이와 비슷한 문장이 나온다.

> 正是因爲這種樹耐風, 耐熱, 耐旱, 耐鹹, 生命力異乎尋常的旺盛, 而又生長得迅速, 整齊, 木材很有用處, 現在華南到處都有它的踪迹了; 尤其是雷州半島和海南島, 你幾乎四處都可以看見它。(見『長河浪花集』)
> (이 같은 나무는 바람과 더위, 가뭄, 염분에 강하고 남다른 생명력과 곧고 빠른 성장력에 기인해 목재로서 용도가 다양하다. 현재 남부지방華南 곳곳에서 그 흔적을 발견할 수 있으며, 특히 뇌주반도雷州半島와 해남도海南島의 거의 모든 곳에서 그 나무를 볼 수 있다. (『장강의 물보라』에서))

상기 예에서, 단음절어 "風fēng 바람", "熱rè 더위", "旱hàn 가뭄", "鹹xián 염분" 중 어느 한 단어를 이음절어로 대체한다거나 이음절어 "旺盛wàngshèng 강하다", "迅速xùnsù 빠르다", "整齊zhěngqí 고르다"를 단음절어로 대체한다든지 한다면, 문장 내의 음절 간 조합과 구조적 균형은 깨질 수 있다.

현대중국어의 주요 리듬 구조는 이음보 사음절이다.[5] 이는 물론, 널리 전해져온 사음절 성어 구조로부터 받은 영향도 있겠지만 사음절은 둘씩 짝지어져 있어 발화 시에도 또랑또랑한 느낌으로 읽기에도 좋아 의미 전달 효과를 높일 수 있다. 그러므로 '互動hùdòng 상호작용', '互相鼓勵hùxiāng gǔlì 서로 격려하다'라고는 해도 '互相勵'나 '互鼓勵'라고는 하지 않으며 '開荒kāihuāng 개간하다', '開墾荒地kāikěn huāngdì 황무지를 개간하다'라고는 해도 '開墾地'나 '開荒地'라고는 하지 않는다. 또 '管理圖書guǎnlǐ túshū 도서를 관리하다'라고는 해도 '管圖書'나 '理圖書'라고는 하지 않는다. 이처럼, 음절 간 균형을 위해 둘씩 짝을 짓는 것은 중국어에 보이는 특징 중 하나이다. 이로써, 단어를 연결해 문장을 만들 때는 의미를 어떻게 표현할 것인가에 따라 음절 균형을 맞추거나 짝수 음절을 이룰 수 있게 단어를 선택하여 앞·뒤 어구 간 호응을 도모해야 한다. 예를 들면 아래와 같다.

天將破曉, 天安門工地上一片燈光, 一片轟響。在這背景之下, 我看到一個戴安

---

[5] 육지위陸志韋는 「중국어의 병렬 사자격漢語的竝立四字格」에서 다음과 같이 언급했다. "한 단락을 듣거나 읽을 때, 우리는 문장 내 글자(음절)들이 아래처럼 2개/2개, 4개/4개로 구성된다는 걸 깨닫게 된다: 武松 / 武二郎 / 走在 / 路上。/ 防身 / 的 / 武器 / 就是 / 這 / 一條 / 哨棒。/ 一根 / 木棒 / 木質 / 堅硬 / 分量 / 沈重 / 能工巧匠 / 把 / 他 / 造成 / 的。/ ('연활여連闊如가 『수호전水滸』 말하다' 중에서) 이들 세 문장을 긴 호흡, 짧은 호흡으로 나눠보면 음절 간 결합을 확인할 수 있다. 또 다른 사람에게 이 문장을 나눠보라고 해도, 위치나 길이가 상기와 완전하게 일치하지는 않더라도, 2개/2개, 4개/4개로 구분하는 경향은 여전히 뚜렷하다."(『언어연구語言研究』, 1956, 第1期, p. 45)

全帽的青年人向我走來。他有著黑紅的臉膛，明亮的雙眸，他的一隻手把一件上衣拎在肩頭，他昂起胸脯，大踏步的行走。那步伐，那神情，那意態，那心境，處處洋溢著清新、歡樂。(劉白羽「青春的閃光」見『劉白羽散文選』)
(해가 뜰 무렵 천안문 공사장에는 불빛이 켜지고 굉음이 울렸다. 이를 배경으로, 내게 안전모를 쓴 한 청년이 걸어오는 것을 보았다. 검붉은 얼굴에 빛나는 두 눈동자, 한 손으론 어깨에 윗옷을 걸쳐 메고 가슴을 치켜세워 큰 걸음으로 걷는다. 그 발걸음, 그 표정, 그 태도, 그 기분에 청신함과 유쾌함이 충만하다.(류백우,「청춘의 섬광」,『류백우 산문선』에서))

상기 예에서, 앞의 "一片yípiàn"은 "燈光dēng guāng 불빛"과, 뒤의 "一片"은 "轟響hōngxiǎng 굉음"과 짝이 맞고, 다시 "一片燈光"은 "一片轟響"과 짝을 이룬다. 또 "黑紅hēihóng 검붉다"은 "臉膛liǎntáng 얼굴"과, "明亮míngliàng 빛나다"은 "雙眸shuāngmóu 두 눈동자"와, "一件上衣yíjiàn shàngyī 상의 한 벌"는 "拎在肩頭līn zài jiāntóu 어깨에 들다"와 짝이 맞다. 그리고 "昂起ángqǐ 치켜들다"는 "胸脯xiōngpú 가슴"와, "踏步tàbù 걸음"는 "行走xíngzǒu 걷다"와 짝이 맞고 이하 "步伐bùfá 발걸음", "神情shénqíng 표정", "意態yìtài 태도", "心境xīnjìng 기분"은 모두 이음절씩 짝을 이룬다. 나아가 "處處chùchù 도처에"는 "洋溢yángyì 충만하다"와, "洋溢"는 "清新qīngxīn 청신하다"과, "清新"은 "歡樂huānlè 유쾌하다"와 짝이 맞다. 그 결과, 전체 단락은 부드럽게 읽히고 음악성도 충만하다. 만약 '一片燈', '亮的雙眸liàng de shuāngmóu', '一件衣拎在肩頭yí jiàn yī līn zài jiāntóu', '大踏步的走dà tàbù de zǒu'라고 한다면 듣기에 매우 어색할 것이다.

한편, 균형을 맞추기 위해서 단음절, 이음절, 다음절 단어를 교차 사용할 때도 있는데 이때 음절은 조화를 이루면서도 변화가 발생해 기복에 의한 리듬감으로 읽기에 좋다.

現在的事物和我們對於事物的看法都比古代複雜，下筆以前多思索，多醞釀，仍常常只能完成一個圖樣, 一個計劃, 還是需要下筆以後邊寫邊改來充實, 來修正, 還是需要寫完以後根據自己的審查和別人的意見來再三修改, 來最後寫定。(何其芳「談修改文章」, 見『西苑集』)

(지금의 사물과 사물을 대하는 우리의 생각은 모두 고대에 비해 복잡하다. 집필 전에 많이 생각하고 준비했어도 마쳐놓고 보면 도안이나 계획에 머물뿐, 여전히 계속해서 쓰고 고치고 보완하고 수정해야 한다. 물론 글을 완성한 후에도 여전히 자기 검토와 3자 의견에 기초해 수정에 수정을 거듭하며 탈고해야 할 것이다.(하기방, 「글의 수정을 논하다」, 『서원집』에서))

예문에서는 단음절인 "邊biān"과 "邊", "來lái"와 "來"가 서로 호응하고 이음절인 "充實chōngshí"과 "修正xiūzhèng"이 서로 호응한다. 또 삼음절인 "多思索duō sīsuǒ"와 "多醞釀duō yùnniàng"이 서로 호응하고 사음절인 "一個圖樣yí ge túyàng"과 "一個計劃yí ge jihuà", "下筆以後xiàbǐ yǐhòu"과 "寫完以後xiě wán yǐhòu", "再三修改zàisān xiūgǎi"와 "最後寫定zuìhòu xiě dìng"이 서로 호응하여 조화로운 음절 결합이 구성되었다.

3.2. 단어의 분리성 문제

3.2.1. 형태소, 단어, 구

단어의 '분리성' 문제란 연이은 발화 속에서 단어를 어떻게 분별해낼 것인가 하는 문제이다. 이는 단어와 구, 단어와 형태소 간 경계를 어떻게 구분지을 것인가 하는 문제이기도 하다.[6]

형태소詞素는 어음과 의미가 결합된 최소 언어단위로서 '어소語素'라고도 부른다. 예컨대 '汽車qìchē 자동차', '聰明cōngmíng 똑똑하다', '呼喊hūhǎn 외치다'에서의 '汽qì', '車chē', '聰cōng', '明míng', '呼hū', '喊hǎn'은 모두 음과 뜻을 가진 형태소이다. 중국어 형태소는 대다수가 하나의 한자로 기록된 단음절이다. '國家guójiā 국가', '婚姻hūnyīn 결혼', '制度zhìdù 제도', '道路dàolù 길', '正直zhèngzhí 정직하다', '强壯qiángzhuàng 건장하다', '玩弄wánnòng 희롱하다', '呼吸hūxī 호흡하다', '商量shāngliáng 상의하다', '裝扮zhuāngbàn 치장하다' 등에서 '國guó', '家jiā', '婚hūn', '姻yīn', '制zhì', '度dù', '道dào', '路lù', '正zhèng', '直zhí', '强qiáng', '壯zhuàng', '玩wán', '弄nòng', '呼hū', '吸xī', '商shāng', '量liáng', '裝zhuāng', '扮bàn'은 각각 일음절 형태소이다. 중국어 형태소에는 둘 또는 그 이상의 한자로 구성된 이음절, 다음절 형태소도 있다. 예를 들어, '葡萄酒pútáojiǔ 포도주', '玫瑰花méiguihuā 장미꽃', '茉莉茶mòlìchá 쟈스민차', '吉普車jípǔchē 지프차', '霓虹燈níhóngdēng 네온사인', '沙發椅shāfāyǐ 소파의자'에서 '葡萄pútáo 포도', '玫瑰méigui 장미', '茉莉mòlì 쟈스민', '吉普jípǔ 지프', '霓虹níhóng 네온', '沙發shāfā 소파'는 이음절 형태소이다. 그리고 '巧克力qiǎokèlì 초콜릿', '華爾茲huá'ěrzī왈츠', '莎士比亞shāshìbǐyà 셰익스피어', '歇斯底裏xiēsīdǐlǐ 히스테리', '煙士披裏純yāshìpīlǐchún 영감(inspiration)', '德謨克拉西démókèlāxī 민주주의' 등은 셋 또는 그 이상의 음절로 구성된 다음절 형태소이다. 구어에서 단독으로 의미를 표현할 수 있는 단음절을 '단음절 형태소'라고 하고 이음절은 '이음절 형태소', 다음절은 '다음절 형태소'라고 한다. '언어의 최소 단위'란 그 이상으로 분석하면 의미를 갖지 못한다는 것을 뜻한다. 예를 들어, '葡萄'는 형태소이다. 둘로 나뉘면 '葡'와 '萄'에 어떤 의미도 없기 때문이다. 또한 '巧克力'도 형태소이다. 이 역시 '巧', '克', '力'로 분리되면 어떠한 의미도 갖지 못하기 때문이다.

형태소는 최소 언어단위로서, 그 자체가 단어를 겸하지 않는 이상 홀로

6　장영언張永言,『어휘론 간론詞彙學簡論』, 武昌: 華中工學院出版社, 1982, p. 33.

쓰일 수 없다.

　현대중국어에서 형태소가 독립적으로 쓰일 수 있는지 여부는 상황에 따라 다르다. '今jīn 지금', '牲shēng 희생', '幸xìng 행운', '沐mù 씻다'처럼 절대 단독으로 사용할 수 없는 형태소도 있고 '人rén 사람', '車chē 차', '高gāo 높다', '紅hóng 붉다', '飛fēi 날다', '跑pǎo 뛰다'처럼 단독으로 사용할 수 있어, 이미 단어가 된 형태소도 있다. 경우에 따라서는 양자를 겸하는 형태소도 있다. 예를 들어, '語'와 '言'은 보통 홀로 쓰이지 않는다. 하지만 '食不言, 寢不語shí bù yán, qǐn bù yǔ 밥 먹을 때, 잠잘 때 말하지 말라'에서는 단독으로 사용된다. 이처럼 단어로도 사용되고 기타 형태소와 결합하여 또 다른 단어를 구성할 수도 있는 형태소를 '자립 형태소自由語素'라고 한다. 반면에 단어로는 쓰이지 못하고 다른 형태소와 결합해야만 단어로 쓰일 수 있는 형태소를 '의존 형태소不自由語素'라고 한다. 형태소 두 개로 구성된 언어단위에는, '立體lìtǐ 입체', '特殊tèshū 특수하다', '政策zhèngcè 정책', '緖言xùyán 서론', '豊姿fēngzī 풍채', '基礎jīchǔ 기초' 등과 같이 의존 형태소 두 개가 결합된 단어도 있고 '普通pǔtōng 일반적이다', '童話tónghuà 동화', '閱讀yuèdú 읽다', '淸潔qīngjié 청결하다', '酒窩jiǔwō 보조개', '掩飾yǎshì 숨기다' 등과 같이 의존 형태소와 자립 형태소가 결합된 단어도 있다. 두 자립 형태소가 결합되면 '黃花huáng huā 노란 꽃', '靑草qīng cǎo 푸른 풀', '小橋xiǎo qiáo 작은 다리', '高山gāo shān 높은 산' 등과 같이 구詞組가 되기도 하고, 의미가 두 형태소 간 단순 결합으로 구성되지 않아 분리 불가능할 때는 '火車huǒchē 기차', '馬路mǎlù 큰길', '血汗xuèhàn 피땀', '手足shǒuzú 손과 발'처럼 단어가 되기도 한다. 형태소는 이처럼 그 자체가 직접 통사성분으로 기능할 수 없고, 그에 기초해 형성된 단어를 통해서만 통사성분으로 기능할 수 있다.

　단어는 의미를 가지면서 독립적으로 쓰일 수 있는 최소 언어단위로 간주된다.

모든 단어는 형태소로 구성된다. 단어와 형태소 간 구분은, 단어가 독립적으로 사용될 수 있는 데 반해 형태소는 독립적으로 사용될 수 없다는 데 있다. 자립 형태소는 독립적으로 단어를 구성할 수 있으므로 형태소인 동시에 단어이다. 그에 반해 의존 형태소는 또 다른 형태소와의 결합을 통해서만 비로소 독립적으로 사용 가능한 단어가 된다. 그러므로 단어라는 단위를 구분하는 데 있어 가장 중요한 점은 '독립적으로 사용 가능한 최소 언어단위'에 있다. 단어는 '독립적으로 사용 가능하다'는 점에서 그 하위 단위인 형태소와 변별되고 '최소'란 점에서 그 상위 단위인 구와 변별된다. 형태소는 독립적으로 사용 불가능한 최소 언어단위인 데 반해 단어는, 그 역시 최소 단위이지만, 독립적으로 사용 가능한 언어단위이다.

'독립적으로 사용 가능하다'는 것은 단어가 다른 성분에 의지하지 않고 문장 성분句子成分으로 기능한다 또는 어법 관계를 표시한다는 것을 의미한다. 예컨대, '語言yǔyán 언어'은 문장성분으로 기능할 수 있는 단어로서 '語言是交際工具언어는 의사소통의 수단이다'에서는 주어이고 '要好好學習語言언어를 열심히 공부해야 한다'에서는 빈어이다. 또한 '和~와'는 어법 관계를 표시하는 단어로서 '教師和學生都出席선생님과 학생 모두 참석하다'의 주어 '教師'와 '學生'이 병렬관계임을 표시한다. 그러므로 독립적으로 사용 불가능한 형태소는 단어구성 단위構詞單位, 독립적으로 사용 가능한 단어는 문장구성 단위造句單位이다.

단어는 실사實詞와 허사虛詞로 나뉜다. 실사는 '我wǒ 나', '吃chī 먹다', '白bái 희다', '朋友péngyou 친구', '提高tígāo 제고하다', '漂亮piàoliang 아름답다'처럼 실재적인 어휘의미를 갖고 단독으로 질문에 대답할 수 있다. 반면에 허사는 '和~와', '的~한', '呢~중이다', '嗎~입니까', '而且또한', '雖然……但是비록~이지만'와 같이 실재적인 어휘의미 없이 어법의미만을 갖고 문장구성에서 보조 역할만 담당한다. 이처럼 실재적인 어휘의미를 가진 실사와 어법의미만 가진 허사는 모두 독립적으로 사용 가능한 어법단위이다.

단어는 음절 수에 따라 단음절어單音詞, 이음절어雙音詞, 다음절어多音詞로 나뉜다. 앞서 예로 들었던 '人', '車', '高', '紅', '飛', '跑'는 하나의 음절로만 구성된 '단음절어'이다. '國家', '婚姻', '制度', '道路', '正直', '强壯', '玩弄', '呼吸', '商量', '裝扮'은 두 음절로 구성된 '이음절어'이다. '葡萄酒', '玫瑰花', '茉莉茶', '吉普車', '霓虹燈', '沙發椅', '巧克力', '華爾玆', '莎士比亞', '歇斯底裏', '煙士披裏純', '德謨克拉西'는 셋 또는 그 이상의 음절로 구성된 '다음절어'이다.

또한 단어는 형태소 수에 따라 단일어單純詞와 합성어合成詞로 나뉜다. '단일어'는 '山shān 산', '水shuǐ 물', '馬達mǎdá 모터', '邏輯luójí 논리', '高爾夫gāo'ěrfū 골프', '羅曼蒂克luómàndìkè 로맨틱' 등과 같이 하나의 형태소로 구성된 단어이다. 단일어는 단음절뿐만 아니라 이음절, 다음절로도 구성되지만 그 자체가 단일한 의미성분이므로 더 이상 쪼갤 수 없다. '합성어'는 '民衆mínzhòng 민중', '演講yǎnjiǎng 연설', '拖拉機tuōlājī 트랙터', '自行車zìxíngchē 자전거', '社會主義shèhuìzhǔyì 사회주의', '反現實主義fǎnxiànshízhǔyì 반현실주의' 등과 같이 둘 또는 그 이상의 형태소로 구성된 단어이다. 합성어는 둘 또는 그 이상의 음절을 갖지만 '花兒꽃'(huār), '芽兒싹'(yár), '咱우리'(zán, zám咱們), '倆두 개'(liǎ兩個), '仨세 개'(sā三個), '甭...할 필요가 없다'(béng不用) 등 처럼 두 형태소가 한 음절로 발음되는 소수의 합성어도 존재한다. 합성어는 형태소로 쪼갤 수 있는데, '自來水筆zìláishuǐbǐ 만년필'는 형태소 '自', '來', '水', '筆'의 결합으로서 '自來水'가 '筆' 앞에서 수식하는 구조이다.

형태소는 단어를 구성하고 단어는 구詞組를 구성한다. 구를 가리키는 '詞組'는 '短語'로도 쓰인다. 구는 단어보다 큰 언어단위로서, 의미적 관계를 맺은 두 개 이상의 실사로 구성된 문장 내 어법단위이다. 단어가 단순한 개념을 나타낸다면 구는 복합적인 개념을 나타낸다. 예컨대, '教師和學生선생님과 학생'(연합구조聯合結構), '勇敢的戰士용감한 전사'(수식구조偏正結構), '熱得透不過氣來더워서 숨이 막힐 지경이다'(술보구조補充結構), '大家同意모두가 동의하다'(주술구조主謂結構), '吃飯밥을 먹다'(동빈구조動賓結構) 등은 복합적인 개념을 나타내는 구이다. 여기서 구를 구성하는 단어들은 모두 의미적 관계를 맺고 일정한 어법 규칙에 따라 결합되어 있다.

3.2.2. 단일어와 합성어

『장자·추수莊子·秋水』에 다음과 같은 단락이 있다.

> 秋水時至, 百川灌河, 涇流之大, 兩涘渚崖之間, 不辨牛馬。於是焉河伯欣然自喜, 以天下之美爲盡在己。順流而東行, 至於北海, 東面而視, 不見水端。於是焉河伯始旋其面目, 望洋向若而嘆曰……
> (가을이 되자 모든 물이 황하로 흘러든다. 물줄기의 크기가 물가 반대편에 있는 소와 말을 구별하지 못할 정도다. 그래서 황하의 신 하백河伯은 스스로 기뻐하며 천하의 아름다움이 모두 자신에게 갖춰졌다고 생각했다. 흐름을 따라 동쪽으로 흘러가 북해에 이르러 동쪽을 바라보니 물의 끝이 보이지 않았다. 그래서 하백은 자신의 얼굴을 돌려 북해의 신 약若을 우러러보고 탄식했다……)

상기 단락에서는, 가을에 물이 불어나 스스로를 대단하다고 여긴 하백河伯이 후에 북해를 보고서야 자신의 부족함을 느껴 탄식했다는 것이 "望洋向若而嘆"으로 표현돼있다. 여기서 "若ruò"는 바다 신海神의 이름이다. 그렇다면 "望洋wàngyáng"은 무슨 뜻일까? '바다를 바라보다望著海洋'일까? 그럴듯해

보이기도 하지만 사실 틀린 해석이다. 왜냐하면 송대朱朝에 이르러서야 "洋"에 '바다'의 의미가 부여됐기 때문이다. 게다가 "望洋"은 '盳洋mángyáng', '望羊wàngyáng', '望陽wàngyáng' 등으로 적을 수도 있는데,7 이는 "望"이 '바라보다望著'의 의미도, 또 "洋"이 '바다海洋'의 의미도 아니란 것을 보여준다.

또, 「이소離騷」에는 "心猶豫而狐疑망설이고 의심스러워한다"라는 구절이 나온다. 여기서 "猶豫"는 오늘날 '망설이며 결정하지 못하다'고 말할 때의 '망설이다'란 뜻이다. 이에 대해, 북제北齊 안지추顔之推가 쓴 『안씨가훈·서증顔氏家訓·書證』에서는 다음과 같이 해석하고 있다.

> 「이소」에 "心猶豫而狐疑"라는 구절이 있는데 이에 대해 옛 학자들 중에서 해석을 내린 자가 없었다. 생각컨대, 『시자尸子』에는 "5척 크기의 개를 猶라 한다"라고 하였고 『설문해자』에서는 "농서隴西에서는 개를 猶라 한다"고 하였다. 나는 다음과 같이 생각한다. 사람이 개를

---

7 『莊子·秋水』, "河伯始旋其面目, 望洋向若而嘆曰……"의 "望洋"을, 육덕명陸德明의 『경전석문經典釋文』에서는 "盳洋"으로 기록하고 최선崔譔을 인용하며 "盳洋은 望羊과 같고 우러러보는 모양이다.猶望羊, 仰視貌。"라고 했다. 『공자가어·변악해孔子家語·辯樂解』에서는 "가까이 보면 검고 체구도 크며, 넓은 도량으로 앞 일을 멀리 내다보며 사방을 품고있으니.近黮而黑, 頎然長, 曠如望羊, 奄有四方。"라고 하였고, 그에 따라 왕숙王肅은 "望羊은 '멀리 보다'이다.望羊, 遠視也。"라고 해석했다. 『석명·석자용釋名·釋姿容』에서는 "望伴의 伴은 '陽'에 기원한다. 성장의 기운이 하늘에 있으니 고개를 높이 들어 태양을 우러러보는 모습과 비슷하다望伴, 伴陽也。言陽氣在上, 舉頭高似若望之然也。"라고 씌어있고, 이에 대해 필원畢沅은 "望羊은 본래 모두 '望伴'이었다고 하는데 아니다.望羊, 本皆作'望伴', 非也。"라고 풀이했다. 반고班固의 『백호통·성인白虎通·聖人』에서는 "성인에게는 모두 일반인과는 다른 신체적 특징이 있다 …… 무왕이 하늘을 우러러 멀리 바라보며 눈을 크게 뜨고 군대를 사열하니 천하가 풍족하고 흥성해졌다.聖人皆有異表……武王望羊, 是謂攝揚, 盱目陣兵, 天下富昌。"라고 하였는데, 그에 따라 왕충王充은 『논형·골상論衡·骨相』에서 "무왕이 우러러보다武王望陽"라고 하였다.

데리고 나서면 개는 사람 앞으로 나서기를 좋아한다. 그런데 주인을 기다려도 오지 않으면, 다시 찾아와 맞이하며 오다 가다를 하루 종일 한다. 이 때문에 豫자에 '미정'이란 뜻이 생겨 猶豫라고 불렀다. (「離騷」曰: "心猶豫而狐疑", 先儒未有釋者, 案尸子曰: "五尺犬爲猶."『說文』云: "隴西謂犬子爲猶.", 吾以爲人將犬行, 犬好預在人前, 待人不得, 又來迎候, 如此返往, 至於終日, 斯乃豫之所以爲未定也, 故稱猶豫.)

이처럼 "猶yóu"를 '개'로, "豫yǔ"를 '미리'로 해석한 것은 자의를 정확하게 이해하지 못한 데서 비롯된다. 개를 데리고 나서면 개는 사람보다 앞서 가다가도 대부분 기다리지 못하고 주인에게 되돌아간다. 그런데 이것을 여러 번 반복한다고 해서 우유부단함을 비유하는 데 "猶豫"를 사용한다면 이는 억지에 가깝다.

그렇다면 이 같은 '望洋'과 '猶豫'에 대한 오해가 왜 생겼을까? 주요하게는 이들 단어의 속성을 이해하지 못했던 데 기인한다.

'望洋'과 '猶豫'는 모두 다음절複音 단일어이다. 다음절 단일어는 구조가 긴밀하여 그 자체가 전체로서의 하나로 굳어진, 그래서 특수한 경우를 제외하고는 두 자를 분리해 기록하거나 논할 수 없는 단어이다. 이는 다음절 단일어가 두 음절로 구성됐으면서도 단일 의미를 갖기 때문이다. 단일 의미란, '葡萄'처럼, 두 자의 결합으로써만 지시되는 단 하나의 의미를 가리킨다. '葡萄'는 두 음절로써만 '포도'라는 단일 의미를 나타낸다. '望洋' 역시 분리해서 논할 수 있는 합성어가 아닌, 두 자의 결합을 통해서만 의미를 표시하는 단일어이다. 여기서 "望洋"은 '우러러보다仰視'란 하나의 의미만을 갖는다.

'다음절 단일어'는 아래 다섯 종류로 나뉜다.

1. 쌍성어雙聲詞 : 두 음절의 성모가 같다

彷彿 fǎngfú 비슷하다, 忐忑 tǎntè 마음이 불안하다, 蒙昧 méngmèi 미개하다, 參差 cēncī 가지런하지 못하다, 澎湃 péngpài 기세가 들끓다, 伶俐 línglì 영리하다, 恍惚 huǎnghū (정신이)얼떨하다, 玲瓏 línglóng (물건이)정교하다 ……

2. 첩운어疊韻詞: 두 음절의 운모가 같거나 동일한 운부韻部에 속한다

叮嚀 dīngníng 신신당부, 玫瑰 méigui 장미, 洶湧 xiōngyǒng (물이)세차게 위로 치솟다, 殷勤 yīnqín 정성스럽다, 堂皇 tánghuáng 화려하고 훌륭하다, 逍遙 xiāoyáo 자유롭게 거닐다, 窈窕 yǎotiǎo 여인이 얌전하고 곱다, 從容 cóngróng (태도가)조용하다 ……

3. 첩음어疊音詞: 고대 '중첩어重言'으로 불리던 것으로서 음절 중첩으로 구성된다

猩猩 xīngxing 오랑우탄, 饃饃 mómó 찐빵, 往往 wǎngwǎng 자주, 紛紛 fēnfēn (많은 사람이나 물건이)계속하여, 惺惺 xīngxīng 머리가 맑다, 隆隆 lónglóng 왕성하다, 潺潺 chánchán (시냇물이 흐르는 소리) 졸졸, 孜孜 zīzī 부지런하다 ……

4. 비쌍성첩운어非雙聲疊韻的: 쌍성이나 첩운에는 속하지 않지만 의미적 결합이 아닌 연성衍聲 관계에 기초해 있다

鸚鵡 yīngwǔ 앵무새, 芙蓉 fúróng 부용, 蝴蝶 húdié 나비, 蚯蚓 qiūyǐn 지렁이, 孔雀 kǒngquè 공작, 衚衕 hútòng 골목길 ……

5. 외래음역어外來語音譯詞: 구조가 긴밀하여 분리 불가하다

葡萄 pútáo 포도, 仁頻 rénpín(즉 檳榔 bīnglang 빈랑), 獅子 shīzi 사자

이 중 외래 음역어는 여러 음으로 번역되기도 하는데, 에메랄드의 일종인 祖母綠zǔmǔlǜ 에메랄드 그린는 助木刺zhùmùcī, 子母綠zǐmǔlǜ, 助木綠zhùmǔlǜ 등으로도 불리고 金達花jīndáhuā 진달래는 杜鵑花dùjuānhuā 라고도 한다.

보통 쌍성이나 첩운(혹은 쌍성첩운)으로 구성돼 있으면서 두 형태소로 분리 불가능한 다음절 단일어를 '연면자聯綿字' 혹은 '연면어聯綿詞'라고 한다.

연면어는 단일어로서 하나의 형태소로만 구성돼 있다. 그리고 다음절임에도 이미 전체로서의 한 단위로 굳어진 구조이므로 분리 불가능하다. 그로 인해, 연면어에 대해서는 자의의 부정확한 이해로 쉽게 오류가 발생한다. 예를 들어, 『시경·주남·권이詩經·周南·卷耳』 3장에 "我馬玄黃 내 말이 지쳐 병들다"이라는 문구가 있는데 『모시고훈전毛詩故訓傳』에서는 여기서의 "玄黃xuánhuáng"을 '검은 말이 병들어 누렇게 되다.玄馬病則黃.'로 해석했다. 玄과 黃을 분리하여 두 가지 색으로 해석한 것이다. 또 「권이卷耳」 2장에는 "我馬虺隤내 말이 비루먹어 병들다"란 문구가 출현하는데 여기서의 "虺隤huītuí"와 상기 "玄黃"은 모두 연면어로서 "虺隤"는 첩운어, "玄黃"은 쌍성어에 해당한다. 양자에 대해, 『이아·석고·하爾雅·釋詁·下』에서는 "'痛tòng', '瘏tú', '虺頹huītuí(虺隤)', '玄黃'은 모두 '병들다病bìng'이다."라고 쓰여있는데, 『이아』의 해석이야말로 가장 정확하다. 더불어 『시경·소아·하초불황詩經·小雅·何草不黃』에서는 "何草不黃, 何日不行, 何人不將, 經營四方。何草不玄, 何人不矜, 哀我征夫, 獨爲匪民。어느 풀인들 시들지 아니하며, 어느 날인들 가지 아니하며, 어느 사람인들 장차 가서 사방을 경영하지 아니하리오. 어느 풀인들 검어지지 아니하며, 어느 사람인들 홀아비가 되지 않으리오 아, 우리 부역을 가는 사내들은 백성이 아니란 말인가"라고 하였는데, 여기서 "黃"으로 대표된 '玄黃' 역시 '병들다病'를 가리킨다.

반면에 합성어는 분리 가능하다. '분리 가능하다'는, 합성어를 구성하는 형태소를 분리할 수 있다는 것이지 의미를 분리할 수 있다는 뜻이 아니다.

예를 들어 이음절 합성어 '手詔shǒuzhào'(군주가 직접 쓴 칙서)는 '葡萄'와 음절수 면에서 완전히 동일하다. 하지만 구조적 측면에서 '手'와 '詔'는 모두 형태소이다. 이는 각 음절마다 특정한 의미가 있다는 것을 가리킨다. 그러므로 각기 분리하면, '手'는 인체 중 '팔'에 대한 총칭을, '詔'는 군주의 '칙령'을 가리키고 양자가 결합하면 하나의 합성된 의미를 구성한다.

언어의 구성 단위로서, 단어에는 분리 불가한 전체로서의 의미가 존재한다. 그러므로 절대다수의 합성어는 형태소에 포함된 의미성분들의 단순한 합으로만 이뤄지지 않는다.[8] 예를 들어 '衣裳yīshang 의상'은 몸을 가리기 위해 입는 물건이지 '옷衣'과 '치마裳'의 단순한 결합이 아니다. 또 '語言yǔyán 언어'도 인간의 사회적 의사소통 수단을 가리키지 체계로서의 '말語'과 행위로서의 '말言' 간의 단순 결합이 아니다. '地圖dìtú 지도'는 지구 표면에 분포된 사물과 현상을 설명하는 그림이지 땅 위의 모든 것을 그려낸 그림이 아니다. '戲言xìyán 농담'도 사실이 아닌 말을 제멋대로 한다는 뜻이지 그 의미가 '극戲'이란 특정 대상과 관련되어 있다는 것이 아니다. 그러므로 연극 대사라고 하더라도 그것을 '戲言'이라고 할 수는 없다. 이처럼 '衣裳', '語言', '地圖', '戲言'은 모두 소리와 의미가 결합된, 그리고 의미적으로는 더이상

---

8   홍독인洪篤仁은 『단어란 무엇인가詞是甚麼』에서 다음과 같이 논했다.
    "합성어 의미의 전체성은 주로 네 가지 측면에서 나타난다. (1) 단어의미의 내용이 형태소가 가진 의미의 합보다 크다. 예를 들어 '吹打chuīdǎ'는 '관악기와 타악기로 연주하다'를, '反派fǎnpài'는 '연극, 영화, 소설 속 악인'을 뜻한다. (2) 형태소의 의미가 합성어 속에서 변화한다. 예를 들어 '南瓜nánguā'는 '호리병박과 식물의 한 종'이고 '大米dàmǐ'는 '껍질을 벗긴 벼의 낟알'이다. (3) 단어의미와 형태소 의미 간에 직간접적인 관계가 없다. 예를 들어 '東西dōngxi'는 '구체적이거나 추상적인 여러 사물, 사람, 동물'을 의미하고 '打千dǎqiān'은 '일종의 옛날식 인사'를 의미한다. (4) 합성어 의미가 확대, 비유된 결과이다. 예를 들어 '田間tiánjiān 논밭'으로 '農村nóngcūn 농촌'을 가리키거나 '水火 shuǐhuǒ 물과 불'로 '공존하기 어려운 두 대립물'을 비유한다."(上海: 上海教育出版社, 1984, p. 50)

은 분리 불가한 정형구조定型結構이다.

합성어 내에서 형태소가 가진 의미표시表意 기능은 합성어마다 차이를 갖는다. 예를 들어, '堅韌jiānrèn 강인하다'에서 형태소 '堅굳세다'과 '韌질기다'은 '堅韌'의 어휘의미를 각각 일정하고 구체적으로 표시한다. 하지만 '韌性rènxìng 근성'에서 형태소 '韌'은 구체적인 어휘의미를 표시하는 데 반해 '性-성'은 주로 어법의미만을 표시한다. 표시하는 의미와 단어구성 기능에 따라 형태소는 '어간詞根'(주요성분)과 '접사詞綴'(부가성분)로 양분된다. 어간은 구체적인 의미를 표시하기 때문에 단어의 주축이자 핵심 역할을 한다. 접사는 추상적인 의미를 표시하고 때론 어법의미만 표시할 때도 있기 때문에 보조 역할을 맡는다. 예를 들어 '人民rénmín 인민'은 두 형태소 모두가 어간이다. 반면에 '讀者dúzhě 독자'는 앞의 '讀'가 어간이고 뒤의 '者'가 접사이다(뒤에 위치하는 접사를 접미사後綴, 詞尾라고 한다). '阿姨'는 앞의 '阿'가 접사이고(앞에 위치하는 접사를 접두사前綴, 詞頭라고 한다) 뒤의 '姨'가 어간이다.

'性xìng -성'이 '韌rèn 질기다' 뒤에 부가되면 형용사 '韌'이 명사 '韌性근성'으로 변하고 '者zhě -자'가 '讀dú 읽다' 뒤에 부가되면 동사 '讀'가 명사 '讀者독자'로 변한다. '阿a'에는 구체적인 의미가 없는데, '阿姨'에서는 음절을 추가하고 친근함을 덧대는 기능을 한다.

3.2.3. 형태소, 단어, 구의 구분 기준

앞서 서두에서 형태소, 단어, 구 간의 경계는 분명하다고 한 바 있다. 단어의 분리성, 즉 연이은 발화 속 단어와 구, 단어와 형태소 간 경계 구분은 형태소, 단어, 구의 어음 형식 분석에서부터 시작된다.

형태소의 어음 형식은 고정적이지 않지만 단어는 고정된 음성 형식은 갖는다. 특정 상황에서는 형태소의 음절이 원래의 성조를 잃고 가볍고 짧은 어조로 바뀌는데, 이를 '경성輕聲'이라고 한다. 예를 들어 '頭tóu 머리'는 '頭腦tóunǎo 두뇌', '頭髮tóufa 머리카락' 내에서, 또는 단독으로 사용 시엔 제2성陽平이다. 하지만 '石頭shítou 돌', '木頭mùtou 목재', '甛頭tiántou 단맛', '看頭kàntou 볼 만한 것' 등에서는 훨씬 짧고 약하게 읽히면서 원래의 성조를 잃고 경성이 된다.

상기 현상을 다음의 예들로 비교해보자. '瞎子xiāzi 맹인'('子'가 경성이다)와 '蝦子xiāzǐ 새우 알', '本事běnshi 재능'('事'가 경성이다)와 '本事běnshì 이야기 줄거리', '地道dìdao 본고장의'('道'가 경성이다)와 '地道dìdào 지하도', '衣服yīfu 옷'('服'가 경성이다)와 '制服zhìfú 제복', '乾淨gānjing 깨끗하다'('淨'이 경성이다)과 '潔淨jiéjìng 정결하다', '道理dàoli 도리'('理'가 경성이다)와 '定理dìnglǐ 불변의 진리', '聲音shēngyin 소리'('音'이 경성이다)과 '元音yuányīn 모음'.

형태소로 구성된 단어는 어음 형식이 고정적이므로 중간에 쉬어 읽는 것이 불가능한 반면에, 단어로 구성된 구는 중간에 쉬어 읽는 것이 가능하다. 예를 들어, 단어로서의 '東西dōngxi, 물건'는 어음 구조가 고정적이다. 이때 '西'는 경성이고 단어 말미에서만 쉼을 가질 수 있다. 하지만 구로서의 '東西dōng xī'(동쪽과 서쪽)는 '西'가 경성으로 읽히지도, 어음 구조가 고정적이지도 않다. 그로 인해 중간에 쉼을 둘 수도 있고 '東和西dōng he xī, 동과 서'라고 표현할 수도 있다.

단어 중간에는 쉼을 둘 수 없지만 구 중간에는 쉼을 둘 수 있다는 말은, 단어 중간엔 기타 성분의 삽입이 불가하지만 구는 기타 성분의 삽입이 가능하다는 것을 의미한다.

앞서 예로 든 '연합식聯合式' 합성어 '衣裳yīshang 의복'과 '語言yǔyán 언어'에는 중간에 접속사 '和hé 그리고'를 삽입할 수 없다. 하지만 '矛盾máodùn 모순', '線索xiànsuǒ 단서', '江湖jiānghú 강호', '山水shānshuǐ 산수', '骨肉gǔròu 골육', '皮毛pímáo

모피' 등에는 중간에 기타 성분을 삽입할 수도, 하지 않을 수도 있고 그때마다 의미는 달라진다. 예를 들어, 말과 행동이 서로 상충한다는 뜻의 '矛盾모순'은 단어로서 중간에 '和'를 삽입할 수 없지만 무기를 뜻하는 '矛盾창과 방패'은 구로서 중간에 '和'를 넣을 수 있다.

'수식식偏正式' 합성어 '地圖dìtú 지도', '戲言xìyán 농담', '冷眼lěngyǎn 냉대', '粗心cūxīn 부주의하다', '馬路mǎlù 대로', '肥料féiliào 비료' 등은 의미가 형태소에 포함된 의미성분들의 단순 합으로 구성되지 않았기 때문에 수식 관계를 표시하는 구조조사結構助詞 '的'를 삽입할 수 없다. 만약 '藍天lántiān 창공', '冷水lěngshuǐ 냉수', '肥肉féiròu 비계', '爛紙lànzhǐ 파지'에 '的de'를 넣어 '藍的天푸른 하늘', '冷的水차가운 물', '肥的肉찐 살', '爛的紙낡은 종이'처럼 분리시킨다면 이때는 수식식 합성어가 아닌 수식식 구가 된다.

'술보식補充式' 합성어 '改善gǎishàn 개선하다', '煽動shāndòng 선동하다', '發明fāmíng 발명하다', '注定zhùdìng 운명으로 정해져 있다' 등은 기타 성분이 삽입될 수 없는 단어이다. 하지만 '認淸rènqīng 확실히 이해하다', '打倒dǎdǎo 타도하다', '看透kàntòu 간파하다', '收回shōuhuí 회수하다', '抓緊zhuājǐn 꽉 쥐다', '叫醒jiàoxǐng 깨우다', '站住zhànzhù 멈추다', '說明shuōmíng 설명하다'과 같이, 술보식 합성어 중에는 '得'를 삽입하여 '가능'을 표시하기도 하고 '不'를 삽입하여 '불가능'을 표시하기도 한다. 이러한 경우엔, 기타 성분을 삽입하지 않았다면 단어로, 삽입했다면 구로 간주한다. 예컨대, '打倒dǎdǎo 때려눕히다'는 단어, '打得倒dǎ de dǎo 때려 넘어뜨릴 수 있다'는 구이다. 또 '認淸rènqīng 확실히 이해하다'은 단어, '認不淸rèn bu qīng 이해를 확실히 할 수 없다'은 구이다.

'주술식主謂式' 합성어 '肉麻ròumá 소름 끼치다', '心虛xīnxū 마음이 공허하다', '膽怯dǎnqiè 위축되다', '眼花yǎnhuā 눈이 침침하다', '性急xìngjí 성격이 급하다', '年輕niánqīng 젊다' 등에는 중간에 '不', '很', '這麼' 등의 성분을 삽입할 수 없다. '見了東

西就眼紅물건만 보면 눈이 벌게진다'의 '眼紅yǎnhóng'은 '탐욕스럽다'는 뜻으로, 중간에 기타 성분을 삽입할 수 없으므로 단어이다. 반면에 '得了紅眼病, 眼紅了결막염에 걸려 눈이 빨개졌다'의 '眼紅'은 '눈이 빨개지다'는 뜻으로, 기타 성분의 삽입이 가능하단 점에서 단어가 아닌 구이다. '眼紅'과 같은 예는 '手軟shǒuruǎn 우유부단하다', '頭痛tóutòng 머리가 아프다' 등 그 수가 적지 않다. 주술식 합성어는 일반적으로 형태소 본래의 의미로 사용될 때 기타 성분이 삽입되면 삽입 이후 단어에서 구로 바뀐다.

'동빈식動賓式' 합성어 '祝福zhùfú 축복하다', '動員dòngyuán 동원하다', '登陸dēnglù 등록하다', '出席chūxí 출석하다' 등은 '祝福了', '祝福過', '動員了', '動員過', '登陸了', '登陸過', '出席了', '出席過' 형식으로만 어형 변화를 꾀할 수 있고 '祝了福', '祝過福', '動了員', '動過員', '登了陸', '登過陸', '出了席', '出過席'으로는 사용이 불가하다.

현대중국어의 모든 실사는 확실하고도 온전한, 그러면서도 다른 단어와 변별되는 개념을 표시한다. 단어의 의미는 그 단어의 전체 형식과 함께한다. 형식이 변하면 단어도 그 영향을 받는데, 본래의 구조관계와 어법의미가 변하면 그것의 본래 기능도 잃게 된다. 또 합성어의 내부구조를 분리하고 기타 성분을 삽입하면 구로 간주되므로, 이때부터는 단어의 독립적 사용과 근본적으로 별개의 문제가 된다. 예를 들어, 연합식의 '矛和盾'과 '矛盾', 수식식의 '黑的板'과 '黑板', 술보식의 '認(得, 不)淸'과 '認淸', 주술식의 '手(不, 很, 這麼)軟'과 '手軟', 동빈식의 '敬了一個禮'와 '敬禮jìnglǐ 경례하다'는 구조관계와 어법의미가 완전히 다르다. 뿐만 아니라 전달하는 어휘의미 역시 크게 다르다. 한편, '衣和裳', '地的圖', '改(得, 不)善', '肉(不, 很, 這麼)麻', '祝了福' 등과 같이 분리 불가능한 합성어에 기타 성분을 삽입하여 구로 간주하는 것은 중국어 규범에 위배된다.

합성어는 동빈식의 구조 변화가 가장 복잡하다. '祝福', '動員', '登陸', '出席', '司令sīlìng 사령', '注意zhùyì 주의하다' 등에는 확실히 기타 성분을 삽입할 수 없다. 반면에 '敬禮', '打滾dǎgǔn 구르다', '出力chūlì 힘을 다하다', '起草qǐcǎo 초안을 잡다', '效勞xiàoláo 충실하게 복무하다', '鞠躬jūgōng 허리 굽혀 절하다' 등에는 분명 기타 성분의 삽입이 가능하다. 그렇다면 '打仗dǎzhàng 힘으로 싸우다'이나 '吵架 chǎojià 말로 싸우다'는 어떨까? '打了一場漂亮的仗멋진 싸움을 한 판 했다'이나 '吵了一場莫名其妙的架 영문도 알 수 없는 말싸움 한 판을 했다'라고 하는 것이 가능할까? 단어가 갖는 의미의 단일성, 치밀함, 추상성, 그리고 일부 상용성으로 인해 합성어를 구로 사용할지 여부는 '어감'이나 '관습'에 따라 결정되기도 한다. 그 결과 '打了一場漂亮的仗'는 가능해도 '吵了一場莫名其妙的架'는 불가능하다. 마찬가지로 '你眞傷了我的心년 정말 내 마음에 상처를 줬어'는 가능해도 '他一生之中吹了無數次的牛 그는 평생동안 무수한 허풍을 떨었어'는 불가능하다. 유감스럽게도, '어감'과 '관습'이란 기준이 매우 임의적이기 때문에 어떤 합성어를 구로 사용할 수 있는가는 여전히 언급하기 어렵다.

3.3. 단어의 동일성 문제

3.3.1. 어휘의 동음 현상 문제

단어의 분리성 문제는 발화言語 속 단어와 단어 간 경계를 어떻게 정할 것인가, 다시 말해, 발화된 말 모둠을 몇 개의 단어로 나눌 것인가 하는 데 있다. 반면에 단어의 '동일성同一性' 문제는 언어 체계語系 속 단어들 긴 경계를 어떻게 정할 것인가, 즉 몇몇 언어 형식들로 그것이 같은 단어인지

다른 단어인지를 어떻게 결정할 것인가 하는 데 있다.9

단어의 동일성 문제는 어휘의 동음 현상, 즉 다의어多義詞와 동음어同音詞 간 경계 구분에 집중되어 있다.

한 단어에는 여러 의미가 있을 수 있다. 그러므로 의미가 다를 때마다 각기 다른 언어 형식으로 단어를 만들 필요는 없다. 예를 들어,『현대중국어사전現代漢語詞典』에 따르면 '傳chuán'에는 '한쪽에서 다른 쪽으로/이전 세대에서 다음 세대로 넘겨주다', '전수하다', '전파하다', '전도하다', '전달하다', '소환하다', '전염되다' 등의 의미가 있다. 하지만 이들 의미는 상호 긴밀히 연계돼 있으면서 하나의 의미 체계를 공동으로 구성하고 있다. 때문에 '流傳liúchuán 세상에 널리 퍼지다', '師傳shīchuán 스승에게서 이어받다/傳給chuán gěi 물려주다', '宣傳xuānchuán 선전하다/傳遍chuánbiàn 두루 퍼지다', '傳電chuándiàn 전기를 전도하다/傳熱chuánrè 열을 전도하다', '傳神chuánshén (문학·예술 작품의 인물 묘사 등이) 생생하다/傳情chuánqíng 사랑의 감정을 전하다', '傳訊chuánxùn 소환하다/傳來chuánlái 전래하다', '傳染chuánrǎn 전염하다'에서의 '傳'은 모두 같은 단어이지 각기 다른 단어들이 아니다.10 그런데 단어의 어느 한 의미가 원래의 의미 체계를 벗어나 기존의 기타 의미들과 연계성을 찾을 수 없게 되면, 동음을 갖는 별개의 단어가 된다. 예를 들어 '好冷hǎolěng 너무 춥다'의 '好'와 '好人hǎorén 좋은 사람'의 '好', '牢獄láoyù 감옥'의 '牢'와 '牢固láogù 확고하다'의 '牢', '下周考試xiàzhōu kǎoshì 다음 주 시험'의 '周'와 '繞場一周rào chǎng yì zhōu 운동장을 한 바퀴 돌다'의 '周', '一刻鐘yí kè zhōng 15분'의 '刻'와 '刻圖章kè túzhāng 도장을 파다'의 '刻'는 서로 다른 단어로 간주된다.

---

9 장영언,『어휘론 간론』, p. 36.
10 중국과학원 언어연구소 사전편집실中國科學院語言研究所詞典編輯室 編,『현대중국어사전』, (수정본), 北京: 商務印書館, 1997, p. 193.

3.3.2. 동음어와 다의어

사회 발전에 따라 어휘는 끊임없이 증가했던 데 반해 어음 형식은 유한하여 '의미는 많고 그것을 표현하는 독음은 적은義多音少' 모순을 낳았다. 이 같은 모순을 해결하는 방법 중 하나가 동일한 어음 형식으로 여러 개의 의미를 표시하는 것이었기 때문에 동음어同音詞의 형성은 불가피했다.

'동음어'란 어음 형식은 동일하지만 의미가 다른 단어를 말한다.11 쓰기 형식에 따라 동음어는 '동형동음同形同音'과 '이형동음異形同音'으로 나뉜다. 쓰기 형식과 어음 형식, 다시 말해 한자와 독음이 모두 동일하면 동형동음어이다. 예를 들면, '花錢huā qián 돈을 쓰다'과 '買花mǎi huā 꽃을 사다'의 '花huā'나 '別了, 親愛的母校이별이구나, 사랑하는 모교여', '請別上校徽학교 배지를 떼주세요', '千萬別那樣做절대 그렇게 하지 마시오', '別出心裁기발한 생각'의 '別bié' 등이 있다. 서사 형식은 다른데 어음 형식만 같다면 이형동음어라고 한다. 예를 들면, '唯心主義wéixīn zhǔyì 유심론', '百日維新bǎirì wéixīn 백일유신'의 '唯心wéixīn 유심'과 '維新wéixīn 유신', '公事公辦gōngshì gōngbàn 공적인 일을 공적으로 처리하다', '數學公式

---

11 황백영黃伯榮 主編の『현대중국어교정現代漢語教程』에는 다음과 같이 언급되어 있다.
"중국어에 있어서 어음 형식이 같다는 것은 성모, 운모, 성조, 강세 형식 그리고 음의 변화 현상 등에 이르기까지 각종 어음 요소가 완전히 동일한 것을 의미한다. 예를 들어 '好壞hǎohuài 좋고 나쁨'의 '好(hǎo)'와 '好打籃球hào dǎ lánqiú 농구를 좋아한다'의 '好(hào)'는 성모, 운모가 같지만 성조가 다르다. 또 '段落大意duànluò dàyì 단락의 대의'의 '大意 (dàyì, 주요 의미)'와 '我太大意了Wǒ tài dàyi le 내가 너무 부주의했어'의 '大意(dà·yi, 부주의함)'는 성모, 운모, 성조까지 같지만 전자는 '중중식中重式', 후자는 '중경식重輕式'으로 강세 형식이 다르다. 한편 '土方(tǔfāng, 1세제곱 미터)'과 '土方兒(tǔfāngr, 민간에 널리 퍼진 약 처방)'은 전자가 아운화兒化가 되지 않은 데 반해 후자는 아운회가 되었다. 이들 단어는 모두 동음어가 아니다. 각 음성요소가 완전히 동일해야 동음어가 된다." (青島: 青島出版社, 1991, p. 381)

shùxué gōngshì 수학 공식', '鞏固工事gǒnggù gōngshì 강화 작업', '採取攻勢cǎiqǔ gōngshì 공세를 취하다'의 '公事gōngshì 공무', '公式gōngshì 공식', '工事gōngshì 공사', '攻勢 gōngshì 공세'가 그에 속한다. 동음어 간에는 의미적 연관성이 없다. 만약 의미적 연관성이 존재한다면 그때는 동음이의어가 아닌 다의어多義詞이다.

일상용어 속 단어들은 기본적으로 다의多義적이다. 그리고 그들 의미는 기본 의미와 파생 의미로 양분된다. '明', '光', '滑', '亮'을 예로 들면, 단어들의 의미가 두 개 이상의 품사詞類에 부분적으로 속해있음을 볼 수 있다.

'明míng'

1. 밝다(형용사): 天明了。날이 밝았다
2. 분명하다(형용사): 情況不明。상황이 분명하지 않다
3. 공개적으로(부사): 明說。사실대로 말하다
4. 시력(명사): 雙目失明。두 눈을 실명하다

'光guāng'

1. 태양, 불, 전기에서 방사되어 밝게 비추는 것(명사): 電燈的光太強。전등 빛이 너무 강하다
2. 영예/명예(명사): 爲國增光。조국을 빛내다
3. 풍경(명사): 觀光。관광
4. 매끈하다(형용사): 這塊石頭很光。이 돌은 매끈하다
5. 밝다(형용사): 光明。광명
6. 완료(부사): 吃光。전부 먹어 치우다
7. 노출하다(동사): 光著膀子。웃통을 벗고 있다

'滑huá'

1. 미끄럽다(형용사): 下雨後地很滑。비가 온 후에는 땅이 미끄럽다
2. 매끈한 물체 표면에서 미끄러지며 움직이다(동사): 滑了一交。한 번 미끄러졌다

3. 교활하다(형용사): 這人很滑。이 사람은 매우 교활하다

'亮liàng'
1. 빛이 있다(형용사): 天亮了。날이 밝았다
2. 분명하다(형용사): 你這麽一說, 我心裏頭亮了。네가 그렇게 말하니, 확실히 알겠다
3. 드러내 보이다(동사): 有本事亮幾手。능력이 있으면 좀 보여봐라

다의어는 여러 다른 의미와 내용, 또는 개념을 동일한 음성 형식으로 표시한다. 단어의 다의 현상多義現象은 언어 발전의 필연적인 결과이다. 단어는 첫 출현 시 하나의 의미만을 갖는다. 하지만 단어는 존재하는 사물들에 비해 늘 수적으로 제한돼 있기 때문에 발전해가는 사물과 그 사물에 대해 심화 되어가는 인간의 인식을 본래 존재해온 단어들로 표시할 수밖에 없었다. 다의 현상은 바로 이 같은 과정의 산물이다.

다의어와 동음어는 모두 하나의 동일 독음으로 여러 상이한 의미를 표시한다. 다의어는 한 단어에 여러 의미가 있는 것으로서 의미들 간에 상호 연관성이 존재한다. 그에 반해, 동음어는 여러 단어가 같은 독음을 갖는 것으로서 단어들 간에 의미적 연관성이 없다. 하지만 단어의 동일성과 비동일성은 고정불변의 것이 아니다. '여러 의미를 갖던 단어'도 '동음어'가 될 수 있고 '동음어'도 '여러 의미를 가진 단어'가 될 수 있다. 실제로, 일부 동음어는 고대에 다의어였다. 이 경우는, 의미들이 점차 분화, 해체되고 내부 연관성도 사라졌지만 독음만은 그에 상응하는 변화를 쉬시 않았던 결과이다. 예를 들어 '信xìn'에는 '신용誠信 chéngxìn'과 '서신書信 shūxìn'이란 두 개의 의미가 있다. 중간 변천 과정을 알 수 없게 됐고 양자 간 연관성도 끊어진 결과 '信'은 여러 의미를 갖던 다의어에서 별개의 의미를 갖는 동음어가 되었다. 또 다른 예로, '刻'의 본의는 '조각하다'이다. 관련하여 『설문

해자說文解字』 4편 하下 '刀' 부部에는 "刻, 鏤也。刻는 '조각하다'이다."라고 씌어있다. 그리고 '시간을 세는 단위'로서 '刻'가 가진 파생의引伸義는 시계 눈금을 새겼던 행위에서 연유한다. 고대에는 구리 물시계에 하루를 100개의 눈금으로 나눠 새겨 시간을 측정했기 때문이다. 하지만 오늘날 '刻圖章도장을 파다'의 '刻'와 '一刻鐘15분'의 '刻'는 의미적 연관성이 없는 동음어로 변했다. 한편, 동음어에서 여러 의미를 가진 다의어로 변한 경우도 있다. 예컨대, '站立zhànlì 서다'의 '站'은 고유어지만 '驛站yìzhàn 역참', '車站chēzhàn 정거장'의 '站'은 몽골어에서 차용되었다. 양자는 본래 기원이 상이한 동음어였지만 의미적 연관성을 갖기 시작하면서 점차 다의어로 변해갔다.

3.3.3. 동의어와 반의어

동일성과 관련해서는 '동의어同義詞'와 '반의어反義詞' 문제가 남아 있다. '醫生yīshēng 의사'과 '大夫dàifu 의사', '遙望yáowàng 멀리 보다'과 '遠看yuǎnkàn 멀리 보다', '歡喜huānxǐ 기쁘다'와 '歡樂huānlè 기쁘다', '歡欣huānxīn 기뻐하다'과 '歡暢huānchàng 기뻐하다' 등과 같이, 의미가 같거나 비슷한 일군의 단어들은 의미적 관련성 측면에서 상호 동의어 관계를 갖는다. 이들 단어의 의미는 완전히 같기도, 대동소이하기도 한 동의현상을 이룬다.

동의어란 상이한 여러 단어들이 하나의 동일 개념을 표현하는 것이다. 어음 형식은 각기 다르지만 동일 의미와 내용, 즉 개념적으로 동일한 의미소義素를 표시한다. 그런데 의미가 완전히 같은 등의어等義詞는 극히 드물기 때문에, 동의어는 의미가 같거나 비슷하면서도 미세한 차이를 갖는 일군의 단어들을 가리킨다. 그러므로 동의어는 내포된 기본 의미基本意義가 동일하다는 것을 제외하고는 감정 색채, 의미의 경중, 범위의 대소, '구체'와 '포괄', 적용 대상 면에서 모두 미세한 차이를 갖는다.

감정 색채 면에서, 모두 '신중하다'는 뜻임에도 '謹愼jǐnshèn 신중하다'은 긍정적인 색채를, '拘謹jūjǐn 지나치게 조심스럽다'은 부정적 색채를 갖는다. 또 '成果chéngguǒ 성과'와 '後果hòuguǒ 후과'는 모두 '결과'를 뜻하지만 '成果'는 좋은 결과를, '後果' 안 좋은 결과를 가리킨다. '贊成zànchéng'은 일반적으로 좋은 일에 동의하는 것을, '附和fùhè'는 주관 없이 타인 의견에 따르는 것을 뜻한다. 여기서 '附和'에는 부정적 색채만 있지 긍정적 색채는 없다.

의미의 경중 면에서, 같은 '파손'이라고 해도 '損壞sǔnhuài 파손하다'는 가벼운 뜻, '毁壞huǐhuài 파손하다'는 무거운 뜻을 내포한다. '强調qiángdiào 강조하다'는 사건의 어느 한 측면을 부각시키는 반면 '誇大kuādà 과장하다'는 사실보다 크게 부풀리는 것을 의미한다. 그러므로 '誇大工作中的缺點업무상의 부족한 점을 과장하다'는 '强調工作中的缺點업무상의 부족한 점을 강조하다'보다 심한 발언이다. '낙담하다'의 '懊喪àosàng'과 '沮喪jǔsàng', '친근하다'의 '親近qīnjìn'과 '親暱qīnnì', '오해하다'의 '誤解wùjiě'와 '曲解qūjiě', '경시하다'의 '輕視qīngshì'와 '鄙視bǐshì'는 모두 이처럼 미세한 차이를 표현한다.

범위의 대소 면에서, '戰爭zhànzhēng 전쟁'은 범위가 크고 '戰役zhànyì 전투'는 작다. '事情shìqíng 일', '事件shìjiàn 사건', '事故shìgù 사고' 세 명사를 살펴보자. '事情'은 모든 일 또는 사건을 의미하기 때문에 지시 범위가 가장 크다. 하지만 '事件'은 어떤 원인으로 야기된 돌발 상황을 의미하기 때문에 '事情'에 비해 범위가 작다. 그리고 '事故'는 우연히 발생한 불행만을 지시하기 때문에 범위가 '事件'보다도 더 작다.

'구체'와 '포괄' 면에서, '樹木shùmù 수목'는 나무 전체를 포괄하는 개념으로서의 나무이고 '樹나무'는 구체적이거나 개별적인 나무를 가리킨다(예: '오동나무梧桐樹', '이 나무這棵樹'). '信xìn 편지'은 편지 전체를 지시할 수도,

제3장 어휘 77

개별 편지를 지시할 수도 있기 때문에 '一封信편지 한 통', '兩封信편지 두 통', '許多信많은 편지'이라고 할 수 있다. 하지만 '信件xìnjiàn 우편물'은 전체로서의 편지만을 의미하기 때문에 '許多信件많은 우편물', '一堆信件우편물 무더기'라고는 해도 '一封信件', '兩封信件'이라고 할 수는 없다.

적용 대상 면에서, '愛戴àidài 받들어 모시다'는 윗사람에게, '愛護àihù 보살피다'는 아랫사람에게 사용된다. '希望xīwàng 희망하다'은 자신과 타인에게 모두 사용되지만 '期望qīwàng 기대하다'은 '父母對子女的期望자녀에 대한 부모의 기대', '老師對學生的期望학생에 대한 선생님의 기대'처럼 오직 타인에게만 사용된다.

동의어의 출현은 다의어와 마찬가지로 '발전해 가는 사물과 그 사물에 대해 심화 되어가는 인간의 인식'에 기인한다. 자세하고 정확하게 표현하려는 목적으로, 동의어로써 동일 대상이 가진 여러 다양한 특징들을 드러냈던 것이다. 동의어는 구어와 문어로 구분되기도 한다. 예를 들어 '母親mǔqīn 모친'은 정중한 반면 '娘niáng 어머니'은 지방색이 강하고 '媽媽māma 엄마'는 친근한 느낌을 갖는다. 때문에 문어에서는 일반적으로 '母親'이 사용되고 구어에서는 '媽媽'나 '娘'이 사용된다. 동의어는 또한 문체나 태도로도 구분된다. 배우자를 뜻하는 '夫人fūren 부인', '老婆lǎopo 마누라', '妻子qīzi 아내'는, 격식있는 장場合12에서는 '夫人'이 사용되는 반면 투박하고 지방색 짙은 장에서는 '老婆'가, 일반적인 장에서는 '妻子'가 사용된다. 이처럼 동의어는 문체나 태도에 따라서도 다르게 표현된다. 결과적으로 동의어의 출현은 중국어의 어휘를 늘리고 의미를 표현하는 데 유리한 여건을 만들었다.

단어의 의미를 정확히 파악하려면 의미를 의미소로 분해하여 살펴볼 수

---

12 [역주]'장(場合)'은 상황이 격식적인가 비격식적인가 하는 등의, 의사소통이 발생하는 장면에 부여된 문화적 정의를 말한다(서대명徐大明, 도홍인陶紅印, 사천울뻐天蔚, 『당대사회언어학當代社會語言學』, 北京: 中國社會科學出版社, 1997, p. 38).

있다. 서양 언어학에서는 이 같은 방법을 '성분분석componential analysis'이라고 하는데,[13] 예를 들어, '確實quèshí 확실하다'의 의미를 '眞實可靠진실하여 믿을만하다'로 해석한다면 이는 그것이 '眞實zhēnshí 진실하다'와 '可靠kěkào 믿을만하다'라는 두 개의 의미소로 구성됐음을 의미한다. 이로써 단어의 의미를 대조해가면 단어의미 간에 존재하는 공통점과 차이점을 분명하게 드러낼 수 있다. 예컨대 '渴望kěwàng 갈망하다'을 '迫切地希望간절하게 희망하다'으로 해석하고 이를 '迫切地pòqiè de 간절하게'와 '希望xīwàng 희망하다'이란 두 의미소로 분해하면 '渴望'과 '希望' 간에 존재하는 공통점과 차이점을 명확하게 구분할 수 있다. 이처럼 동의어에 의미소 분석을 하다 보면 동의어 간에 공히 존재하는 공유된 의미소와 상이한 의미소를 함께 발견할 수 있다. 예를 들어 '膽量dǎnliàng 담력'은 '勇氣yǒngqì 용기'란 의미소로 구성되지만 '膽略dǎnlüè 담력과 지략'는 '勇氣용기'와 '智謀zhìmóu 지략'라는 두 개의 의미소로 구성된다. 동의同義에는 둘 또는 그 이상의 단어의미로 '동의군'이 구성된다. 동의군은 보통 동의군 내의 어느 한 단어의미를 핵심 의미로 삼는다. 그리고 이 핵심 의미는 동의군 내 나머지 단어의미들의 의미소 역할을 한다. 예를 들어, '忠誠', '忠實', '忠貞'으로 구성된 동의군에서 '忠誠'은 나머지 두 단어의 의미소를 이루고 있다. '忠誠zhōngchéng 충성스럽다'은 '盡心盡力jìnxīnjìnlì 정성을 다하다'로 해석되는데, 이를 기초로 '忠實zhōngshí 충직하고 성실하다'는 '忠誠충성스럽다'과 '可靠믿을만하다'란 의미소로, '忠貞zhōngzhēn 충성스럽고 절의가 있다'은 '忠誠충성스럽다'과 '堅定不移jiāndìngbùyí 확고부동하다'란 의미소로 분해된다.

반의어란 어휘의미가 서로 모순되고 대립되는 단어를 가리킨다. 반의어는 일반적으로 '절대 반의어'와 '상대 반의어'로 나뉜다. 절대 반의어는 한

---

[13] Manfred Bierwisch, "Semantics", in John Lyons ed., *New Horizons in Linguistics* (Harmondsworth: Penguin Books Ltd., 1971), pp. 166~84.

쪽을 긍정하면 다른 한쪽은 반드시 부정되고 한쪽을 부정하면 다른 한쪽이 반드시 긍정되는 반의어이다. 예를 들면, '是shì 옳다 — 非fēi 그르다', '動dòng 움직이다 — 靜jìng 잠잠하다', '死sǐ 죽다 — 活huó 살다', '主觀zhǔguān 주관 — 客觀kèguān 객관', '合法héfǎ 합법 — 非法fēifǎ 불법', '團結tuánjié 단결 — 分裂fēnliè 분열', '黨員dǎngyuán 당원 — 非黨員fēidǎngyuán 비당원', '金屬jīnshǔ 금속 — 非金屬fēijīnshǔ 비금속' 등이 있다. 상대 반의어는 한쪽을 긍정하면 다른 한쪽은 반드시 부정되지만 한쪽의 부정이 반드시 다른 한쪽의 긍정이진 않는 반의어이다. 예를 들면, '黑hēi 흑 — 白bái 백', '苦kǔ 쓰다 — 甜tián 달다', '涼liáng 차다 — 熱rè 뜨겁다', '光明guāngmíng 밝다 — 黑暗hēi'àn 어둡다', '困難kùnnan 어렵다 — 容易róngyì 쉽다', '開頭kāitóu 시작 — 結尾jiéwěi 끝' 등이 있다. 상대 반의어는 대립하는 양 극단을 표시하지만 그 중간에 제3의 의미를 가진 단어가 존재한다. 예를 들어 '黑흑 — 白백'의 중간에는 '紅hóng 빨강', '黃huáng 노랑', '藍lán 파랑' 등 제3의 의미를 가진 단어가 존재하고 '苦쓰다 — 甜달다'의 중간에는 '酸suān 시다', '辣là 맵다', '鹹xián 짜다' 등이 존재한다. 그러므로 한쪽을 긍정하면 다른 한쪽은 부정되지만, 반대로 한쪽을 부정한다고 해서 다른 한쪽을 반드시 긍정하는 것은 아니다. '이것은 검다'라고 하면 '희다'인 것은 부정되지만, 반대로 '이것은 검지 않다'라고 한다고 해서 반드시 '흰' 것은 아닌 것이다. 왜냐하면 검지 않은 것은 '빨강', '노랑', '파랑' 또는 기타 다른 색일 수도 있기 때문이다.

반의어 간 의미는 상반되지만, 양자 간 의미소에는 상반된 의미소와 일치된 의미소가 모두 존재한다. 반의어는 그 중에 상반된 의미소 간 대립으로 성립된다. 예를 들면, 반의어인 君子jūnzǐ 군자('사람', '고상한 인격')와 小人xiǎorén 소인('사람', '졸렬한 인격')은 모든 의미소가 불일치하진 않는다. 오히려, 상반된 의미소를 제외하고는 나머지 의미소가 모두 동일하다. 게다가 양자는 의미소의 수량까지 일치한다. 이렇듯, 반의反義는 사물의 통일과 대립이 반영된 결과로서 일치된 의미소는 통일을, 상반된 의미소는 대립을 보여준다. 그 중 상반된 의미소가 단어의미를 상반되도록 하고 그것을 통해 반의어는 변별된다.

3.4. 단어의 겸류와 활용

3.4.1. 단어 운용의 오류

단어는 일정한 의미와 고정된 어음 형식을 갖고 있으면서 독립적으로 사용 가능한 최소 언어단위이다. 단어는 어법단위인 동시에 어휘단위이기 때문에 운용에 있어 어법 방면의 오류도 있고 어휘 방면의 오류도 있다. 어법 방면의 오류란 품사 간 오용으로 문장 의미가 불명확해지거나 문장이 어법에 부합하지 않는 경우를 말한다. 만약 선택된 단어가 의미를 적절하면서도 확실하게 표현하지 못했다면 어휘 방면의 오류이다.

중국어 단어는 매우 많다. 하지만 의미와 기능에 따라 실사實詞는 명사, 대명사, 동사, 형용사로 나눌 수 있고 허사虛詞는 부사, 개사, 접속사, 조사, 감탄사로 나눌 수 있다.[14] 중국어는 의미조합법(parataxis意合法)으로 구성되므로 형태 변화(morphological change)가 거의 없기 때문에 문장 의미와

---

[14] 부사는 일반적으로 허사로 간주된다. 하지만 의미와 기능 면에서, 성질과 상태를 표시하는 일부 부사는 실사의 성질을 갖는다고 본다. 그런 점에서, 부사는 허사와 실사 모두에 속히지만 성질과 상태를 표시하는 일부 부사를 형용사로 뷰류해 놓더라도 여기서는 전통적인 분류에 따라 여전히 부사를 허사로 분류하였다.

절 간의 관계는 어순(word order語序)으로 표현된다.15 그러므로 품사가 다르더라도 형태만으로는 그것을 구분할 수 없으므로 단어의 품사자질詞性을 숙지하지 않는다면 오류는 피할 수 없다. 예를 들면 다음과 같다.

> 由於作者當過多年的中學敎師, 他所描寫的學校生活特別生趣。
> (저자가 여러 해 동안 중학교 교사로 일했기 때문에 그가 묘사한 학교생활은 특히 *삶의 흥취가 있다.)16

상기 예에서 "生趣shēngqù 삶의 흥취"는 명사이므로 정도부사 "特別tèbié 특히"의 수식을 받을 수 없고 또 술어가 될 수도 없다. 형용사 '生動有趣shēngdòng yǒuqù 생동감 있고 재미있다'를 잘못 축약하여 "生趣"로 사용한 것으로 보인다.

> 我這樣說, 或者有人將要疑問。
> (제가 이렇게 말하면, 누군가는 *질문을 하려 할 것입니다.)

여기서 "疑問yíwèn 질문"은 명사이므로 조동사 "要" 뒤에 놓일 수도 없고 술어로 기능할 수도 없다. 어법에 부합하려면 동사 '懷疑huáiyí 의심하다'로 수정되어야 한다.

---

15 Charles N. Li and Sandra A. Thompson, "The Semantic Function of Word Order: A Case Study", in Charles N. Li ed., *Word Order and Word Order Change* (Texas: University of Texas Press, 1975), pp. 163~195; T. Light, "Word Order and Word Order Change in Mandarin Chinese", *Journal of Chinese Linguistics*, Volume 7 (1979), pp. 149~180.

16 [역주] '*'는 원저에서 오류라고 지적한 부분을 표시한 표시자로서 역자가 부가했다.

喜訊傳來，他感到有一股說不出的痛快。
(좋은 소식이 전해지자 그는 말할 수 없는 *한 줄기 통쾌함을 느꼈다.)

예문에서 "痛快tòngkuài 통쾌하다"는 형용사이기 때문에 수량사 "一股yìgǔ 한 줄기"의 수식도 받지 못하고 "有"의 빈어도 될 수 없다. 이때는 "有一股"를 삭제하고 "的"를 '地'로 교체해야 한다.

上星期，他買了一個新足球送給那位同學，還向那位同學抱歉。
(지난주, 그는 새 축구공을 사서 그 친구에게 주며 *미안해했다.)

여기서 "抱歉bàoqiàn 미안해하다"은 형용사로서 개사구 "向那位同學그 친구에게"의 수식을 받지 못하므로 동사 '道歉dàoqiàn 사과하다'으로 대체돼야 한다.

大家有個認爲，解決城市汚染問題是首要任務。
(모두들 도시 오염 문제 해결이 급선무라고 *생각한다.)

예에서 "認爲rènwéi 생각하다"는 동사로서 명사로는 사용 불가하다. 그러므로 "有"의 빈어가 될 수도 없고 양사 "個"의 수식도 받지 못한다. 여기서는 "有個"를 빼면 문장이 성립된다.

他的專業是現代文學，但他對古典文學也很鑽研。
(그의 전공은 현대 문학이지만, 그는 고전 문학도 *깊이 연구한다.)

상기 예문에서 "鑽研zuānyán 연구하다"는 동사이므로 정도부사 "很"의 수식을 받을 수 없다. 이때는 "鑽研" 앞에 형용사 '努力nǔlì 노력하다'를 부가한 뒤 "很"의 수식을 받게 하면 '很努力노력하다'가 부사어로서 "鑽硏"을 수식할 수 있다.

　　小明非常生氣自己的不小心。
　　(샤오밍은 자신의 부주의에 몹시 *화가 났다.)

여기서 "生氣shēngqì 화내다"는 자동사不及物動詞인데 타동사及物動詞로 오용되어 단어 간 부조합이 발생했다. 이때 문장은 '小明對自己的不小心非常生氣'로 수정되어야 한다. 지금까지 살펴본 예들은 모두 단어의 품사자질詞性을 잘못 알고 사용한 예이다.

3.4.2. 겸류와 활용

중국어는 품사 간 '겸류兼類'와 '활용活用'으로 단어 운용을 더욱 복잡하게 만들기도 한다.

단어의 겸류란, 한 단어가 둘 또는 세 가지 품사의 구조적 어법 특징을 항시 겸하면서 각 의미 간에 뚜렷한 연관성이 존재하는 것을 가리킨다.[17]

---

[17] 고경생高更生은 『중국어 어법문제 시론漢語語法問題試說』에서 다음과 같이 언급했다. "구체적으로 말하면, 단어의 겸류에는 네 가지 조건이 뒷받침되어야 한다. 1. 둘 또는 그 이상 단어의 속성을 하나의 단어가 겸해야 하지 여러 단어가 겸해서는 안 된다. 2. 둘 또는 그 이상 품사의 어법 특징을 항시 겸하고 있어야 한다. 즉 일정 정도 안정성을 가져야 하지 임시적으로 또는 우연히 나타나는 현상이어서는 안 된다. 3. 의미적으로 일정한 연관성을 가져야 한다. 명확한 속성 전환의 결과여야지 의미적으로 무관한 두 개의 단어여서는 안 된다. 4. 소수의 단어들에 국한되어야 하며 많은 단어들에 겸류를 인정해서는 안 된다. 그렇지 않을 경우 단어의 품사 분류에 의미가 없어진다."(濟南: 山東敎育出版社, 1982, p. 50)

예를 들어, '代表dàibiǎo'는 명사와 동사를 겸한다. '一位代表 대표 한 분'의 '代表'는 (수량사의 수식을 받는) 명사지만 '代表人民인민을 대표하다'의 '代表'는 (빈어가 수반된) 동사이다. 한편 '科學kēxué'는 명사와 형용사를 겸한다. '一門科學한 학문으로서의 과학'의 '科學'는 (수량사의 수식을 받는) 명사지만 '很科學매우 과학적이다'의 '科學'는 (정도부사의 수식을 받는) 형용사이다. 또한 '端正duānzhèng'은 형용사와 동사를 겸한다. '很端正매우 단정하다'의 '端正'은 (정도부사의 수식을 받는) 형용사지만 '端正態度태도를 바르게 하다'의 '端正'은 (빈어를 수반한) 동사이다. 그리고 '方便fāngbiàn'은 형용사, 명사, 동사를 겸한다. '很方便매우 편리하다'의 '方便'은 (정도부사의 수식을 받는) 형용사지만 '一點方便약간의 편리함'의 '方便'은 (수량사 수식을 받는) 명사이고 '方便羣衆대중을 편리하게 하다'의 '方便'은 (빈어가 수반된) 동사이다. 이처럼 겸류는, 둘 이상의 품사가 가진 어법 특징을 동시에 한 단어가 맥락의 변화 없이 겸하고 있는 것이 아닌, 맥락에 따라서 A 품사의 특징으로 쓰이기도 하고 B 품사의 특징으로 쓰이기도 하는 것을 가리킨다.

독음과 한자는 동일하지만 의미적으로는 무관한 동음어들은 겸류로 볼 수 없다. 예컨대, '白頭髮bái tóufa 흰머리'의 형용사 "白"와 '白費勁bái fèijìn 헛수고하다'의 부사 "白"는 겸류가 아닌 별개의 두 단어로 봐야 한다. 또 '把門bǎmén 문을 잡다'의 동사 "把"와 '把門打開bǎ mén dǎkāi 문을 열다'의 개사 "把", '一把刀yì bǎ dāo 한 자루의 칼'의 양사 "把"도 세 개의 각기 다른 별개의 단어로 간주되어야 한다.[18]

---

18 겸류와 동음어 간 경계는 경우에 따라 명확하지 않을 때도 있다. 북경대학중문과 현대중국어 교육연구실北京大學中文系現代漢語教研室에서 편찬한 『현대중국어現代漢語』에는 이와 관련하여 다음과 같이 설명하고 있다.
　　"예를 들어 '死sǐ'는 본래 '생물이 숨을 거두다'란 뜻이다(예: 魚死了물고기가 죽었다, 死了兩棵樹나무 두 그루가 죽었다). 하지만 '死'에는 '융통성이 없다, 움직이지 않다'의 뜻도

단어의 겸류보다 더 복잡한 것이 바로 품사의 활용이다. 품사의 활용이란 어느 한 품사에 속한 단어가 자신의 용법이 있음에도 불구하고 또 다른 품사로 사용되면서 그 품사의 의미와 특징을 임시적으로 갖는 것을 가리킨다. 품사 활용은 고대중국어에서 특히 보편적이었는데 거의 대부분의 단어들이 임의의 확장된 용법으로 사용될 수 있었다. 예를 들어 "人不可無恥(사람은 부끄러워 하는 마음이 있어야 한다)"(『맹자·진심상孟子·盡心上』)에서의 "人"은 명사로서 자신의 원래 용법으로 사용되었다. 하지만 또 다른 구조에서는 아래와 같이 품사 전환이 일어나기도 한다.

人奪女(汝)妻而不怒。(『左傳』文公十八年)
(다른 사람이 네 처를 빼앗아 가도 화를 내지 않는다. (『좌전』 문공 18년))

楚人, 陳侯, 蔡侯, 鄭伯, 許男圍宋。楚人者, 楚子也。其曰"人"何? 人楚子所以人諸侯也。其人諸侯何也? 不正其信夷狄而伐中國也。(『穀梁傳』僖公二十七年)
(초인, 진후, 채후, 정백, 허남이 송나라를 에워쌌다. 초인은 초자이다. 그를 "人"이라 일컫는 것은 어째서인가? "人"은 초자이니 "人"으로써 제후라고 하였다. "人"으로써 제후라고 한 것은 어째서인가? 그들이 초나라를 신임하여 중원을 공격한 것이 옳지 않기 때문이다. (『춘추곡량전』 희공 27년))

있다(예: 心眼死융통성이 없다, 這開關太死了이 스위치는 잘 작동하지 않는다). 전자의 '死'는 '很'의 수식도 받지 못하고 빈어도 수반할 수 있기 때문에 분명한 동사이다. 하지만 후자의 '死'는 '很'의 수식을 받을 수 있다는 점에서(他睡得很死그는 잠을 너무 잔다) 분명한 형용사이다. 만약 이 두 '死'가 어원상으로는 연관되어 있지만 현재로서는 이미 별개가 되었다고 본다면 동음어로 봐야 한다. 그런데 만약 이 두 의미가 완전히 다르지 않다고 여겨 '융통성이 없다, 움직이지 않다'를 '생물이 숨을 거두다'에서 파생된 의미로 본다면 동음어가 아닌 동사와 형용사의 겸류로 봐야 한다."(北京: 商務印書館, 1993, p. 295)

첫 번째 예문 "人奪女(汝)妻而不怨"에서 "人"은 불특정 지시대명사로 품사 전환되었다. 이는 현대중국어의 '別人biérén 다른 사람' 또는 '有人yǒurén 어떤 사람'과 동일하다. 두 번째 예문에서 "人楚子"와 "人諸侯"의 "人"에는 모두 의동 용법意動用法이 사용됐다.19 "人楚子"는 '초자가 평민이라고 생각한다', "人諸侯"는 '제후가 평민이라고 생각한다'와 같은 의미로서, 그 속에는 초자를 군주로 보지 않고 경시하는 뜻이 내포되어 있다. 이러한 품사 전환 현상은 현대중국어에도 여전히 남아있다. 예를 들어, '你比他還聰明너가 그보다 더 똑똑하다'에서 "聰明cōngmíng 똑똑하다"은 형용사이고 '你得好好地研究才行너는 열심히 연구해야만 한다'의 "研究yánjiū 연구하다"는 동사이다. 하지만 '誤事就誤在你這份聰明上일의 성패는 너의 총명함에 달렸다', '希望可就全寄托在你這一次研究上이번 연구에 온전히 집중하길 바란다'과 같이 새로운 어법 환경에서는 "聰明"과 "研究"가 모두 명사로 품사 전환되었다. 그 외에, '鐵了心마음을 굳히다'의 "鐵tiě 쇠"(명사를 동사로 활용), '繁榮創作창작을 활성화시키다'의 "繁榮fánróng 번영하다"(형용사를 동사로 활용), '肥了個人, 瘦了集體개인은 찌우고 단체는 슬림화했다'의 "肥féi 살찌다"와 "瘦shòu 마르다"(형용사를 동사로 활용) 등이 모두 품사 전환의 예이다. 다른 예를 더 살펴보자.

這一切等等, 確是十分堂·吉訶德的了。(魯迅「中華民國的新"堂·吉訶德"」, 見『二心集』)
(이 모든 것들이 확실히 매우 돈키호테스럽다. (노신, 「중화민국의 새로운 "돈키호테"」, 『이심집』에서))

여기서 명사 "堂·吉訶德Tángjíhēdé 돈키호테"는 '돈키호테스럽다'는 뜻의 형

---

19 [역주]의동용법이란 단어를 동사 술어로 사용하는 품사 활용의 한 방법으로 활용을 통해 화자의 주관적 평가나 시각이 개입된다.

용사로 활용되었다.

> 兩岸的豆麥和河底的水草所散發出來的淸香, 夾雜在水氣中, 撲面的吹來: 月色便朦朧在這水氣裏。(魯迅『社戲』, 見『吶喊』)
> (강가의 콩과 보리, 강바닥의 수초가 뿜어내는 맑은 향이 물기에 섞여 얼굴을 스치며 불어왔다. 달빛은 그 물기 속에서 더욱 어슴푸레했다. (노신, 『사희』, 『납함』에서))

"朦朧ménglóng 어렴풋하다"은 형용사지만 술어동사가 장소보어로 자주 취하는 "在……裏"가 보어 역할을 하고 있으므로 여기서는 동사로 활용되었다고 볼 수 있다. 그 결과로서 문장에는 문예적 색채가 부가되었다.

> ……唯有稱呼名字, 通例只先生今人而不先生古人, 似乎不大自然, 本文中一概不稱先生。(陳望道, 『修辭學發凡·初版後記』)
> (……단지 이름으로 부른다. 통상 지금 사람들에게만 "선생"을 붙이고 옛사람들에겐 "선생"을 붙이지 않는데, 이는 그다지 자연스럽지 못하니 본문에서는 "선생"이란 호칭을 일괄 붙이지 않았다.(진망도, 『수사학발범·초판 후기』))

상기 "只先生今人而不先生古人"에서 두 "先生xiānsheng 선생"은 모두 명사 '先生'을 동사 '先生'으로 활용한 예이다. 여기서 "先生"은 '어떤 이를 선생이라고 부르다'란 의미를 갖는다.

이렇듯 품사의 활용은 어법 현상인 동시에 수사적 수단이기도 하다.

3.4.3. 사회적 관습에 준한 결정

겸류와 활용 현상으로 인해 단어를 정확히 사용하는 데 있어 곤란을 겪을 때가 있다. 일반적으로 모든 단어는 하나의 품사를 갖는다. 하지만 사용이 잦아지면 둘 이상의 단어들이 갖는 구조적 어법 특징을 한 단어가 겸할 때도 있다. 이들 단어는 언어체계 속에서 안정적 지위를 가진 단어로 분류된다. 하지만 자주 사용되지 않는다면 안정 단계에 속할 자격은 얻지 못한다. 더욱이 임의로 만들어졌다면 단어 자격을 얻을 수도 없지만 앞으로도 얻을 수 없을 것이다.[20] 그러므로 품사 구분 없이 내키는 대로 단어를 사용하는 것은 중국어의 내부 발전 규칙을 파괴하고 언어적 혼란만 초래할 뿐이다.

이는 중국어 단어에 품사 분류가 가능한가 하는 문제로 연결된다. 이와 관련하여, 중국 어법 학계에서는 일찍이 1950년대부터 뜨거운 논쟁이 있었다. 논쟁의 초점은, "단어에는 정해진 품사가 없다詞無定類"와 "단어에는 정해진 품사가 있고, 품사에는 정해진 단어가 있다詞有定類, 類有定詞"에 있었다.[21] '단어에는 정해진 품사가 없다'는 입장은, 중국어 품사는 문장구조 속에서 드러나므로 문장을 벗어나서는 단어가 어떤 품사에 속하는지 정확히 분별할 수 없다는 것이다.[22] 반대 입장은, 품사는 문장 속 단어의 역할과

---

20 주덕희朱德熙는 『어법강의語法講義』에서 다음과 같이 밝혔다.
"품사를 A와 B 둘로 범주 분류한다면 A와 B 모두에 속하는 단어들도 일부 있을 수 있다. 하지만 이 같은 겸류는 소수에 국한돼야 한다. 그렇지 않고 A와 B로 나눈 뒤에도 A 범주의 단어 대부분이 B를 겸하거나 B 범주의 단어 대부분이 A를 겸한다면 A, B 간 구분은 애초부터 큰 의미 없었다고 할 수밖에 없다."(北京: 商務印書館, 1982, p. 39)
21 관련된 중요 논문들이 1952년부터 『중국어문』과 『어문학습』에 잇따라 발표됐고 이를 중국어문잡지사中國語文雜誌社가 『중국어의 품사 문제漢語的詞類問題』 1, 2로 묶어냈다.
22 여금희黎錦熙, 「중국어 어법에서의 '형태론'中國語法中的"詞法"硏討」, 중국어문잡지사中國語文雜誌社編, 『중국어의 품사 문제漢語的詞類問題』, 北京: 中華書局, 1955, pp. 17~30.

밀접한 관계에 있지만 둘은 같은 개념이 아니기 때문에 구체적인 문장 내에서만 품사를 변별할 수 있다고 해서도 안 되고 단어 자체에 어떠한 어법 특징도 없다고 해서도 안 된다는 것이다. 이 같은 입장의 어법학자들은 '단어에는 정해진 품사가 있고, 품사에는 정해진 단어가 있다'고 강조하며 한 단어가 또 다른 품사로 사용될 때도 원래의 품사가 가진 어법 특징을 잃지 않는다고 하였다. 그들은 중국어 단어의 겸류 현상은 인정하지만 활용 현상은 인정하지 않는다. 겸류 현상을 인정한다는 것은 특정 단어가 두세 개 품사의 어법적 특징을 가질 수 있다고 보는 것이다. 반면에 활용 문제를 인정하지 않는 것은, 겸류 현상이 그저 일종의 특수 현상이지 보편적 현상이 아니라고 보는 것이다. 단어의 문장 속 역할에 준해 그때그때마다 품사를 분류한다면 어떤 품사라도 속할 수 있고 어디서나 품사 전환이 가능하다고 보기 때문이다.[23]

단어의 품사 분류는 사회적 관습에 준해 결정된다. 그리고 언중의 인정과 쓰임을 받아야만 비로소 품사 간 전환도 가능하다. 그렇지 않을 경우 단어를 품사구분 없이 내키는 대로만 사용하게 될 것이다. 앞서 들었던 '聰明'과 '研究'는, 본래의 어법 환경에서는 형용사와 동사로 기능하고 또 다른 어법 환경에서는 언중의 인정과 쓰임을 받아 명사로 기능할 수 있을 때 비로소 '품사가 전환轉類'되었다고 할 수 있고 새 단어로 분화되었다고도 할 수 있다. '密切miqiè (관계가)긴밀하다'의 예를 보면, '我們兩人的關係比他跟你的(關係)密切우리 두 사람의 관계가 너와 그의 관계보다 더 가깝다'에서는 형용사지만 '把

---

[23] 여숙상, 「중국어 품사의 원칙성 문제關於漢語詞類的一些原則性問題」, 중국어문잡지사中國語文雜誌社編, 『중국어의 품사 문제漢語的詞類問題』, pp. 131~178; 왕력王力, 「중국어의 품사 부재 문제에 관하여關於漢語有無詞類的問題」, 중국어문잡지사中國語文雜誌社編, 『중국어의 품사 문제漢語的詞類問題』, 第2集, 北京: 中華書局, 1956, pp. 33-63 참고.

你和我的關係也給密切了(너와 나의 관계도 가깝게 했다)'처럼 또 다른 어법 환경에서는 품사 전환을 통해 사역동사使動詞로 파생되어 사용됐다.

이처럼 품사 활용이 수사적 수단이려면 대중의 공감을 얻고 예술적 효과를 낼 수 있는지도 살펴봐야 할 것이다.

3.5. 단어의미 변천의 구체적 상황

3.5.1. 단어의미의 정의

단어의미詞義란 단어의 내용이다. 다시 말해, 동일 범주에 속한 사물들의 특징을 단어로써 개괄하여 표현한 것이다. 단어 하나가 갖는 의미는 늘 개괄적이다. 사회적 실천 과정에서 인간은 다양한 사물과 현상을 인식하고 그것의 특징을 개괄하여 개념을 만들어낸다. 개념들이 각각의 단어들로 공고해지면 그 각각의 사물과 현상에는 통용되는 명칭이 부여된다. 단어의미는 객관적 현실 속의 특정 사물이나 현상과 관련되어 있다. 이들 사물과 현상이 생활 속에서 갖는 특징과 기능에 대해 이해하면, 그 결과는 단어의미에 자연스럽게 반영된다. 결과적으로 단어에는 언중의 공통된 이해가 내포되어 있다.

단어의미는 단어와 객관 현실 간의 관계에 따라 결정된다. 단어가 오래 사용되면 그것의 의미에도 변화가 발생하는데, 이는 사회 발전에 따라 언어도 함께 발전하기 때문이다. 그리고 단어도 특정한 사회, 역사적 조건 아래 만들어지기 때문에 사회가 변화할수록 객관적인 사물과 현상에 대한 언중의 인식 역시 깊어지고, 그 결과 단어의미 역시 발전하고 변화해 간다. 들판을 부유하면서 밤에는 빛을 내는 유리游離 물질을 '인燐'이라고 하는데, 과거에는 이를 '도깨비불鬼火'이라고 생각했다. 관련하여 『설문해자』 10편 상 '炎'부에는 "粦은 병사의 주검과 소나 말의 피가 변한 것이다. 粦은 도깨비불이다.粦, 兵死及牛馬之血爲粦; 粦, 鬼火也。"라고 씌어있다. 고대중국어에서 이 단어는 사람들에게 음산하고 신비로운 느낌을 줬지만 오늘날엔 그것이 도깨비불이 아닌 일종의 비금속 원소라는 것을 알게 되었다. 이는 근대 과학 지식의 발전과 밀접한 관계를 갖는다.

'고래鯨jīng'는 고대 의미(물고기의 일종)와 현대 의미(포유동물의 일종)가 다른데, 이는 생물계에 대한 인간의 인식이 발전한 데 따른 결과이다. '종鐘zhōng'은 원래 청동으로 제작된 타악기를 가리켰지만 지금은 시간을 재는 기계를 가리킨다. 또 항공 우주 사업의 출현과 발전에 힘입어, '물에서 배를 몰다'를 가리키던 '航háng' 역시 새로운 의미를 갖게 되었다.

단어의 의미는 다른 단어의 의미 생성과 소멸로 인해 변화가 발생하기도 한다. 한 단어의 의미는 그것과 의미적 상관성을 띤 기타 단어들의 의미와 함께 하나의 의미 체계를 구성한다. 새 단어나 의미가 어휘에 추가될 때마다, 추가된 단어와 의미는 그것과 의미적 상관성을 띤 기존 단어나 단어의 미와 영향을 주고받는다. 예컨대, "隕yǔn, 磒yǔn, 湮yān, 下xià, 降jiàng, 墜zhuì, 摽biào, 蘦líng는 떨어지다落이다"로 풀이되던 일군의 동의어는 각자 그만의 의미를 갖고 자신의 역할을 수행했다. 이 중에서 "落"는 공동어通語로서 표제어 역할을 한다. "隕"과 "磒"은 '높은 곳에서부터 돌이 떨어지다', "湮"은 '가라앉다'이다. "下"와 "降"은 '위에서 낙하하다'라는 뜻을 가지며 이 중 "降"은 특히 새가 낙하하는 형상을 가리킨다. "墜"는 '높은 곳에서 떨어지다', "摽"는 '꽃이 지다', "蘦"은 '零'처럼 '잎이 떨어지다'란 뜻을 갖는다.[24]

---

24 『이아·석고·상爾雅·釋詁·上』.

그런데 이같이 특수 개념을 표시하던 단음절어들은 모두 형태소화되어 '落'와 '隕落yǔnluò', '下落xiàluò', '降落jiàngluò', '零落língluò' 등의 유의어近義詞를 만들었다. 또 다른 예로, 영어의 'deer'는 본래 짐승을 포괄하는 뜻이었으나 프랑스어로부터 beast가 유입된 후 짐승 중에서도 '사슴'만을 가리키게 되었다. 마찬가지로 영어의 calf송아지, ox황소, sheep양, pig돼지(혹은 hog) 역시 프랑스어 조리용어인 veal송아지 고기, beef소고기, mutton양고기, pork돼지고기의 유입으로 더 이상 식단에서 특정 육류를 가리키는 말로 쓰이지 않게 되었다. 그 결과 'flesh고기', 'meat식육' 등의 단어와 함께 사용할 기회도 점점 줄게 되었다.

단어의 의미 변화는 언어 발전에서 필연적이다. 언어의 발전은 기존의 언어를 없애고 새로운 언어를 만드는 방법이 아니라, 기존 언어의 기본적 요소를 확장, 개선시키는 방법으로 진행된다. 그러므로 단어의 의미 변화 추이는 급격하지 않고 완만하다.25 나중에 생겨난 의미는 본의에서 변화돼

---

25 미국의 언어학자 블룸필드(L. Bloomfield)는 영어 meat('식품'→'고기')의 변화를 들어 다음과 같이 설명했다.
 "우리는 어느 한 형식이 한동안 A의미로 사용되다가 다시 B의미로 사용되는 것을 보게 된다. 여기에는 다음과 같이 최소 두 차례의 전이가 발생한다. 한 형식이 A 환경에서 사용되다가 A—B라는 보다 큰 환경에서 확대 사용된다([역주]아래 2단계에서의 두 meat). 그 과정에서 A 환경에서 사용되던 예는 줄거나 부분적으로 폐지되고 결국 B 환경에서만 사용된다([역주]아래 3단계에서의 meat). 통상적으로, 첫 번째 전이([역주]1단계에서 2단계로)에서는 B 환경에서 사용되지 않거나 제약을 받는 형식([역주]1단계의 첫 번째 flesh)을 포함하고 두 번째 전이([역주]2난계에서 3난계로)에서는 A 환경을 침입하는 형식([역주]3단계의 두 번째 food)을 포함한다. 이를 도식으로 설명하면 아래와 같다.
 의미: 음식   식품   식용에 맞는 동물신체의 일부   동물신체의 근육 부분
 1단계: food   meat   flesh   flesh
 2단계: food   meat →   meat   flesh
 3단계: food → food   meat   flesh "
 (*Language*, London: George Allen & Unwin, 14쇄, 1979, pp. 430~431; 조가화趙家驊 등 역, 『언어론語言論』, 北京: 商務印書館, 1980, pp. 531~532)

온 것으로서, 설사 본의와는 다소 거리가 있더라도, 양자 간에는 일정한 의미적 상관관계가 존재한다. 언어의 오랜 발전 과정에서, 수많은 단어들에는 본의 외에 새로운 의미가 부가돼왔다. 그중 일부는 부가된 새 의미가 점차 주요 의미를 차지하고 그에 따라 본의가 점차 소실되기도 한다.26

3.5.2. 단어의미 발전의 3대 규칙

단어의 의미는 일반적으로 협의狹義에서 광의廣義로, 광의에서 협의로, 하나의 의미에서 여러 다양한 의미로 변천해가는 경향을 보인다. 이를 서양의 언어학자들은 '단어의미의 확대', '단어의미의 축소', '단어의미의 전이'라는 3대 의미 변화 규칙을 지적했다.27

단어의미의 확대란 좁은 범위에서 넓은 범위로, 즉 사물의 일부만을 지시하던 단어가 좀 더 큰 부분을 지시하는 단어로 의미가 확대된 것이다. 예를 들어 '葷hūn'은 본래 생강薑, 파蔥, 마늘蒜, 부추韭와 같이 매운맛의 채소

---

26 왕력의 『고대중국어古代漢語』 상권 제1분책에는 다음과 같은 언급이 있다.
 "현대 의미와 고대 의미 간에 정말 아무런 관계도 없는 단어들이 있을까? 그런 단어도 역시 있다. 예를 들어 상고上古와 중고中古 시기에는 '該gāi' 자에 '완비하다完備'라는 뜻만 있었다. 그리고 '~해야 한다應當'라는 뜻은 중고中古 시기 이후에서야 생겼는데, 이 의미와 '완비하다'란 의미 간에는 계승 관계를 알 수가 없다. 또, '搶'(qiǎng)자는 현대중국어에서 '빼앗다搶劫'는 의미인데, 이는 『장자莊子』에서 '뚫다, 돌파하다突'란 의미로 사용된 '搶'(qiāng)과 아무런 관련이 없다. 이 외에, 심지어는 '찾다'는 의미의 '找(zhǎo)'와 같이 유래가 불분명한 경우도 있다. 『집운集韻』에서 '找'는 '劃船배를 젓다'의 '劃'(huá)의 이체자異體字이다. 다만 이처럼 유래가 불분명한 단어는 중국어 어휘에서 극소수이다. 새 의미와 새 글자는 모두 하늘에서 뚝 떨어진 것이 아니다. 그저 우리의 부족한 연구로 인해 그 유래가 아직 밝혀지지 않았을 뿐이다."(北京: 中華書局, 1962, p. 72)
27 R. H. Robins, *General Linguistics, An Introductory Survey*, Hong Kong: Longman Paperback, new impression, 1976, pp. 313~315.

를 의미하던 단어였다. 『설문해자』 1편 하 '艸'부에서 "葷은 '냄새나는 채소'이다葷, 臭菜也"라고 하였는데 여기서 '臭chòu'는 향이 강렬함을 가리킨다. 이처럼 고대에는 '吃葷'으로써 '매운 채소를 먹다'만을 가리켰으나 이후 '육류를 먹다'로까지 그 범위가 확대되었다.

단어의미의 축소는, 단어의미의 확대와는 반대로, 포괄적 범위에서 협소한 범위로 의미가 축소된 것을 가리킨다. 이는 일반 사물을 뜻하는 단어에서 개별 사물을 뜻하는 단어로 축소된 것을 의미한다. 예를 들어 '湯tāng'은 원래 뜨거운 물, 끓는 물을 가리키는 단어였다. 관련하여 『설문해자』 11편 상 '水'부에는 "湯은 '뜨거운 물'이다.湯, 熱水也."라고 하였고 『논어·계씨論語·季氏』의 "선하지 않은 것 보기를 끓는 물에 손을 넣듯이 하라見不善如探湯", 『맹자·고자상孟子·告子上』의 "겨울에는 뜨거운 물을 마신다冬日則飲湯", 성어인 '赴湯蹈火。물불을 가리지 않다'에서도 모두 끓는 물을 가리켰다. 하지만 이후 '수프'나 '국'으로 그 의미가 축소되었다.

단어의미의 전이란 단어의 본의가 새로운 의미로 대체되는 것이다. 예를 들어 '錢'의 본의는 농기구였다. 관련하여, 『설문해자』 14편 상 '金'부에서는 "錢은 '쟁기'이다. 옛날 밭을 갈던 농기구로서 뜻은 금속金을, 소리는 戔을 따른다. 『시경』에서 '쟁기와 호미를 갖추어라'고 하였는데 화폐를 이르는 것이다.錢, 銚也。古者田器, 從金戔聲。『詩』曰: '庤乃錢鎛。'一曰貨也。"라고 하였다. 선진先秦시기에는 농기구를 화폐 삼아 교역했기 때문에 '錢'이라는 농기구 명칭이 화폐를 가리키게 되었다.

현대의 단어의미今義와 고대의 단어의미古義는 연관되어 있는 동시에 구분되어 있기도 하다. 앞서 본 '확대'와 '축소'는 의미 변화라는 범위 속에서 일정 정도 제약을 받기 때문에 고대와 현대가 종속 관계를 띤다. 반면에 '전이'는 제약을 뛰어넘어 또 다른 방향으로 변화, 발전할 때도 있기 때문에 한층 복잡하다. 그리고 그런 점에서 '전이'는 고대와 현대가 병렬관계를 띤다. 정리하면, 단어의미의 확대와 축소가 의미의 범위 변화에 속한다면 전이는 의미의 성질 변화에 속한다고 할 수 있다. 하지만 의미의 확대와 축소든지 아니면 의미의 전이든지 고대와 현대의 의미 간에는, 언어의 풍부한 계승성으로 인해, 밀접하거나 소원한 관계가 동시에 존재한다.

3.5.3. 단어의미의 인신과 발전 관계

전통 훈고학訓詁學에서 단어의미의 변천을 연구할 때 가장 중요한 것은 '본의本義'와 '인신의引伸義'를 정확히 구분하는 것이다. 본의는 단어가 본래 가지고 있던 의미로서 '근원의初義'라고도 한다. 인신의는 본의로부터 파생된 의미이다. 인신의 중에는 본의에서 파생된 것도 있고 파생된 의미에서 다시 파생된 것도 있다. 예를 들어 '道dào'의 본의는 '길'이다. 관련하여 『시경·진풍·겸가詩經·秦風·蒹葭』에 나오는 "道阻且長。길이 험하고 멀다"을 볼 수 있다. 그리고 이 본의는 다음과 같이 '도덕적 기준에 도달하는 경로'로 인신된다. 『논어·리인論語·裏仁』을 보면 "朝聞道, 夕死可矣。아침에 도를 들으면 저녁에 죽어도 좋다"라는 어구가 나온다. 이렇게 인신된 의미는 다시 '정당한 수단'이란 의미로 인신되는데, 『논어·리인論語·裏仁』의 "不以其道得之, 不處也。정당한 방법으로 얻은 것이 아니라면 누려서는 안 된다"가 그것을 보여준다. 이렇듯 의미의 인신은 한 단어에 새로운 의미가 부가되는 것을 가리킨다. 하지만 인신의는 본의를 배제하는 것이 아닌, 여러 다양한 개념을 구성하는 의미소들 간에 필연적 관계가 존재한다는 것을 보여준다. 인신의와 본의 간에 의미적 거리가 가까우면 '근접 인신의近引伸'라고 하고 멀면 '확대 인신의遠引伸'라고 한다.

근접 인신의와 확대 인신의는 단어의 의미 변화를 통시적 관점에서 본

것이다. 공시적 관점에서 인신의는 보통 세 가지 경우로 나뉜다. 첫째, 확대식 인신이다. 인신된 의미의 범위가 본의보다 커진 경우이다. 둘째, 축소식 인신이다. 인신된 의미의 범위가 본의보다 작아진 경우이다. 셋째, 전이식 인신이다. 인신된 결과, 새로운 의미가 본의를 대체한 경우이다. 이처럼, 중국어 단어의 의미 발전 양상도 서양언어학자들이 제시한 3대 의미 발전 규칙에 기초하여 해석 가능하다.[28] 예를 들면 다음과 같다.

'繩shéng'은 본의가 '밧줄'이다.『설문해자』13편 상 '系'부에 "繩은 '밧줄'이다.繩, 索也。"라는 기록이 나온다. 그리고 '繩'은 '먹줄繩墨'이기도 하다. 『순자·권학荀子·勸學』을 보면 "木直中繩", "木受繩則直"라는 구절이 나오는데 이는 '목재가 곧아 먹줄에 들어맞다', '목재가 먹줄을 통겨 곧게 잡혔다'는 뜻이다. 이로써 '繩'은 '바르고 곧다'는 의미로 인신되고, 다시 ([역주]바르고 곧을 수 있게) '따지고 비난하다糾彈'는 의미로 인신된다. 그리고 다시 '굽은 것'을 '곧은 것'으로 교정한다는 점에서 '징벌하다懲辦'는 의미로 인신된다. 예컨대, 『사기·진시황본기史記·秦始皇本記』에는 "今上皆重法繩之"라는 어구가 나오는데 이는 '이제 황제께서 유생 모두를 중형으로 징벌하시다'란 의미로서, '繩'의 의신의가 사용됐다. 실체적 개념에서 상태나 동작 개념으로 의미가 인신됨으로써 '繩'의 의미 범위는 확대되었다.

'書shū'는『설문해자』3편 하 '聿'부에 "書는 '쓰다'이다.書, 箸也。"라고 기록돼 있다. 이에 대해 단옥재段玉裁는『설문해자주說文解字注』에서 "……첩운으로 해석한다. '설문해자·서'에서 '죽간과 비단에 쓴 것을 書라고 한다. 書는 씌어진 것과 같다.'라고 하였다. 죽간과 비단에 쓰는 것은 붓이 아니고

---

[28] 이가수李家樹,「단어의 의미 인신과 발전 규칙에서 본 고금의 단어의미 변천從詞義的引伸和發展規律談到古今詞義的演變」,『동방문화東方文化』, Vol. XX, No. 1(1982), pp. 42~54.

서는 안 된다…以疊韻釋之也。'敍目'曰: '箸於竹帛謂之書; 書者, 如也。'箸於竹帛, 非筆末由矣。"라고 풀이했다. 이렇듯 '書'는 본래 '일체의 쓰여진 것'을 가리켰다. 이 의미는, 『사기·항우본기史記·項羽本記』의 "項籍少時, 學書不成。항적은 어렸을 때 글을 배웠으나 이루지 못했다."라는 기록에서와 같이, '문자를 알다' 또는 '문자를 쓰다'는 의미로 인신된다. 고대의 '서계書契'란 '쓰거나 새겨진 문자'의 통칭이었다. 이 같은 의미는, 『좌전左傳』 소공昭公 6년에 씌어진 "叔向使詒子産書。숙향이 이자에게 서신을 쓰게 하다."에서 보듯, '서신'이란 의미로 인신되고 이는 다시, 『논어·선진論語·先進』의 "何必讀書, 然後爲學?어찌 반드시 책을 읽는 것만이 배우는 것이라 하겠는가?"처럼, 오늘날의 책을 뜻하는 '서적'의 의미로 인신되었다. 결과적으로 '書'의 의미 범위는 원래의 개념보다 훨씬 축소되었다.

'連lián'은 『설문해자』 2편 하 '辵'부에 "連은 '수레를 끌고가다'이다.連, 負車也。"라고 쓰여있다. 이에 대해 단옥재는 『설문해자주』에서 "負車란 사람이 수레를 끌고 가는 것이다. 수레가 뒤에 있어 마치 짊어진 듯 보인다.⋯⋯사람과 수레가 떨어지지 않고 서로 닿아 있으므로 '잇닿아있다'로 인신되었다.負車者, 人輓車而行, 車在後如負也⋯⋯人與車相屬不絶, 故引申爲連屬字。"고 풀이하고 있다. 전이식 인신으로서, '連'은 본의가 '수레를 끌고 가다'였지만 '잇닿다連屬'로 의미가 인신되었고 부가된 인신의가 본의를 대체하게 되었다.

단어의미의 확대, 축소, 전이와 마찬가지로, 본래의 의미와 인신된 의미 간에는 종속과 병렬의 관계가 존재한다. 아울러, 인신의 결과는 모두 이론적으로 한 단어가 여러 의미를 갖는 다의어 현상을 빚는다.

3.5.4. 존폐 관점에서 본 단어의미

단어의미의 변화에 대해서는 인신의 관점에서 연구하든지 발전 규칙의 관점에서 연구하든지 모두 동일한 결론, 즉 이론적으로는 인신과 확대, 축소, 전이가 다의어를 만들어낸다는 결론에 이른다. 그런데 실제로도 정말 그럴까? 의미의 인신과 의미의 확대, 축소, 전이 간 구분은 변화란 관점에서뿐만 아니라 존폐란 관점에서도 관찰되어야 한다. 단어의 다의성多義性은 의미 변화의 결과이지만 의미 변화의 결과가 반드시 단어의 다의성을 만들어내지는 않기 때문이다.

단어의 의미 변화를 유형별로 나열하면 다음과 같다.

1. 의미의 확대, 축소로 새 의미가 부가되고 본의도 유지되면서 종속 관계의 다의어가 만들어진다.
2. 의미의 전이로 새 의미가 부가되고 본의는 소실되어 병렬관계의 다의어가 만들어지지 못한다.
3. 의미의 확대, 축소로 새 의미가 부가되고 본의는 소실되어 종속 관계의 다의어가 만들어지지 못한다.
4. 의미의 전이로 새 의미가 부가되고 본의도 유지되어 다의어가 형성된다. 본의와 새 의미 간 관계는 종속 관계가 아닌 병렬관계이다.

예를 들어 설명하면 다음과 같다.

첫째 유형의 의미 확대의 예로서, '解jiě'는 『설문해자』 4편 하 '角'부에 "解은 '나누다'이다.解, 判也."라고 씌어있다. 본의는 '분해하다', 특히 요리사가 동물을 분해하는 것을 가리킨다. 관련하여 『좌전左傳』 선공宣公 4년에 쓰인 "宰夫將解黿。요리사가 자라를 분해한다."라는 기록이 나온다. 본의에서 의미는 '얽힌 것을 풀다'로 인신되어 『사기·역생열전史記·酈生列傳』의 "沛公輒解其冠 패공이 그의 관을 벗기다", 속어 '解鈴還須繫鈴人 방울은 매단 사람이 풀어야 한다'과 같이 사용되었다. 그리고 '해제하다'라는 뜻으로 인신되어 '解甲歸田 퇴역하고 고향으로 돌아가 농사를 짓다', '排難解紛곤란함을 없애고 분쟁을 해결하다'등으로 사용되었고 '뿔뿔이 흩어지다離散'라는 뜻으로도 인신되어 『한서·진여전漢書·陳餘傳』의 "恐天下解也천하가 와해될까 두렵다"와 같이 사용되었다. 또한『사기·여후본기史記·呂後本記』의 "君知其解乎?그대는 그 까닭을 아십니까?"에서 보듯 '해석하다'로도 인신되었다.

'齊qí'는『설문해자』7편 상 '齊'부에 "齊는 '벼와 보리가 이삭을 틔워 위가 고르게 되다'이다. 상형자이다.齊, 禾麥吐穗上平也, 象形。"라고 씌어있다. 이에 대해 단옥재는『설문해자주』에서 "이 둘은 땅의 높고 낮음을 따른다. 벼나 보리는 땅의 기복에 따라 그 높이를 달리하므로 고르지 않은 듯 하지만 실제로는 고르다. 윗부분은 차이가 있어 가지런해 보이지 않지만 실로 가지런함이 분명하다.從二者, 象地有高下也。禾麥隨地之高下爲高下, 似不齊而實齊, 參差其上者, 蓋明其不齊而齊也。"라고 풀이하였다. 이와 같이 '齊'의 기본 용법은 '가지런하다'이다. 그런데 이 본의는『순자·부국荀子·富國』의 "반드시 예로서 조정을 정돈하고, 법을 바로 하여 관을 정돈하고, 정사를 공평하게 하여 백성을 정돈하면 질서가 조정에서 정돈된다.必將修禮以齊朝, 正法以齊官, 平政以齊民, 然後節奏齊於朝。"와 같이 '정돈하다'로, 다시『시경·소아·소완詩經·小雅·小宛』의 "人之齊聖, 飮酒溫克。사람이 올곧으면, 술을 마셔도 흔들림이 없다."처럼 '바르고 곧다正直'로 인신된다. 그리고『초사·구가·운중군楚辭·九歌·雲中君』의 "與日月兮齊光。해나 달과 같이 빛나다."처럼 '같다'로도 인신되고『사기·평준서史記·平準書』의 "民不齊出於南畝。백성이 모두 밭에 나가지 못하다."와 같이 '모두'의 뜻으로도 인신된다. 나아가 '평등한, 귀천이 없는'의 뜻으로도 인신되는데 '평민(생활)의 종합 농기술서'를 뜻하는 북위北魏 가사협賈思勰의『제민요술齊民要術』이 그에 해당한다. 이상의 '解', '齊'는 인신의 결과로 의미 범위가 확대되고 본의도 유지되면서 인신의와 본의 간에 종속 관계를 갖는다.

첫째 유형의 의미 축소의 예로는 '金jīn'을 들 수 있다.『설문해자』14편 상 '金' 부에는 "金은 '오색 금속'이다. 노란색이 으뜸이다.金, 五色金也, 黃爲之長。", "銀은 '하얀색 금속'이다.銀, 白金也。", "鉛은 '푸른색 금속'이다.鉛, 青金也。", "銅은 '붉은색 금속'이다.銅, 赤金也。", "鐵은 '검은색 금속'이다.鐵, 黑金也。" 란 기록이 있다. '金'은 본래 오색 금속을 통칭했지만 '노란 금속黃金'만을 가리키는 의미로 축소됐다. 그럼에도 '五金오색 금속', '金屬금속' 등 특정 단어 속에는 여전히 본의가 남아 있어 인신된 의미와 종속 관계에 있다.

'生shēng'은『설문해자』6편 하 '生'부에 "'나아가다'이다. 초목이 땅 위로 돋아나는 모양이다.進也。像艸木生出土上。"라고 되어 있다. 상고 시기에는 '生'의 본의가 '生育shēngyù 낳아 기르다'의 '낳다'와 '生死shēngsǐ 삶과 죽음'의 '살다'로 두 개였다. 그런데 현대 구어에서 '死活sǐhuó 사활'이라고만 하고 '生死'라고는 하지 않으면서, '낳다'만을 가리키는 의미로 '生'의 범위가 축소되었다. 하지만 '살다'란 본의는 '生存shēngcún 생존', '生命shēngmìng 생명', '生物shēngwù 생물' 등 단어 속에서 여전히 형태소로서 사용되고 있다.

두 번째 유형의 예로서, '家jiā'는『설문해자』7편 하 '宀'부에 "家는 '거처'이다. 宀의 의미와 豭의 독음을 따른다.家, 凥也。從宀, 豭省聲。"라고 기록돼 있다. 이에 대해 단옥재는『설문해자주』에서 "이 글자는 매우 의문스럽다. 家가 豭의 생성자省聲字29라고 하지만 학자들은 家가 豕에서 의미만 취했다고 본다. 豕를 취한 글자가 많은데, 그들을 어찌 豭의 생성이라고 볼 수 있는가? 그들 글자는 어찌하여 叚의 독음을 언급하지 않고 지금에까지 이

---

29 [역주] '省聲'이란 기존 형성자로부터 독음을 취할 때 자형의 번다함을 줄이기 위해 성방(聲旁)을 생략하고 적는 것을 가리킨다. 예컨대, 상기『설문해자』에서는, '家'가 豭수퇘지 가로부터 독음을 취할 때 豭를 모두 적지 않고 豭의 성방인 叚는 제외한 豕만 적어 '家'의 독음을 표시했다고 설명한다.

르렀을까? 개인적인 의견을 말하자면, 家는 본래 돼지가 사는 곳을 뜻했는데 인신되어 사람이 사는 곳을 의미하는 글자로 쓰였다. 牢는 소가 사는 외양간인데 사람을 구속시키는 곳으로 인신되었다. 다름없지 않은가? 돼지가 새끼를 가장 많이 낳으니 그 글자를 빌려 사람들이 모여 사는 곳이라 하였다. 그러나 시간이 오래되어 그 글자의 본의는 잊혀지고 인신된 의미로는 해석할 수 없게 되었다. 예부터 그랬을 것이다."라고 풀이하였다. 이로써 家는 돼지가 사는 곳이 본의였는데 사람이 거주하는 곳으로 인신되었고, 의미가 전이되고 본의는 소실되어 병렬관계의 다의어가 되지 못했다.

'曹cáo'는 『설문해자』 15편 상 '曰'부에 "替는 '범죄 사건의 원고와 피고'이다. '법정에 있다'는 棘와 '일을 처리하는 자'란 曰의 의미를 따른다.替, 獄兩曹也。從棘, 在廷東也。從曰, 治事者也。"로 기록돼 있다. 이에 대해 단옥재는 『설문해자주』에서 "兩曹는 오늘날의 원고와 피고를 가리킨다. 曹는 부류가 같다. 『사기』에는 '遣吏分遭逐捕。관리를 보내 양조를 체포하다.', 『고문상서古文尙書』에는 '兩造具備。양측을 모두 불러 들이다.'라고 씌어있다. 『사기』에서는 '兩造'를 '兩遭'라고 하였는데 兩遭와 兩造는 곧 兩曹로서 고한자에서는 자주 가차됐다. 이로써 曹는 '무리輩', '떼羣'로 인신되었다. 원고와 피고 양측이 '법정廷東'에 있기 때문에 2개의 東으로 棘을 썼다 하는데 들은 바 없다."고 풀이하였다. '曹'는 본래 원고와 피고를 가리켰는데 '그대들爾曹', '우리들吾曹'과 같이 '무리'로 인신되면서 의미는 전이되고 본의는 배척되었다.

세 번째 유형의 의미 확대의 예로서, '兵bīng'은 『설문해자』 3편 상 '収'부에 "兵은 '무기'이다.兵, 械也"라고 되어있다. 본래 '병기'를 가리키던 것으로 『주례·하관·사병周禮·夏官·司兵』에는 "掌五兵五盾。다섯 가지 병기와 다섯 가지 방패를 관장하다"이라는 기록이 있다. 司兵은 '무기를 관장하는 사람'을, 五兵은 과戈·수殳·극戟·추모酋矛·이모夷矛 다섯 가지 병기를 뜻한다. 『초사·구가·국상楚辭·九

歌·國殤』의 "車錯轂兮短兵接。전차들이 얽혀 있어 단검으로 접전하다", 『사기·진시황본기史記·秦始皇本紀』의 "收天下之兵, 聚之咸陽, 銷以爲鐘鐻, 金人十二, 重各千石, 置廷宮中。전국의 병기를 거둬 함양에 모아 놓고, 그것을 녹여 천석 무게에 달하는 종거와 열두 개의 동상을 만들어 궁정 안에 설치하다."에서는 본의가 그대로 사용되었으나 『좌전左傳』 희공僖公 23년의 "晉楚治兵, 遇於中原。진과 초 두 나라가 전쟁으로 중원에서 만나다."에서는 '병기를 잡은 사람'으로 의미가 인신되었다. '兵'은 인신된 의미가 본의를 완전하게 대체하면서 범위는 확대됐으나 본의는 점차 소실되었다.

같은 유형의 예로서, '權quán'은 『설문해자』 6편 상 '木'부에 "權은 '황화목'이다.……'정상적이지 않다'고도 한다.權, 黃華木……一曰反常。"라고 쓰여있다. 일반적으로 '저울추'를 가리켰는데, 관련하여 『장자·거협莊子·胠篋』에는 "爲之權衡以稱之。저울을 만들어 무게를 재다."라는 구절이 나온다. 본의가 '권력'으로 인신되면서 가리키는 범위는 확대됐지만 본의가 소실되어 종속 관계의 다의어가 되지 못했다.

세 번째 유형의 의미 축소의 예로서, '臭chòu'는 『설문해자』 10편 상 '犬'부에 "臭는 새가 도망치며 남긴 냄새의 흔적을 아는 자, 곧 개이다.臭, 禽走臭而知其迹者, 犬也。"라고 기록돼 있다. 이에 대해 단옥재는 『설문해자주』에서 "走臭는 '냄새를 쫓다'는 것과 같다. 개는 걸을 때 앞선 개의 종적을 냄새를 통해 알아낸다. 글자는 犬과 自를 따랐다. 自자가 가리키는 것은 '코'이다. 냄새의 통칭으로 인신되었다."라고 풀이했다. 고대에는 향기나 악취를 불문하고 모두 '臭'라 하였는데, 『상서·반경중尙書·盤庚中』의 "若乘舟, 汝弗濟, 臭厥載。배에 탔는데 건너지 않는다면 실린 물건은 썩을 것이다."(공영달孔穎達의 『소疏』에서는 "古者香氣穢氣皆名爲臭。옛 사람들은 향기와 악취를 모두 臭라 하였다"라고 하였다), 『논어·향당論語·鄕黨』의 "色惡不食, 臭惡不食。색이 나쁜 것은 드시지 않았고 냄새가 나쁜 것은 드시지 않았다.", 『맹자·진심하孟子·盡心下』의 "口之於味也, 目之於色也,

耳之於聲也, 鼻之於臭也, 四肢之於安佚也, 性也。입이 좋은 맛을, 눈이 좋은 색을, 귀가 좋은 소리를, 코가 좋은 냄새를, 사지가 안일함을 원하는 것은 본성이다."에서는 그 본의를 그대로 사용하고 있다. 이후 '臭'는 『여씨춘추·우합呂氏春秋·遇合』의 "人有大臭者, 其親戚兄弟妻妾知識, 無能與居者, 自苦而居於海上。海上人有說其臭者, 晝夜隨之而弗能去。몸에서 대단히 악취가 나는 사람이 있었다. 그의 친척, 형제, 아내, 처첩 등 모두 그와 함께 살 수 없었다. 그는 스스로 괴로워하다 바닷가로 가서 살았다. 그런데 그 바닷가에는 그 냄새를 좋아하는 사람이 있어 밤낮으로 그를 따르며 떠나지 않았다."에서와 같이 '악취'만을 가리키는 의미로 인신되었다. '악취를 쫓는 사람', 즉 '기호가 괴상한 사람'이란 뜻의 성어 '逐臭之夫'는 여기에서 비롯된다. '臭'는 인신된 의미 범위가 축소되고 본의는 소실되어 종속 관계의 다의어가 되지 못했다.

같은 유형으로서, '祥xiáng'은 『설문해자』1편 상 '示'부에 "祥은 '복'이다 祥, 福也"로 되어있다. 이에 대해 단옥재는 『설문해자주』에서 "통언하면 재앙도 祥이라 하고, 석언하면 선한 것도 祥이라 한다.統言則災亦謂之祥, 析言則善者謂之祥。"이라고 풀이했다. 이처럼 '祥'은 『좌전左傳』 희공僖公 16년의 "是何祥也? 吉凶焉在?이것은 무슨 징조인가? 길함과 흉함이 언제 나타날 것인가?"와 같이 '길조와 흉조'를 모두 가리켰지만 이후 '길조'만 가리키게 되었고 범위가 축소되면서 본의는 배척되었다.

네 번째 유형의 예로서, '賞shǎng'은 『설문해자』6편 하 '貝'부에 "賞은 '유공자에게 하사하다'이다。賞, 賜有功也。"라고 쓰여있다. 본의는 '상을 주다賞賜'로서 『주례·지관사도·재사周禮·地官司徒·載師』의 "以官田牛田賞田牧田, 任遠郊之地。원교의 땅을 관전, 우전, 상전, 목전으로 하다."에서 예를 볼 수 있다. 이후 '賞'의 의미는 '높이 평가하다贊賞'로 전이되었지만 본의가 여전히 유지되어 병렬관계의 다의어가 되었다.

같은 유형으로서, '誅zhū'는 『설문해자』3편 상 '言'부에 "誅는 '문책하다'이다。誅, 討也。"라고 씌어있다. '言'부에 속하므로 본의는 말과 관계가 있는데 '성토하다', '질책하다'란 의미의 '口誅筆伐말과 남의 죄상을 폭로하다"가 그에 속한다. 『논어·공야장論語·公冶長』의 "於予與何誅?宰予에게 무엇을 꾸짖겠는가?"에서 '誅'는 질책의 뜻으로만 해석된다. 이 같은 의미는 『한비자·오두韓非子·五蠹』의 "故令尹誅而楚奸不上聞。영윤이 그를 죽인 뒤로 초나라에는 죄상이 알려지지 않았다."에서 '살육하다殺戮'란 의미로 인신되는데, 의미가 전이되고 본의도 유지되면서 병렬관계의 다의어가 되었다.

본의와 인신의 외에 '비유의比喩義'도 있다.

비유의는 본의가 비유적으로 쓰이면서 굳어진 의미이다. 비유의는, 예시를 위해 임시 사용되었다가 특정 맥락語言環境을 벗어나면 사라지는 수사적 비유와 달리, 본의에서 추론, 인신된 의미로서 인신의의 일부로 간주된다. 예를 들어, '園丁把樹的枝葉剪齊了정원사가 나무의 가지와 잎을 가지런히 잘랐다'와 '說話不免添些枝葉말할 때마다 불필요한 말들을 덧붙이게 된다'에서 전자의 "枝葉"는 본의인 데 반해 후자의 "枝葉"는 비유의이다. 하지만 비유의는 일반적인 인신의와 성질 면에서 구분된다. 비유의는 독특한 수사 방식을 사용하는 표현 수단으로서 언어에 특별한 풍격과 선명한 색채를 부여한다. 그런 점에서 비유의는 앞·뒤 문맥에 적극적 기능을 발휘하는 다의어의 한 종류이다.

비유를 통해 비유 의미가 형성돼 갈수록 새 의미와 본의 간에도 두 가지 관계가 형성된다. 첫째, 새 의미가 생겨나도 본의는 소실되지 않는 경우이다. '飯桶fàntǒng'은 '쓸모없는 사람'을 비유하지만 여전히 '밥을 담는 통'도 가리키다. '逆流nìliú'는 '역으로 움직이는 추세'를 비유하지만 물의 '주요 흐름과 상반된 조류'도 여전히 의미하고 있다. 둘째, 새 의미도 오랫동안 사용되면 본의와 불분명한 관계에 놓이고, 심지어는 본의를 완전히 벗어나기도 한다. 예를 들어 '破綻pòzhàn'은 본래 옷의 '터진 곳'을 가리켰으나 말이나 일의 '빈틈'을 비유하면서 비유의가 본의를 거의 대체하고 있다. '法寶

fǎbǎo'는 본래 불교에서의 '보물'을 뜻했으나 '특별히 유용한 수단이나 방법, 경험'을 비유하면서 본의는 점차 사라져 갔다.

단어의 의미에는 융통성과 축적성이 함께 존재한다. 한 단어의 의미 변화는 옛 의미 속에서 새 의미가 생겨난 결과이다. 하지만 새 의미의 발생이 반드시 옛 의미의 소멸을 의미하는 것은 아니다. 오히려 옛 의미가 남아 새 의미와 공존하는 경우가 많다. 이 같은 신·구 의미의 축적으로, 한 단어는 여러 다양한 개념을 대표할 수 있는 다의성을 갖는다. 그리고 그와 같은 다의성으로 인해 언어 속에는 수많은 '중의어歧義詞'가 만들어진다. 한 단어에 여러 다양한 해석과 용법이 존재한다는 점에서 중의어의 출현은 단어의 적용 범위를 확장시킬 수 있다. 뿐만 아니라, 단어를 추가하지 않고도 새로운 의미를 표현해낼 수 있기 때문에 신조어의 출현을 기다리지 않아도 된다. 그러므로 중의어의 출현은 신조어의 생산 및 증가와 마찬가지로 중요하다. 양자 모두는 언어 발전 속에서 현존하는 어휘에 새로운 어휘를 보강하는 수단이다.30

3.6. 어휘의 발전과 규범

3.6.1. 끊임없는 발전과 변화

중국어 어휘의 발전과 변화는 주로 새 단어의 증가, 기존 단어의 소멸, 기존 단어의 변화 등 몇 가지 측면에 걸쳐 나타난다. 전체적으로 보면, 새

---

30 장세록張世祿, 『고대중국어古代漢語』, 上海: 上海敎育出版社, 1978, p. 91.

단어의 증가 속도가 기존 단어의 소멸 속도를 월등히 능가하므로 어휘량은 끊임없이 증가하고 갈수록 풍부해진다.

사회가 발전하고 새로운 사물들이 대량으로 출현하면 그것을 표현할 새 단어들이 요구된다. '激光jīguāng 레이저', '核子hézǐ 핵', '導彈dǎodàn 미사일', '衛星wèixīng 위성', '彩電cǎidiàn 컬러 TV', '錄像lùxiàng 비디오', '軟件ruǎnjiàn 소프트웨어', '半導體bàndǎotǐ 반도체', '中子彈zhōngzǐdàn 중성자탄', '針刺麻醉zhēncì mázuì 침술마취', '電子計算機diànzǐ jìsuànjī 전자계산기(컴퓨터)', '特區tèqū 특구', '四化sìhuà 4개 현대화', '節育jiéyù 산아제한', '代溝dàigōu 세대차이', '個體戶gètǐhù 자영업자', '展銷會zhǎnxiāohuì 전람회', '藍籌股lánchóugǔ 블루칩', '紅籌股hóngchóugǔ 레드칩', '夾心階層jiāxīn jiēcéng 중산층', '跳蚤市場tiàozǎo shìchǎng 벼룩시장', '自由經濟zìyóu jīngjì 자유경제', '人權運動rénquán yùndòng 인권 운동', '多媒體教學duōméitǐ jiàoxué 멀티미디어수업', '比例代表制bǐlì dàibiǎozhì 비례대표제' 등은 모두 새로 만들어진 단어들이다.

사물이나 개념이 없어지면 그것을 표현하던 기존의 단어들도 점차 사라진다. 예를 들면 '進士jìnshì 진사', '御史yùshǐ 어사', '丫環yāhuan 어린 시녀', '婢女bìnǚ 하녀', '秀才xiùcai 서생', '員外yuánwài 지주', '太監tàijiàn 환관', '童養媳tóngyǎngxí 민며느리' 등이 그에 속한다. 어떤 사물들은 과거와 현재에 모두 존재하지만 명칭이 바뀌기도 한다. 예를 들어, 과거 '戱子xìzi 연극쟁이'는 현재 '演員yǎnyuán 배우'으로, '黎民límín 평민'이나 '百姓bǎixìng 백성'은 '國民guómín 국민'이나 '人民rénmín 인민'으로, '昧爽mèishuǎng 여명'은 '清晨qīngchén 새벽녘'이나 '拂曉fúxiǎo 동틀 무렵' 또는 '黎明límíng 여명'으로, '須臾xūyú 잠시'는 '一會兒yíhuìr 잠시'로 바뀌었다. 그러나 신조어의 증가는 기존 단어의 소멸과 결코 대등하게 일어나지 않는다. 사회의 발전 경향상 새로운 사물의 출현 속도가 기존 사물의 소실 속도를 훨씬 능가하는 데다 기존 사물의 소실이 그것을 가리키는 단어의 소실로 반드시 이어지지는 않기 때문이다. '奴隸núlì 노예'를 예로 들면, 대상은 사회 속에서 사라졌다고 할 수 있지만 그 단어는 현대중국어 어휘 속에서 사라지지 않았다. 신조어는 많이 증가하고 기존 단어는 적게 소실되면서 어휘는 날로 풍부해져간다.

때로는 새로운 사물이나 개념이 출현해도, 신조어를 이용해 반영하기보다는, 그것과 의미적으로 연관된 기존 단어를 이용하여 지시하기도 한다. 즉, 기존 단어에 새로운 의미를 부여하는 것이다. 이 경우, 새 의미가 기존 의미를 대체할 때도 있고 두 의미가 병존할 때도 있다. 예를 들어, '대체'의 예로서 '行李'는 원래 '양국을 왕래하는 사절使者'을 뜻했는데 현재 그 의미가 사라지고 '외유 시 가져가는 물건이나 가방 등'으로 전이되었다. 한편, '병존'의 예로서 '先生'은 과거 '선생님'이나 '덕행있는 연장자'를 호칭하는 데 사용했으나 현재는, 기존 의미와 더불어, 기혼 또는 미혼 남성을 지시하는 데도 사용된다. 기존 단어를 이용한 새로운 의미 지시는, 그것이 '대체'든지 '병존'이든지에 상관없이, 신조어를 만드는 것과 마찬가지로 어휘를 풍부하게 하는 중요 수단이다.

3.6.2. 방언어, 고어, 외래어의 광범위한 흡수

현대중국어 어휘는 기존 언어 재료에 기초한 대량의 신조어 외에도 다양한 방언, 고대어, 여러 민족어 성분을 광범위하게 흡수하여 풍부하게 만든 결과이다.

방언 내 토착어土語를 활용하면 민족 공용어 보급을 촉진하고 내용을 풍부하게 하는데 도움이 된다. 아울러, 인물 형상에 생동감을 불어 넣고 지방색을 두드러지게 하는 데에도 도움이 된다. 아래 예를 보자.

她擱下水罐子, 呼哧呼哧喘著氣, 朝飛遠的飛機點著指頭罵了一句, 回身拉開那扇板門, 比劃比劃讓我進屋, 一下子不知發生了甚麽事, 張著嘴喊起來。(楊朔「平常的人」, 見『楊朔散文選』)
(그녀는 항아리에 내려놓고 숨을 헐떡거리며 멀리 날아가는 비행기를 손가락으로 가리키며 짧은 욕을 내뱉었다. 몸을 돌려 판자문을 열고는 손짓으로 집 안으로 나를 들였다. 갑자기 무슨 일이 생겼는지 입을 크게 벌리고 고함을 질러댔다.(양삭,「평범한 사람」,『양삭산문선』에서))

三仙姑起先還以爲自己仍有勾引青年的本領, 日子長了, 青年們並不眞正跟她接近, 她才慢慢看出門道來, 才知人家爲的是小芹。(趙樹理,『小二黑結婚』, 見『李有才板話』)
(삼선고는 처음에는 자신이 여전히 청년을 유혹하는 재주가 있다고 생각했다. 하지만 날이 갈수록 청년들이 정말로 다가오지 않자 그녀는 단서들을 천천히 짚어보고 그제서야 청년들이 원하는 건 소근이라는 걸 깨달았다.(조수리,『소이흑의 결혼』,『이유재의 쾌판 이야기』에서))

여기서 "比劃比劃 bǐhuà bǐhuà"은 '손짓하다'를 의미한다. 그리고 "門道 méndao"는 '경로'나 '방법'을 의미하는데 '단서'나 '실마리'로 비유되기도 한다. 모두 강한 생명력의 방언 성분으로서, 공용어에는 적당한 것이 없는 관계로 그대로 들여와 사용했다.

這個西洋鏡不能够馬上拆穿, 黃經理開小差! 傳出去還了得。三姨太人雖昏倒, 心裏明白……(阮朗,『人渣』)
(이 위장을 바로 들켜서는 안 돼, 황 사장은 게으름을 피우고 있어! 새어 나가면 끝장이야. 삼이태는 기절할 듯했지만, 분명하게 알고 있었다……(완낭,『인산 쓰레기』))

여기서 "西洋鏡xīyángjìng"은 사람을 속이는 '졸렬하고 우스꽝스러운 위장 僞裝'을 비유한다. 그리고 "開小差kāi xiǎochāi"는 본래 병사가 '대열에서 도망치는 것'을 가리키지만 여기서는 '핑계를 대고 게으름 피우는 것'을 비유한다. 이들은 모두 인물이 가진 생동적 이미지를 부각시키면서 대상이 가진 지역색도 전달하고 있다. 그리고 그것을 통해 민족 공용어의 표현 능력도 함께 제고시키고 있다. 하지만 방언어方言詞의 '수집'과 '수용'이 모든 방언어를 대상으로 하지는 않는다. 예를 들어, 상해어인 '打烊dǎyàng 영업을 마감하다'과 '淴浴hūyù 목욕하다', 성도成都어인 '壁頭bìtóu 벽'처럼 일부 지역에서만 사용되거나 그에 상응하는 단어가 이미 공용어에도 존재한다면 받아들일 필요가 없다. 또한 '亂曬坑luànshàikēng 아수라장이다', '叻唔切lèmúqiè 나대다', '搵老襯wènlǎochèn 호구 잡다', '躝屍趷路lánshīkēlù 물러가다'와 같은 월어는 더욱이 비속어이기 때문에 받아들여서는 안 된다.

현대에 들어서도 여전히 사용돼온 고어古語詞를 이용하면 말과 글은 간결해지고 요점은 분명해진다. 엽성도의 단편 소설 『민간에서在民間』에는 다음과 같은 단락이 보인다.

"奸細! 奸細……把她關起來! 把她鎖起來! ……重重地請她吃一頓嘴巴, 好教她知道做得不錯!……不客氣, 打死了她也不罪過! ……"少的老的中年的女工們義憤地這樣喊出來。(見『葉聖陶選集』)
("간첩이다! 간첩! 그녀를 가둬라! 그녀를 가둬라! ……몇 번이고 뺨을 갈겨서 자신이 아주 잘했단 걸 가르쳐 줘야 한다! …… 체면을 차리지 마라! 그녀를 쳐 죽여도 죄가 되지 않는다! ……" 어린, 늙은, 중년의 여공들은 의분에 차 이렇게 고함을 질러댔다. (『엽성도 선집』 에서))

최종 원고에서 작가는 마지막 문장을 "少的老的中年的女工個個義憤塡膺

어린, 늙은, 중년의 여공들 모두 의분에 가득 차 있었다"로 수정했는데(『엽성도 선집』참고), 이로써 문장은 더 간략하고 명료해졌다. 또한 장중하고 엄숙한 분위기에서는 특정 효과를 거두려는 목적으로 고어를 추가하기도 한다. 엽성도의 『임시반播班子』이란 소설을 보면, 초고에 다음과 같은 구절이 있다.

> 澤如想著這些, 有如正喝新泡的"龍井"。── 阿, (樂水的)寶貴的淚珠, 那得天下的教師都有這樣寶貴的淚珠! (見『葉聖陶選集』)
> (택여가 이런 생각에 잠겨있을 때, 유여는 새로 우린 "용정차"를 마시고 있었다. ── 아, (낙수의) 소중한 눈물방울이여, 세상의 교사들은 어찌 이렇게 귀한 눈물방울을 가지고 있는가. (『엽성도 선집』에서))

이후 저자는 구어인 "泡(茶)pào (chá)"를 "沏(茶)qī (chá)"로 수정하여(『엽성도 선집』참고) 의미를 좀 더 확실히 드러냈다. 또 "那得nàdé"도 고어인 "安得āndé"로 수정하여(『엽성도 선집』참고) 택여의 엄숙하고 정중한 어조를 보강했다. 이 같은 선택은 지식인으로서 나라와 국민을 걱정하고 교육 사업을 위해 애쓰는 택여의 심경에 맞춰져 있다.

물론 '增嶝zēngdèng 높아진다', '巉岩chányán 우뚝 선 바위', '銜泣xiánqì 흐느껴 울다', '畏葸wèixǐ 두려워하다' 등 생소하고 어색한 단어들이나 '回祿huílù 화재', '梓裏zǐlǐ 고향', '格致gézhì 과학', '擘畫bòhuà 계획' 등 차별화된 의미없이 이미 그것을 대체할 수 있는 단어가 현대중국어에 있다면 사용하지 말아야 할 것이다.

생활에 필요하다고 생각되면 본래 없던 단어를 외부 민족어로부터 받아들이기도 한다. '외래어'는 단어의 유래에만 초점이 맞춰진 이름이다. 일단 유입이 되고 자민족어의 어휘 목록으로 편입되면 더 이상 외국어 단어로 간주되지 않는다. '葡萄pútáo 포도'와 '獅子shīzi 사자'는 고대 페르시아어波斯語에서, '僧sēng 승려', '尼ní 비구니', '瑪瑙mǎnǎo 마노', '刹那chànà 찰나'는 고대 인도의 산스크리트어梵語에서 유래되었다. 하지만 오늘날 이들 단어가 중국어 어휘의 일부란 것을 누구도 부인하진 못할 것이다. 외래어의 수용으로 중국어 어휘는 더욱 알차고 풍부해졌다. 최근 백여 년 동안 중국어는 수많은 신조어를 끊임없이 외국어에서 들여왔다. '經驗jīngyàn 경험', '景氣jǐngqì 경기', '場合chǎnghé 장소', '方針fāngzhēn 방침', '目標mùbiāo 목표', '手續shǒuxù 수속', '宗教zōngjiào 종교', '集團jítuán 그룹'은 일본어에서, '香檳xiāngbīn 샴페인', '巴蕾舞bālěiwǔ 발레', '蒙太奇méngtàiqí 몽타주', '布爾喬亞bùěrqiáoyà 브루주아'는 프랑스어에서, '沙皇shāhuáng 차르', '拖拉機tuōlājī 트랙터', '伏特加fútèjiā 보드카', '沙文主義shāwénzhǔyì 쇼비니즘'는 러시아어에서, '沙發shāfā 소파', '尼龍nílóng 나일론', '雷達léidá 레이더', '瓦特wǎtè 와트', '冰淇淋bīngqílín 아이스크림', '三明治sānmíngzhì 샌드위치', '鷄尾酒jīwěijiǔ 칵테일', '乒乓球pīngpāngqiú 탁구' 등은 영어에서 유입된 것이다. 그러나 외래어의 남용은 자민족의 언어 규범을 훼손하므로 정확하고 분명한 의사 표현이 고유어로도 가능하다면 외래어 사용은 불필요하다. 그러므로 '시멘트'는 '士敏土shìmǐntǔ'가 아닌 '水泥shuǐní'로, '바이올린'은 '梵啞鈴fànyǎlíng'이 아닌 '小提琴xiǎotíqín'으로, '확성기'는 '麥克風màikèfēng'이 아닌 '擴音機kuòyīnjī'로, '최후통첩'은 '哀的美敦書āidìměidūnshū (ultimatum)'가 아닌 '最後通牒zuìhòu tōngdié'로 사용해야 한다. 아울러 외래어를 적는 한자 표기도 통일할 필요가 있다. '맥주'는 '皮酒píjiǔ'가 아닌 '啤酒píjiǔ'로, '나일론'은 '呢隆nílóng'이 아닌 '尼龍nílóng'으로, '위고'는 '囂俄Áoé'가 아닌 '雨果Yǔguǒ'로, '미터'는 '米達mǐdá'나 '米突mǐtū'가 아닌 '米mǐ'나 '公尺gōngchǐ'로 통일돼야 한다.

3.6.3. 어휘의 규범화 문제

현대중국어 어휘를 정상적인 방향으로 발전시키기 위해 방언어, 고어,

외래어를 수용할 때는 다음 세 가지 원칙이 고려돼야 한다. 첫째는 필요성이다. 수용되는 단어가 현대중국어 어휘 중에 필요한가, 그리고 그것이 표현에 있어 불가결한가가 고려돼야 한다. 둘째는 보편성이다. 언중이 보편적으로 사용하는 것을 선택해야 한다. 셋째는 명확성이다. 의미가 언중에게 명확하고 쉽게 이해되고 받아들여져야 한다.[31]

'豐奢fēngshē', '沈墮chénduò', '瘋蠻fēngmán', '騰冒téngmào', '拍撫pāifǔ', '打問dǎwèn', '吸攝xīshè', '擇別zébié' 등 형태소를 임의로 조합해낸 합성어나 '剛堅(剛强堅毅gāngqiáng jiānyì 강건하고 의연하다)', '熟巧(熟練精巧shúliàn jīngqiǎo 능숙하고 정교하다)', '創發(創造和發展chuàngzào hé fāzhǎn 창조와 발전)', '締育(締造並培育dìzào bìng péiyù 창립하고 육성하다)'등의 임의적인 축약 어구는 모두 현대중국어의 단어구성법에 부합하지 않아 소통에 장애가 되므로 어휘 규범화의 대상이다.

---

31 황백영黃伯榮, 요서동廖序東, 『현대중국어現代漢語』, 蘭州: 甘肅人民出版社, 1981, 上, pp. 256~260.

제4장 어법

4.1. 중국어 어법의 특징

4.1.1. 중국어는 의미조합적이다

'의미조합'은 '형식조합'과 상대적이다. 중국어는 방괴문자方塊文字로 기록하므로 형태 변화가 풍부한 인도유럽계 언어와 비교했을 때 '더 구조적이고 덜 형태적인' 특징이 두드러진다.[1] 예를 들어 영어 명사 'student, students'는 단어 형태의 내부 변화로 단수, 복수를 표시한다. 이에 반해 중국어 명사 '學生학생'에는 이 같은 형태 변화가 없다. 대신 '學生們出發了학생들은 출발하였다', '學生――出發了학생들이 한 명 한 명 출발하였다', '全部學生出發了모든 학생들이 출발하였다' 와 같이, 단어구성 수단('們'의 부가)이나 문장구성 수단(다른 단어들과의 조합)으로 어법의미를 표시한다. 영어동사 'eat'는

---

1   여금희黎錦熙,『신저국어문법·서론新著國語文法·引論』, 北京: 商務印書館, 1992, p. 4.

'eat, eating, ate, eaten'등의 형태 변화로 시태時態를 표시한다. 그러나 중국어 동사는 '他吃了蛋糕그는 케이크를 먹었다', '他吃過蛋糕그는 케이크를 먹어본 적 있다', '他一面吃蛋糕, 一面看書그는 케이크를 먹으면서 책을 본다', '昨天我吃蛋糕的時候, 有人找你어제 내가 케이크를 먹고 있을 때 어떤 사람이 너를 찾았다'처럼 '了, 著, 過'를 부가하거나 그보다 큰 단위 간 결합을 통해 동태動態를 표시한다. 중국어는 성분 간의 결합 관계와 그 의미를 의미조합으로 표시하지 어법형식표지로 표시하지 않는다. 예를 들어 '我肚子餓, 要吃蛋糕나는 배가 고파서 케이크를 먹으려고 한다'는 앞·뒤 절에 접속어 부가가 불필요하다. 그것의 인과관계가 의미 간 조합으로 표시되기 때문이다. 또한 '學生魚貫入場학생이 줄줄이 늘어서서 입장한다'은 '魚貫줄줄이'을 사용하여 '學生'이 한 사람에 그치지 않음을 표시하므로 '們'의 생략이 가능하다.

    중국어는 어형변화가 부재한 대신 의미조합을 통해 성분 간 결합 관계와 의미를 표시한다. 이에 어순과 허사는 중국어의 주요한 어법 수단을 이룬다. 먼저 어순 측면에서, 중국어는 '天晴 — 晴天맑은 날', '哈哈笑 — 笑哈哈하하 하고 웃다'처럼 어순의 변동으로 구조관계가 변해도 의미는 변하지 않을 수 있다. 반면에, '到操場跑운동장에 가서 달리다 — 跑到操場운동장으로 달려가다', '一會兒在學校討論잠시 후 학교에서 토론하다 — 在學校討論一會兒학교에서 잠시 토론한다'과 같이 어순의 변동으로 구조관계가 변하면 의미도 변할 수 있다. 한편, '屢敗屢戰연패를 거듭하고도 번번히 싸우다 — 屢戰屢敗연전하여 번번히 패하다', '事出有因, 查無實據일의 발생에는 언제나 원인이 있지만 조사한 결과 확실한 증거가 없다 — 查無實據, 事出有因조사한 결과 확실한 증거가 없지만 일의 발생에는 언제나 원인이 있다'처럼 어순이 변동돼도 구조관계는 변하지 않고 미묘한 의미 변화만 발생할 수 있다. 그리고 '今天我來 — 我今天來나는 오늘 온다', '小心啊, 婆婆 — 婆婆, 小心啊어머님, 조심하세요'와 같이 어순이 변동돼도 구조관계와 의미에는 변화가 없을 수 있다.

중국어는 허사를 이용해서도 성분 간 결합 관계와 의미를 나타낼 수 있다. 예를 들어 '哥哥和弟弟형과 동생 — 哥哥或弟弟형 혹은 동생'에서 접속사 '和'는 병렬을 나타내고, '或'는 선택을 나타낸다. '哥哥把弟弟打傷형이 동생을 때려 상처 나게 하였다 — 哥哥被弟弟打傷형이 동생에게 맞아 상처가 났다'에서 개사 "把", "被"는 각각 처치處置와 피동 표지로서 '행위자施事—대상자受事' 간의 상반된 관계를 표시한다. 또한, '詳細的 報告자세한 보고 — 詳細地報告자세하게 보고하다'에서 조사 "的", "地"는 '한정어定語—중심어', '상황어狀語—중심어' 구조를 표시하는 어법형식표지로서 "報告보고/보고하다"를 명사와 동사로 구별한다. 이 외에 '這裏沒有人了(사람이 있었는데 지금은)여기에 아무도 없어요 — '這裏沒有人啊여기엔 아무도 없네요!' — '這裏沒有人嗎여기엔 아무도 없나요?' — '這裏沒有人吧여기엔 아무도 없죠?"에서 어기조사 "了"는 진술, "啊"는 경탄, "嗎"는 의문, "吧"는 추측을 표시한다. 이처럼 문장의 어기語氣가 달라지면 의미에도 미묘한 변화가 생긴다.

중국어의 의미조합성意合性은 언어조합 성분을 형태적 제약에서 벗어나게 해준다. 의미적으로 호응에 문제가 없다면, 그리고 그것을 언중들이 이해하고 수용하기만 한다면 어순 배열과 허사 활용 등의 방법을 이용하여 성분 간 직접적인조합이 가능하다. 이 같이 '더 심리적이고 덜 형식적인' 언어 조합법은 넓은 의미로, 심연에 내재하는 일종의 주관어법主觀語法이라고 할 수 있다.[2] 중국어 어법은 주관적이고 의미조합적이기 때문에 그 조합을 이해하고 분석하기 위해서는, 형식 논리가 아닌, 중국인들의 사유 방식과 언어 관습을 함께 염두에 두어야 한다. 예를 들어 '養病병을 치료하다', '救

---

2 상리常理, 「중국어 의미조합법 논강漢語意合語法論綱」, 원효원袁曉園 主編, 『중국언어학 발전방향中國語言學發展方向』, 北京: 光明日報出版社, 1989, pp. 110~111.

火불을 끄다', '曬太陽햇볕을 쬐다', '打掃衛生청소를 하다', '恢復疲勞피로를 회복하다', '一鍋飯吃一千人밥 한 솥으로 천 명이 밥을 먹다', '我的錢比你多내 돈은 네 돈보다 많다', '店裏好不熱鬧, 擠滿了人가게가 매우 왁자지껄하고 사람들로 가득하다' 등은 상식에도 위배되고 논리에도 맞지 않다.3 하지만 중국어 언중들은 그것을 이해하고 또 보편적으로 사용하고 있다.

전체적 관점에서, 중국어는 맥락語言環境을 바탕으로 이해되고 분석돼야 한다. 중국어는 의미조합성으로 인해 언어 조합 방식이 상당히 탄력적이다. 뿐만 아니라 구조관계와 그 의미도 세밀하고 다변화하기 때문에 중의 현상을 쉽게 발생시킨다. 예를 들어, '大家贊成, 我們行動 모두 찬성한다, 우리는 실행한다'이란 문장을 맥락을 제외하고 보면 두 절 간 의미관계는 아래처럼 각기 다르게 이해된다.

```
[如果]大家贊成, 我們[就]行動。      (가정관계)
(만약 모두가 찬성한다면 우리는 실행할 것이다.)
[只要]大家贊成, 我們[就]行動。      (조건관계—충분조건)
(모두가 찬성만 한다면 우리는 실행할 것이다.)
[只有]大家贊成, 我們[才]行動。      (조건관계—필요조건)
(모두가 찬성해야만 우리는 비로소 실행할 것이다.)
[旣然]大家贊成, 我們[就]行動。      (인과관계—추론인과)
(모두가 찬성한 이상 우리는 바로 실행할 것이다.)
[因爲]大家贊成, [所以]我們行動。    (인과관계—진술인과)
(모두가 찬성하기 때문에 우리는 실행할 것이다.)
```

또 예를 들면, '我們要參考文件우리는 참고 서류를 원한다/우리는 서류를 참고할 것이다'의 "參考文件참고 서류/서류를 참고하다"은 수식관계偏正關係일까 동빈관계動賓關係일

---

3 [역주]형식 논리에 기초한 상기 예들의 '직역'은 1.1.2절을 참고할 수 있다.

까? '他連我也不認識그는 나마저도 모른다/나조차도 그를 모른다'에서 "他그"는 행위자일까 아니면 대상자일까? 그가 나를 모르는 것일까 나조차 그를 모르는 것일까? 이들 문제는 모두 맥락에 기대서만 해결할 수 있다. 만약 맥락으로도 중의가 해결되지 않는다면 언어 조합은 수정돼야 하며, 적절한 어법형식 표지를 부가하여 구조와 의미 간의 엄밀성을 보강해야 할 것이다.

4.1.2. 중국어는 간결하다

중국어에서 생략 현상은 매우 보편적인 것으로서 중국어의 간결성을 보여준다. 언어의 응용(특히 구어에 의한 의사소통口語交際)에서는 경제성과 명료성이 중시된다. 중국어는 형식조합적이기보다 의미조합적이기 때문에 문장 내 성분들이 일정 맥락 속에서 생략 가능하다면 이해에 지장을 주지 않는 선에서 생략하고 사용하지 않는다.

어법적 측면에서 '생략'은, 생략된 성분은 맥락에 기대어 환원 가능해야 하며 환원 방법은 오직 하나여야만 한다는 조건에 부합해야 한다. 화용語用적 측면까지 고려한다면, "환원이 불필요한" 것까지도 포함하여, "의미적으로는 존재하는 성분이 담화 상에는 드러나지 않는 현상을 생략이라고 한다."[4] 예를 들어, "多看, 多聽, 多琢磨, 經驗多了就會發現問題많이 보고, 많이 듣고, 많이 생각하고, 경험이 쌓이면 문제점를 발견할 수 있을 것이다"와 같이 관계된 지시 대상이 특정되지 않은 범칭泛指이라면, 지시대명사를 부가하는 인도유럽계 언어와 달리, 아예 생략하고 언급하지 않는다. 또 다른 예로, "舊社會, 窮人生了病, 小病抗, 大病躺, 根本得不到醫治옛날 가난한 사람들은 작은 병은 버티고 큰 병은

---

4   여숙상, 「중국어 통사의 융통성漢語句法的靈活性」, 『중국어문』, 1989年 第1期, p. 1. 인용문 뒤로 제시된 두 예문은 각각 이 논문 p. 4, p. 5에서 가져왔다.

몸져누웠다. 치료를 전혀 받을 수 없었기 때문이다"에는 생략된 성분이 하나에 그치지 않지만 환원시킬 필요는 없다. 환원시킨다면 오히려 동어 반복이 되거나 융통성이 소거된다. 만약 영어라면, 'I closed my eyes나는 나의 눈을 감았다.', 'John said that he was going to marry Jane존은 그가 제인과 결혼할 것이라고 했다'에서 대명사를 생략해선 안 된다. 하지만 그것을 중국어로 표현한다면 대명사는 굳이 위치시키지 않아도 된다. '我閉上我的眼睛나는 나의 눈을 감았다'에서 "我的나의"는 확실히 잉여적이고 '約翰說他將和阿珍結婚존은 그가 제인과 결혼할 것이라고 했다'에서 "他"는 중의를 일으켜 제3자를 지칭할 수 있으므로 생략해야 한다.

　'간결'은 언어 사용의 기본 원칙이지만 간결하기만 하다면 언어는 오히려 경직될 것이다. 경우에 따라서는, 특정 표현이 요구되거나 표현의 효과를 높이기 위해서 많은 말言辭로 정보를 전달할 때도 있다. 예를 들어 '대구排比'로써 글의 분위기를 끌어올리기도 하고 '반복反復'으로써 생각과 감정을 부각시키고 리듬감을 증대시키기도 한다. 더불어, 새로운 사물과 개념이 출현하고 인간의 논리적 사고가 발전해 감에 따라, 그리고 거기에 어법이 유럽화된 영향까지 더해져 중국어 문장구조는 논리와 어법 간 결합이 긴밀해져 가는 추세에 있다. 그러므로 문장은 분석될 수 있도록 구성돼야 하고 무분별한 생략은 지양돼야 한다.5 다시 말해, 언어는 간결해야 하면서도 그에 내포된 뜻은 명료하고 엄밀해야 한다. 사실, 간결성과 엄밀성은 대립

5　왕력은 『중국어어법사漢語語法史』(『왕력문집王力文集』, 濟南: 山東敎育出版社, 1990, 第11卷, p. 480)에서 다음과 같이 말했다.
　　"기본적인 요구로서, 주어와 술어는 분명해야 하고 맥락은 명확해야 하며 단어詞, 구詞組, 술어謂語, 문장句子 형식이 문장 속에서 맡은 역할과 기능은 모두 분석될 수 있어야 한다. 그렇다면 주어도 가급적 생략되어서는 안 되고 접속사(및 접속사와 유사한 동사와 부사)도 생략돼서는 안 된다."

된 개념이 아니다. 언어의 간결성은 표현이 경제적일 것을 요구하고 내포된 뜻이 가진 엄밀성은 문장이 길어질 것을 요구한다. 양자를 모두 고려하며 균형을 잡을 수 있다면 가장 좋겠지만, 다양한 표현형식과 요구에 부응하다 보면 불균형이 발생할 때도 있다. 예를 들어, 말에 의한 일상의 의사소통은 직접적이고 간단하며 자연적인 성격을 띠므로 간결성이 엄밀성에 우선한다. 하지만 문예 작품은, 사설이나 과학 논문, 법조문 등과 반드시 동일시할 필요는 없지만, 문장의 구조형식이 언어의 논리성과 정확성을 엄격히 드러낼 정도의 엄밀성이 요구된다.

4.1.3. 중국어는 융통적이다

중국어 통사에는 고정적인 면도 있고 융통적인 면도 있다. 다만 교과서에서는 주로 고정적인 면만 다룰 뿐 융통적인 면은 다루지 않거나 적게 다룬다.6 다양한 관계들에 대한 중국어 어법의 탄력적 대응은 중국어의 융통성이 반영된 결과이다.

첫째, 중국어의 어구 결합에는 제한성과 융통성이 모두 존재한다. 예를 들어 동빈動賓구조에서 동사와 빈어 간 의미 결합에는 제약이 존재한다. 예컨대, '愛護애호하다'의 대상은 사람일 수도 있고 사물일 수도 있지만 '愛戴받들어 모시다, 추대하다'의 대상은 사람만 가능하다. 또 '愛護'에 관여된 사람은 동년배나 손아랫사람이지만 '愛戴'는 손윗사람이다. 또 한편으로, 동빈구조 내 동사와 빈어 간 의미관계는 다양하고도 복잡하다. 빈어는 동사의 행위자施事, 대상자受事, 결과結果, 처소處所, 도구工具, 방식方式, 수량數量, 시간時

---

6   여숙상, 「중국어 통사의 융통성」, p. 1.

間, 비교比較, 판단判斷 등이 될 수 있다. 예를 들면, '來了賓客손님이 왔다([역주]행위자)', '吃飯밥을 먹다([역주]대상자)', '寫字글을 쓰다([역주]결과)', '離開學校학교를 떠나다([역주]처소)'가 그에 해당된다. 경우에 따라서는 양자 간에 관계가 '吃父母부모님에게 얹혀살다', '打比方예를 들다'처럼 명확히 구분되지 않을 때도 있고, '苦出了頭고난 속에서 벗어나다', '哭喪著臉울상을 하다'처럼 직접적인 관계조차 없을 때도 있다.7

둘째, 중국어 품사詞類의 통사 기능은 매우 융통적이다. 인도유럽계 언어에서는 품사와 문장성분이 상호 대응된다. 하지만 중국어에서는 품사와 문장성분 간 관계가 고정적이지 않다. 하나의 문장성분이 다양한 품사들과 대응하기도 하고 하나의 품사가 여러 문장성분과 대응하기도 한다. 예를 들어, 중국어 명사는 직접 한정어(예: '前面是一幢工廠大廈앞에는 공장 건물 한 동이 있다')와 술어(예: '今天中秋節오늘은 추석이다')가 될 수 있다. 그리고 형용사는 자유로이 한정어(예: '他是個認眞的人그는 성실한 사람이다'), 상황어(예: '他要認眞考慮你的意見그는 당신의 의견을 진지하게 고려할 것이다'), 보어(예: '他做得認眞그는 열심히 한다'), 술어(예: '他認眞, 你散漫그는 진지한데 너는 산만하다'), 주어(예: '認眞比散漫好진지한 것이 산만한 것보다 좋다'), 빈어(예: '不要散漫, 要認眞산만하지 말고 진지해야 한다')가 될 수 있다. 주덕희는 『어법답문語法答問』에서 일찍이 다음과 같은 도식으로 품사와 문장성분 간 대응관계를 표현했다.8

---

7   여숙상은 동보구조의 다의성을 분석하면서, 동보動補구조를 가진 문장은 주어, 동사, 빈어, 보어 성분 간의 의미관계가 다양하고, 이를 통해, 중국어 문장구조句法의 융통성과 간결성이 드러난다고 하였다. 「중국어 통사의 융통성」, pp. 5~9 참고.

8   주덕희, 『어법답문』, 北京: 商務印書館, 1985, pp. 4~5. (동사가 한정어로도 쓰일 수 있다고 보충한) 또 다른 도식은 황백영, 요서동 主編, 『현대중국어』(증보2판) 下冊, 北京: 高等教育出版社, 1997, p. 56에서 참고.

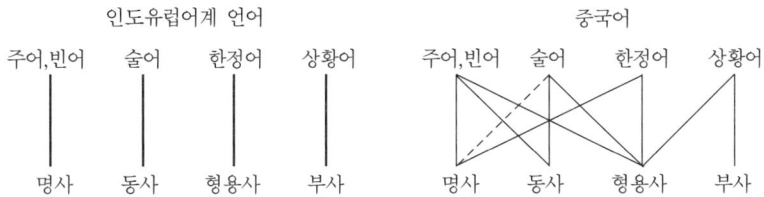

중국어 구도 단어와 같이 여러 문장성분과 융통성 있게 대응한다. 예를 들어 동사구는 술어(예: '她<u>乘搭火車回家</u>그녀는 기차를 타고 집으로 간다'), 주어(예: '<u>努力學習</u>是爲了充實自己열심히 공부하는 것은 자신을 충실하게 하기 위한 것이다'), 빈어 (예: '我想<u>吃蛋糕</u>나는 케이크를 먹고 싶다')가 될 수 있다. 그리고 주술구는 주어 (예: '<u>身體健康</u>是很重要的신체가 건강한 것은 매우 중요하다'), 술어(예: '陳老師<u>身體健康, 精神飽滿</u>진선생님은 신체가 건강하고 정신력이 충만하다'), 빈어(예: '我看到<u>陳老師的頭髮花白</u>나는 진선생님의 머리카락이 하얗게 센 것을 봤다'), 한정어(예: '<u>身體健康</u>的人最幸福신체가 건강한 사람이 가장 행복하다')등이 될 수 있다. 원래 주술구조였지만 중간에 '的'자가 삽입되면 수식구가 된다. 그리고 이때 중심어는 동사나 형용사가 된다. 예를 들면 '<u>賓客的到來</u>令宴會熱鬧起來손님들의 방문으로 연회

[역주]황백영과 요서동의 『현대중국어』는 2017년 현재 '증보6판'까지 출간된 상태이다. 6판에서는 상기 각주 8의 사항 외에, 명사가 상황어로도 쓰일 수 있다고 보고 다음과 같이 수정 제시하고 있다.

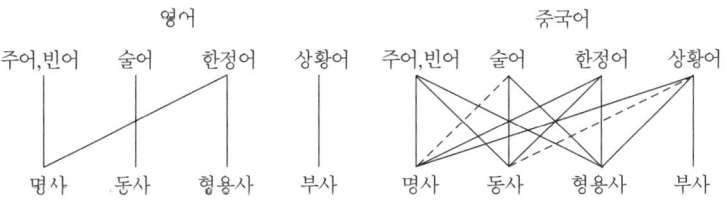

(황백영, 요서동 主編, 『현대중국어』(증보6판) 下冊, 北京: 高等教育出版社, 2017, p. 35)

가 떠들썩해졌다', '他深深感到母愛的偉大그는 모성애의 위대함을 가슴 깊이 느꼈다'와 같다. 이들 수식구는 주술구가 '명사화名物化'된 명사구로서 각각 주어와 빈어를 담당하고 있다. 이상의 예들은, 중국어는 기능과 구조가 엄격하게 대응되지 않는다는 것을 보여준다.

셋째, 중국어 어구의 통사 위치는 상당히 융통적이다. 어순과 구조관계 간의 대응성('주어는 앞에 술어는 뒤에', '동사는 앞에 빈어는 뒤에', '수식어는 중심어 바로 옆에'와 같이)에 주목한다면, 중국어 어순은 비교적 고정적이라고 할 수 있다. 하지만 어순과 의미 간의 비대응성, 즉 하나의 의미단위가 여러 통사 위치를 점할 수 있다는 점에 주목한다면, 중국어 어순은 상당히 자유롭다고 할 수 있다. 예를 들면 '一封談寫作的信 — 談寫作的一封信글쓰기를 논하는 편지 한 통'과 같이, 양사구가 한정어라면 일반적으로 "的" 앞에 위치하지만 "的" 뒤에 위치할 수도 있다. 또, 빈어는 '我坐過火車 — 我火車坐過 — 火車, 我坐過나는 기차를 타본 적이 있다'처럼 전치될 수 있다. 그리고 한정어는 '我們睡了整整一天 — 我們整整睡了一天우리는 하루 종일 잤다'와 같이 술어 앞의 상황어 위치로 이동할 수 있다.

중국어의 융통성을 이해하면 '위치이동位移'이나 '도치倒裝'를 이용하여 표현의 형식과 효과를 높이는 데 도움이 된다. 예를 들어 '請讓我看一次這稿子校樣 — 這稿子請讓我看一次校樣이 원고 교정본을 한 번 보겠습니다'와 '也只有他這樣怕老婆 — 這樣怕老婆也只有他오직 그 사람만 이렇게 아내를 무서워한다'처럼, 강조하려는 의미성분을 평소 위치에서 문두나 문미로 이동시킨다면 정보의 중점을 부각시키는 데 도움이 된다. 또 '廣闊的平原底下, 挖了不計其數的橫的、豎的、直的、彎的地道광활한 평원 아래에 가로 모양, 세로 모양, 곧은 모양, 굽은 모양의 지하도를 수없이 뚫었다'에서 한정어 "橫的、豎的、直的、彎的"를 "挖了不計其數的地道"의 앞 또는 뒤로 이동시키면 수식어의 성질과 기능(한정어 "不計其數

的"는 여전히 중심어 "地道"의 수식성분인 데 반해 위치이동한 한정어는 더 이상 "地道"의 수식성분이 아니다)을 구분할 수도 있고 일련의 수식성분을 떼어냄으로써 문장을 간단하고 읽기 쉽게 만들 수도 있다. 또 다른 예로, '移栽樹林, 春天比秋天容易成活나무를 이식하면 가을보다 봄에 뿌리를 더 잘 내린다'는 '春天移栽樹林比秋天[移栽樹林]容易成活봄에 나무를 이식하는 것이 가을[에 나무를 이식하는 것]보다 뿌리를 더 잘 내린다'와 의미가 같다. 하지만 공통 성분 "移栽樹林"을 앞으로 이동시키면 강조도 되면서 동어 반복도 피할 수 있다.9

넷째, 문형句式의 유연한 변환에도 중국어의 융통성이 반영돼 있다. 중국어의 문형은 일정한 규칙에 따라 다른 문형으로 변환 가능하다. 예를 들어 '樹下站著一群人나무 아래에 일군의 사람들이 서 있다'은 '존현문存現句'으로서 '주어―술어―빈어' 구조이다. 하지만 '一群人樹下站著일군의 사람들이 나무 아래에 서 있다'는 일반적인 '주술문主謂句'으로서 '주어―상황어―술어' 구조이다. '一群人站在樹下일군의 사람들이 나무 아래에 서 있다'도 일반적인 주술문이지만 구조는 '주어―술어―보어'이다. 이처럼 어순을 이용하여 문형을 변환하면 구조의 변동으로 인해 의미에도 미세한 차이가 발생한다. 또한 문형 간에 상호 전환이 가능한 문형들도 있다. 예컨대, 일반적인 '동빈술어문動賓謂語句'과 처치를 나타내는 '把'자문把字句, 그리고 피동을 표시하는 '被'자문被字句(예: '他打傷我 ― 他把我打傷 ― 我被他打傷그는 나를 상처 나게 때렸다') 간에, 그리고 '긍정문肯定句'과 '이중부정문雙重否定句'(예: '我是誠實的나는 성실하다 ― 我不是不誠實的나는 성실하지 않은 것이 아니다') 간에, 또 '진술문陳述句'과 '반어문反問句'(예: '太陽從東方升起해는 동쪽에서 떠오른다 ― 難道太陽不是東方升起설마 해가 동쪽에서 떠오르지 않은 건 아니겠죠?') 간에는 문형 전환이 가능하다.

중국어에서 문형 변환이 어렵지 않은 것은 언어성분 간 결합에 중국어의

---

9 본 단락에서의 네 예문은 여숙상, 「중국어 통사의 융통성」, p. 2에서 취했다.

융통성이 반영돼 있기 때문이다. 융통성에 기초하여 풍부하고 다양한 표현 형식을 갖게 되고, 그 결과 엄밀하고 정확한 의미를 표현할 수 있으면서 맥락에 따른 여러 표현 수요에도 융통적으로 부응할 수 있게 되었다.

4.2. 단어와 구

4.2.1. 각 층위별 어법단위

'어법단위'란 일반적으로 언어의 구조단위를 가리키는데, 조합체 내의 특정 위치에서 대체될 수 있는 일군의 언어단위를 가리키기도 한다.[10] 예를 들어, '媽媽切蛋糕엄마가 케이크를 자른다', '爸爸買了蘋果아빠가 사과를 샀다', '我和弟弟吃了五個西瓜나와 남동생이 수박 다섯 개를 먹었다' 세 문장에서 "媽媽, 爸爸, 我和弟弟", "切, 買, 吃", "蛋糕, 蘋果, 五個西瓜"로 묶인 단어나 구는 각 그룹별로 위치가 같다. 특정 위치를 공유하는 단어나 구는 상호 대체가 가능하고 대체된다고 해도 대체된 단어나 구가 문장 내에서 갖는 기능에는 변함이 없다.

어법단위에는 층위級別 구분이 있는데, 낮은 층위의 어법단위 자체가 직접 높은 층위의 어법단위가 되기도 하고 낮은 층위의 어법단위들이 규칙에 따라 높은 층위의 어법단위를 구성하기도 한다.

낮은 층위에서 높은 층위 순으로 볼 때, 중국어 어법단위는 형태소語素(또

---

10 이제중李濟中, 요석원姚錫遠 主編, 『현대중국어 전제現代漢語專題』, 北京: 中國社會出版社, 1997, p. 81.

는 '詞素'), 단어詞, 구短語(또는 '詞組'), 문장句子, 문단句羣(또는 '句組', '語段')으로 나뉜다. 앞의 세 층위는 어법의 정태적 단위이자 구성단위備用單位이고 뒤의 두 층위는 동태적 단위이자 사용 단위使用單位이다. 이들 어법단위 간 조합관계는 다음과 같이 나타낼 수 있다.

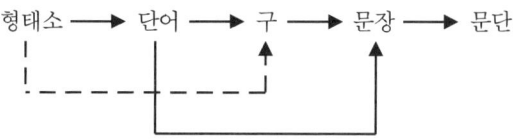

형태소는 제일 낮은 층위의 어법단위로서 단어의 구성단위이다. 다만 구조와 의미가 이미 굳어진 일부 '고정구固定短語'(고유명사專名, 성어成語, 관용어慣用語, 속어諺語, 약어縮略語 등)는 쪼개어 분석하는 것이 쉽지 않다는 점에서 그 자체를 형태소로 보기도 한다. 단어는 구의 구성단위로서 기타 단어와의 조합으로 구를 구성한다. 단어와 구는 문장의 구성단위로서 문장성분이 되기도 하고, 특정 맥락에서는, 어기를 더하여 보다 온전한 의미의 문장을 구성할 수도 있다.11 문장은 의사소통의 기본단위로서 기타 문장과의 조합을 통해 문단을 구성한다. 어법이라는 언어의 구조 규칙은 이처럼 각 층위별 어법단위가 구성되고 조합되는 규칙이다.

어법단위에서는 단어와 문장이 제일 중요시된다. 어법을 단어와 문장의 구성 규칙이라고 하는 것은 '형태론詞法'과 '통사론句法'이 어법의 주요한 두

---

11 엄격히 말하면, 문장에는 모두 억양을 표시해야 한다. 다만 본 장에서의 예들은 그것이 문장이라는 설명이 그 앞·뒤로 확실히 제시되어 있기 때문에, 특별히 표시해야 하는 경우가 아니라면, 인용부호가 부가된 예문에는 간명하면서도 매끄럽게 보이도록 마침표를 붙이지 않았다.

측면이기 때문이다. 형태론은 단어를 주요 논의 대상으로 하며 단어의 구성과 형태 변화, 분류 등을 포괄한다. 단어의 내부 구조 분석은 형태소와 관련되고 확장된 외부구조 분석은 구와 관련된다. 통사론은 문장을 주요 논의 대상으로 하며 문장의 구성과 분류, 형식 등을 포괄한다. 문장의 내부 구조 분석은 단어 및 구와 관련되고 확장된 외부 구조 분석은 문단과 관련된다.

중국어는 어형 변화가 부재하기 때문에 단어 간 조합이 문장을 구성하고 의미를 표시하는 주요 어법수단을 이룬다. 그로 인해 중국어에서 구는 '구구성론短語法'이란 명칭으로 그것의 구조, 어법기능, 분류 등을 따로 떼어 논할 정도로 중요도가 매우 높다. 또한 구는, 구조와 기능이 문장과 일치한다는 점에서 통사론과 함께 '문장구성론造句法'이란 이름으로 통칭되고 그것의 구조성분도 '통사성분句法成分'(일반적으로 주어, 술어, 동사, 빈어, 한정어, 상황어, 보어, 중심어로 불리는)이란 용어로 통칭되기도 한다. 그러므로 문장의 구조 규칙에 대한 이해는 단어와 구의 조합 방법에서부터 시작되어야 할 것이다.

4.2.2. 합성어의 구조

형태소는 단어의 구성단위이다. 하나의 형태소가 직접 한 단어를 이룰 때 '단일어單純詞'라고 한다. 형태소가 곧 단어이므로 단일어에는 분석을 적용할 구조가 존재하지 않는다. 설명의 편의를 위해, 단일어는 일반적으로 어음으로 분류한다. 우선 음절의 다소를 기준으로 '단음절어單音詞'와 '다음절어多音詞'로 나뉜다. 다음절어는 다시 어음의 표현 형식이나 유래를 기준으로, 고대중국어에서 유래되었으면서 두 글자가 함께 쓰여야만 의미를 갖는 '연면어連綿詞'(쌍성雙聲, 첩운疊韻, 비쌍성첩운非雙聲疊韻을 포괄한다), 완전한 음역 외래어인 '음역어音譯詞', 동일한 두 한자가 중첩된 '첩음어疊音詞', 한자로 사물의 소리를 나타낸 '의성어擬聲詞' 등으로 나뉜다. '합성어'는 두 개 또는 두 개 이상의 형태소가 조합된 것으로, 일부 '합음어合音詞'(예: 교설 음화된兒化 '花兒huār꽃', '蓋兒gàir뚜껑') 외에 모두 다음절어에 속한다.

합성어의 조합법은 중국어 단어구성법의 핵심이다. '복합식複合式', '부가식附加式', '중첩식重疊式', '축소식簡縮式'은 모두 각기 다른 형태소 조합 방식과 그 관계에 따라 분류된 것이다.

합성어의 첫 번째 조합법으로서, 복합식 합성어는 통칭하여 '복합어複合詞'라고 부른다. 복합식은 서로 다른 어근이 더해지는 조합방법으로서[12] 단어구성 능력이 제일 강하기 때문에 중국어의 주요한 단어구성 방식으로 기능한다. 복합식은 형태소 간의 구조와 의미관계를 기준으로 '연합聯合', '수식偏正', '술보補充', '동빈動賓', '주술主謂'의 다섯 가지 기본 유형으로 나뉜다.[13]

---

12 형태소는 여러 관점으로 분류가 가능하다. 단어구성 능력에 중점을 두면 자립自由형태소, 반자립半自由형태소, 의존不自由형태소로 나뉘고, 그것의 위치에 중점을 두면 고정定位형태소와 비고정不定位형태소로 나뉜다. 의미와 기능을 중시한다면 실질實형태소와 형식虛형태소, 또는 어근詞根과 접사詞綴로 나뉜다. 어근은 단어를 구성하는 핵심 부분으로서 구체적인 어휘의미를 갖는다. 접사는 단어의 보조 부분으로서 비교적 추상적이고 대략적인 어휘의미나 특정한 어법의미를 표시한다. 어근의 위치는 자유로우나 접사는 고정돼 있다. 어근과 결합되는 위치에 따라 접사는 접두사前綴, 접요사中綴, 접미사後綴로 나뉜다.

13 상이한 어근들로 구성되는 복합어에 대해, 다섯 가지 유형 외에 연동식連動式, 겸어식兼語式도 있다고 하는 학자들이 있다. 연동식은 동사적 성질을 가진 두 어근 간의 결합을 가리킨다. 두 어근은 순차적 관계承接關係에 있기 때문에 위치가 바뀌어서는 안 된다. 예를 들면, '報考bàokǎo 응시원서를 내다', '退休tuìxiū 퇴직하다', '接管jiēguǎn 접수하여 관리하다'가 그에 해당한다. 겸어식은, '請教qǐngjiào (당신이)…을 가르쳐줄 것을 청하다', '召集zhàojí (누가)…하도록 불러모으다'와 같이, 앞 어근에 내포된 지배

제4장 어법 129

연합형은 병렬관계를 표시하며, 형태소의 의미가 서로 같거나 비슷한 경우(예: '思想사상', '停止정지', '疾病질병', '發展발전'), 같은 부류에 속하거나 관련되어 있는 경우(예: '骨肉혈육', '眉目미목', '皮毛모피', '國家국가'), 대비를 이루거나 상반된 경우(예: '出沒출몰', '呼吸호흡', '是非시비', '動靜동정')로 나뉜다. 연합형은 형태소끼리 의미가 관련돼있는 데다 양자 간 지위도 동등하기 때문에 조합된 이후로는 의미와 사용에 여러 변화가 발생한다. 이때 의미는 형태소가 가진 의미의 단순한 합이 아닐 때가 많다. 예를 들어, '分寸분과 촌—분수', '手足손과 발—의형제', '矛盾창과 방패—모순'에는 새로운 의미가 부가되었고 '窓戶창문', '恩怨원한', '忘記잊어버리다'에는 의미적 비대칭이 발생했다.

수식형은 성질, 종속, 상태, 방식, 수량, 정도, 시간 등의 수식 또는 제한 관계를 표시한다. 중심어에 해당하는 형태소가 명사성일 경우(예: '鐵路철길, 薄餠얇은 밀가루전, 鬧鍾알람 시계') '한정어—중심어 구조定中結構'라고 하고 동사성이거나(예: '輕視얕보다, 冬眠동면, 同學동학') 형용사성일 경우(예: '筆直똑바르다, 雪白새하얗다, 嶄新참신하다') '상황어—중심어 구조狀中結構'라고 한다.

술보형은 보충관계를 표시한다. 의미적으로, 술보형은 뒤에 위치한 형태소가 앞에 위치한 형태소에 양상, 정도, 결과, 방향 등의 의미를 보충한다. 구조적으로, 선행해있는 성분을 중심항正項, 후행해있는 성분을 보충항偏項이라고 하는데 중심항은 일반적으로 동사가, 보충항에는 보통 동사나 형용사가 온다(예: '變成변하여 ...이 되다', '摧毁때려서 부수다', '擴大넓혀 크게하다', '治安다스려 편안히 하다'). 만약 중심항이 명사라면 보충항은 계량단위를 표시하는 양사가 오고(예: '馬匹마필', '車輛차량', '書本서책', '人口인구') 대부분 통칭을

대상이 동시에 뒤 어근의 진술 대상일 때를 가리킨다. 이 같은 '비기본'적 결합 방식은 구, 문장에서도 적용된다.

의미한다.

동빈형 구조는 지배관계를 표시한다. 선행한 형태소는 동작을, 후행한 형태소는 지배대상인 사물의 개념을 표시한다. 동빈형 단어는 소수를 제외하고(예: '司機기사', '耐勞고생을 참는') 대부분 동사이다. 여기에는 다시 빈어를 취할 수 있는 경우(예: '注意安全안전에 유의하다', '登陸月球달에 상륙하다')와 취할 수 없는 경우(예: '吹牛허풍을 떨다', '傷心상심하다')로 나뉜다.

주술형은 진술관계를 표시한다. 앞에 위치한 형태소는 진술의 대상으로서 사물의 개념을 표시하는 명사이다. 그리고 뒤에 위치한 형태소는 대부분 '무엇'이고 '어떠한지'를 진술하는 동사나 형용사이다(예: '口吃말을 더듬거리다', '人爲인위적이다', '性急성질이 급하다', '自豪스스로 긍지를 느끼다').

합성어의 두 번째 조합법으로서 부가식 또는 첨가식 합성어는 통칭하여 '파생어派生詞'라고 한다. 부가식은 어근에 접사를 부가하는 조합법이다. 접사는 부가적 의미만 표시하기 때문에 어근과 결합해야만 단어를 구성할 수 있다. 그것의 위치도 비교적 고정적이기 때문에 보통은 접두식前附加, 접미식後附加, 접요식中附加으로 나눠 논의된다.

접두식은 '老師선생님', '第二두번째', '小王왕씨', '阿姨아주머니', '初一초하루', '可愛귀엽다'와 같이 접사를 어근 앞에 부가한다. 접미식은 접사를 어근 뒤로 부가하며 다음 세 가지로 분류된다. 첫째, 단음절 접사를 부가한다. 이때 접사는 새 단어를 구성하면서 품사도 표시한다. 예를 들어 '桌子책상', '刀兒칼', '讀者독자', '實用性실용성'은 명사이고, '綠化녹화'는 동사이다. 둘째, 중첩된 접사를 부가한다. 예를 들면 '笑盈盈웃음을 함빡 머금다', '火辣辣몹시 뜨겁다', '綠油油푸르고 반들반들거리다'가 그에 속한다. 셋째, 다음절 접사를 부가한다. 그 예로는 '浪漫主義낭만주의', '黑古隆咚아주 캄캄하다'를 들 수 있다. 접요식은 앞·뒤로 놓인 어근 중간에 접사를 삽입한다. 예를 들면 '吃不消먹고 소화시킬 수 없다', '來得及늦지 않게 시간에 대다', '傻裏傻氣어리숙하다'가 그에 속한다.

중국어 접사는 어근에서 유래한 것으로서 '老王왕씨'의 "老"나 '初一초하루'의 "初"처럼 일부는 여전히 의미 내용을 유지하고 있다. 사회의 발전과 외래어 성분의 부단한 흡수로 중국어 접사도 적지 않게 증가하였다. 예를 들면 접두사 '反반-, 半반-, 元원-, 超초-, 多다-, 非비-'와 접미사 '式-식, 型-형, 性-성, 戶-호, 化-화, 界-계' 등을 들 수 있는데, 이들 접사의 단어구성 능력은 과거보다 훨씬 높아졌다.

합성어의 세 번째 조합법인 중첩식은 '媽媽엄마', '星星별'과 같이 동일한 어근끼리 단어를 조합하는 방법이다. 중첩식은 '중첩'이라는 어법 수단을 통해서 어법의미를 추가하는 단어들을 대체할 수 있다.14 예컨대, 형태소가 명사인 중첩에는 '人人사람마다', '天天매일마다'이 있고 양사 중첩으로는 '件件매 건마다', '次次매 번 마다'가 있다. 이들 모두는 '하나 하나'가 모여 구성된 '모두'를 지칭한다. 또 형태소가 동사인 '說說얘기해보다', '跳跳뛰어보다', '聽聽들어보다'에는 동작 행위에 '짧은 시간', '가벼운 시도', '중복 발생'이란 의미가 부여되고 형태소가 형용사인 '慢慢느릿느릿', '短短짧디 짧은', '大大큼지막한'에는 형용의 정도가 심화됐다는 의미가 부여된다.

합성어의 마지막 조합법으로서 축약식簡縮式은 '간단하게 생략하고簡省' '축소하다縮略'의 준말이다. 여기에서 '간단하게 생략하다'란, '基建 一 基本建設기본건설'나 '地鐵 一 地下鐵路지하철로'의 예처럼 기존 조합체에서 일부

---

14 일부 학자들은 단어구성법構詞法과 형태구성법構形法을 구분해야 한다고도 한다. 단어구성법은 새 단어를 만들어내는 방법, 즉 새 단어를 조직하는 구성방식을 가리킨다. 형태구성법은 단어의 형태 변화, 즉 어느 한 단어가 어법의미의 변화로 갖게 된 어형 상의 변화를 말한다. 이 같은 관점에서, 어형변화와 어법의미가 단어에 (중첩, 첨가와 같은) 형태론적 방법으로 부가된 경우라면 그것을 단어구성으로 보지 않고 형태 구성으로만 본다.

형태소만 취하는 것을 가리킨다. 그리고 '축소하다'란, '東漢동한, 西漢서한 — 兩漢양한'이나 '靑청색, 赤적색, 白흰색, 黑검은색, 黃노란색 — 五色오색'와 같이, 숫자를 이용하여 전체를 아울러 표현하는 것을 가리킨다. 축약식은 앞서 들었던 복합식, 부가식, 중첩식과 같이 형태소를 결합하여 구성하는 방식이다. 하지만, 복합식, 부가식, 중첩식이 단어구성에 국한했던 데 반해 축약식은 단어뿐만 아니라 구의 구성에도 관여한다는 점에서(예: '文學문학, 史學사학, 哲學철학 — 文史哲문사철', '松송, 竹죽, 梅매 — 歲寒三友세한삼우') 기타 조합법과 구분된다. 복합어, 파생어, 중첩어의 내부 구조는 복합식, 부가식, 중첩식을 토대로 분석할 수 있다. 그리고 새 단어도 복합식, 부가식, 중첩식을 이용하여 만들 수도 있다. 다만 축약식은, '생략'된 구조관계가 생략 전의 구조관계와 동일한 반면 '축소'된 구조관계는 수식구조를 띠는 것이 일반적이다. '생략' 전의 원형은 상당수가 사물 용어나 고유명사이기 때문에 그것이 단어인지 구인지 분별해내기가 쉽지 않다. 그리고 어떤 형태소를 대표 형태소로 선택해 원형을 대체할지는, 의미만이 주요 고려대상일 뿐, 관련 강제 규정도 없고 특정 조합 방식과 관계를 따르지도 않는다. 축약식에서 '축소'된 조합체는, 이미 관습화됐거나 사람들에게 보편적으로 알려진 것(예: '八卦팔괘', '四書五經사서오경')을 제외하면, 시간이나 지역의 제한을 많이 받는다. 그러므로 유행 기간이 지났거나 사용지역을 벗어나면 씌어진 글자로만 원형과 그 의미를 추론해야 하므로 복합식, 부가식, 중첩식으로 구성된 단어들과 비교하면 곤란한 점이 많다. 예를 들면 '三好신체·학습·활동이 모두 좋다'와 '五講四美교양·예의·위생·질서·도덕을 중시하고 마음·언어·행동·환경을 아름답게 하다'가 그에 속한다. 그리고 축소어는 세대에서 세대로 전해져 내려오면 일종의 지칭어로 많이 쓰인다. 예를 들어 '五行오행'은 '水물, 火불, 木나무, 金쇠, 土흙'의 다섯 가지 물질 원소를 가리키기도 하고 '仁어짊, 義의로움, 禮예의, 智지혜, 信믿음'이나 '莊장엄, 忠충성, 敬공경, 篤충실, 勇용기' 또는 '柔부드러움, 剛강직함, 仁어짊, 信믿음, 勇용기' 등의 다섯 가지 덕행을 가리키기도 한다. '五穀오곡'는 다섯 가지 곡물을 가리키는데 '麻마, 黍기장, 稷(메)기장, 麥보리, 豆콩'나 '稻벼, 黍기장, 稷(메)기장, 麥보리, 菽콩' 또는 '粳米멥쌀, 小豆붉은팥 , 麥보리, 大豆대두, 黃黍황기' 등 구분이 일치하지 않는다.

합성어는 두 개 이상의 형태소 조합으로 구성된다. 합성어는 대체로 '어근 간의 상호 결합'과 '어근과 접사 간의 상호 결합'으로 나뉜다. 그로써, 두 형태소가 결합하여 단층의 간단한 구조관계를 만들기도 하고 여러 형태소가 결합하여 상·하 층차를 갖는 복잡한 구조관계를 만들기도 한다. 예를 들어 '洗衣機세탁기'는 수식구조의 합성어지만 수식어인 '洗衣빨래하다'는 동빈구조의 합성어이다. 또 '可行性실행 가능성'은 접미식 파생어지만 '可行'은 접사 "可"가 어근 "行" 앞에 부가된 접두식 파생어이다.

4.2.3. 품사는 단어의 어법적 분류이다

단어를 분류하는 일은 형태론에서 중요하다. '품사' 분류에서 가장 중요한 문제는 당연히 '단어에는 정해진 부류가 있는가? 단어는 무엇을 기준으로 분류해야 하는가?'이다.

중국어에서 다의一詞多義 현상은 매우 보편적이다. 그러므로 만약 의미적 관점에서 품사를 분류한다면 품사 분류의 우선 기준은 의미가 되고, 그 결과, 마건충馬建忠이 『마씨문통馬氏文通』에서 언급했던 "한자에는 고정된 의미가 없다. 따라서 고정된 부류도 없다字無定義, 故無定類"는 견해로 쉽게 이어질 것이다.[15] 한편, 중국어는 어형 변화가 부재하다. 그러므로 만약 단어 자체의 형태 변화를 품사 분류의 기준으로 삼는다면 '실사實詞에는 품사

구분이 없다'고 주장했던 고명개高名凱의 결론과 같아질 수밖에 없을 것이다.16 품사는 단어의 어법적 분류이다. 다시 말해, 중국어는 단어에 형태 변화가 없지만 기타 단어들과의 조합과 그 속에서 갖는 어법기능에 근거하여 품사 분류가 가능하다. 물론, 품사는 단어의 의미 분류가 아니지만 그렇다고 의미를 제외한 채 언어 분석을 할 수는 없을 것이다. 그러므로 중국어 품사는 '어법을 기준'으로 분류하되 '의미를 기준'으로 한 보완이 요구된다.

'어법기준'은 단어의 '형태 기능詞法功能'과 '통사 기능句法功能'을 포함한다. 형태 기능이란 중첩이나 부가 등 단어 자체가 가진 능력을 가리킨다. 명사, 동사, 형용사 등의 품사는 중첩이 가능하지만(예: '人人모두', '寫寫써보다', '紅紅붉디붉은') 개사, 접속사, 조사 등의 허사虛詞는 중첩이 불가능하다. 또, 사람을 지칭하는 보통명사 뒤에는 '們'을 붙이고 동사 뒤에는 조사 '了',

---

15 마건충은 『마씨문통』(1983, 北京: 商務印書館, pp. 23~24)에서 다음과 같이 언급했다.
　"글자들마다 의미가 있다. 또 하나 이상의 의미를 가진 글자도 있다. 사람들이 '글자만 보고 의미를 짐작하다望文生義'라고 하는 것은 여기서 비롯된다. 의미가 다르면 그것의 부류 역시 달라진다. 고로, 글자의 부류는 곧 그 부류가 가진 의미이기도 하다."
　또한 다음과 같이 말하기도 했다.
　"글자에는 고정된 의미가 없다. 따라서 고정된 부류도 없다. 그 부류를 알고자 한다면 먼저 전후 문장의 의미가 어떤지를 알아야 한다."
16 1950년대 초, 고명개는 협의의 형태를 품사의 분류 기준으로 삼아야 한다고 주장한 바 있다. 하지만 중국어에는 협의의 형태란 존재하지 않으며, 실사實詞에도 품사 구분이 없다는 결론을 내렸다. 『중국어문』편집부 編, 『중국어 품사 문제漢語的詞類問題』, 北京: 中華書局, 1955, pp. 43~52에 실린 고개명의 「중국어의 품사 분류에 관하여關於漢語的詞類分別」와 같은 책 pp. 86~99의 「중국어 품사분류에 대한 재론再論漢語的詞類分別」 참고. 『중국어문』편집부 編, 『중국어의 품사 문제』, 北京: 中華書局, 1956, 제2집, pp. 8~21의 「중국어의 품사 문제 삼론三論漢語的詞類分別」 참고.

'著', '過'를 붙일 수 있는데, 이는 각 품사들의 부가 능력을 보여준다. 한편, 통사 기능이란 단어가 문장이나 문장성분이 되는 능력과 단어가 조합되는 능력을 가리킨다. 단어가 문장이나 문장성분이 되는 능력에는 강약의 차이가 존재한다. 중국어 단어는 실사류實詞類와 허사류虛詞類로 나뉜다. 이들 양자 간에 차이는 주로, 실사가 단독으로 문장성분이나 독립성분이 될 수 있다면 허사는 그렇지 못하다는 데 있다. 허사는 그것의 통사기능이 주로 어법 관계와 어기를 표시하는 데 있기 때문에 실사와 결합해야만 비로소 문장성분이나 문장이 될 수 있다. 예컨대, 개사介詞는 명사와 결합하여 개사구를 구성해야만 상황어나 보어가 될 수 있다. 실사는 문장성분이 될 때 품사별로 각기 다른 경향성을 갖는다. 예를 들어, 명사는 주로 주어나 빈어로 쓰이고 소수지만 술어로도 쓰이는 반면에, 동사는 술어로 자주 쓰인다. 단어가 조합되는 능력에서는 실사와 허사가 쉽게 구분된다. 실사는 실사 또는 허사와 직접 조합되지만 허사는 반드시 실사와 조합되어야 하며 그 위치도 제한적이다. 단어 간 조합에는 의미적 호응뿐만 아니라 어법적 호응도 중시된다. 예를 들어, 명사는 대부분 단독으로 양사구의 수식을 받지만 (예: '一個人') 부사의 수식은 받지 않는다(예: '不人', '很人'). 동사와 형용사는 긍·부정의 병렬식으로 의문을 표시할 수 있지만(예: '看不看', '好不好') 대사, 조사, 어기사, 감탄사, 의성사는 그럴 수 없다.

 '의미기준'은 품사를 분류하는 우선적 기준이 될 수 없지만 교학 방면에서는 품사를 간단하고 쉽게 이해시키는 효과가 있다. 의미기준에서의 '의미'에는 '어휘의미詞彙意義'와 '어법의미語法意義'가 포함된다. 여기서 어휘의미란 개별 단어의 의미가 아닌, 단어의 개괄된 의미를 가리킨다. 즉, 단어들의 의미가 개괄되어 형성된 부류 의미이다. 예를 들어 명사는 '사람' 또는 '사물'의 명칭을 표시하고 동사는 '동작'이나 '변화'를 표시한다. 형용사는

'성질', '상태'를, 수사는 '수'를, 양사는 '계량 단위'를 표시한다. 한편, 어법의미란 어법 수단을 이용하여 표현한 의미로서 어휘의미에 추가되는, 추상성과 개괄성을 가진 의미를 가리킨다. 어법 수단에는 주로 형태 수단(예: '중첩', '부가')과 통사 수단(예: 허사, 어순)이 포함된다. 중국어는 어형 변화가 부재하지만 일정한 형태 수단이 존재한다. 예를 들어 중첩 수단을 이용하면, 명사에는 '모두'의 의미가 추가된다(예: '年年매년'). 명사가 AABB식을 띤다면 '포괄多指' 또는 '전체'지칭遍指의 의미가 추가된다(예: '花花草草화초'). 부가 수단을 이용하면, 명사는 사람을 나타내는 보통명사 뒤로 '們들'을 부가하여 '불특정 다수'를 표시할 수 있다. 동사라면 동작동사 뒤로 조사 '了완료', '著지속', '過경험'를 덧붙여 '동태'를 표시할 수 있다. 어법의미와 구조관계는 상호 연관되어 있다. 예를 들어 허사류 접속사 '和와', '與와', '並또'은 실사들 사이에서 '연결' 기능을 발휘하면서 '병렬' 관계를 표시한다. 또한 조사 '的', '地'는 실사 뒤에 부가되어 '수식' 또는 '한정'을 표시하고 '得'는 '보충'을 표시한다. 통사 수단인 어순을 이용한다면, 실사는 조합을 통해 기타 실사들과 구조관계와 의미관계를 형성한다. 예를 들어 '淚流눈물이 흐르다'는 주술구조로서 '진술과 피진술'의 관계를 표시하지만 '流淚눈물을 흘리다'는 동빈구조로서 '지배와 피지배' 관계를 표시한다.

품사의 분류 기준에 대한 이해는 단어의 어법 특징과 의미 특징을 인식하는 데 도움이 된다. 여기서는 두 가지 측면에서 논의해볼 수 있다.

첫째, "단어에는 일정한 품사가 있고, 품사에는 일정한 단어가 있다"는 말은, 한 단어가 어느 한 품사에 속할 때 그 단어가 그 품사의 모든 어법특징을 완전하게 갖춰야 한다거나 그것과 일치돼야 한다는 것을 의미하지 않는다. 예를 들어 판단 동사 '是~이다'는 '了', '著', '過'와 조합될 수 없고 '初級초급', '慢性만성', '微型초소형' 같은 일부 형용사는 술어로 쓰일 수 없다.17 품사와 품사 자질詞性은 같지 않다. 품사는 단어 전체에 대한 분류이고, 품사 자질은 개별 단어들이 가진 품사 속성이다. 단어 부류 전체에 대한 분류가 품사라면 단어들이 각 품사로 귀속되도록 하는 고유 속성이 품사 자질인 것이다. 중국어 단어에는 형태 변화가 없으므로 품사 자질에 대한 판단은 주로 어법기준에 따른다. 그리고 그 중 소수는 품사의 어법 특징을 하나 이상 갖는 겸류兼類일 수도 있다. 예를 들어 '翻譯번역(하다)'나 '報告보고(하다)'는 동사와 명사를 겸한다. '困難곤란(하다)'과 '科學과학(적이다)'는 명사와 형용사를 겸하고 '鬆느슨하다/느슨하게 하다'과 '明白명확하다/명확하게 하다'는 형용사와 동사를 겸한다. 수사修辭적 측면이 결합되면, 품사 자질은 특정한 맥락에서 임시로 변용될 수 있고 다른 품사의 특성과 기능을 띨 수도 있다. 변용이 잘 되면서 그것이 언중들에게도 수용되면 '활용活用'으로 간주된다. 예컨대, 왕안석王安石의 『과주에 정박하며泊船瓜洲』 중에서 "春風自綠江南岸봄바람은 강남언덕을 절로 푸르게 하건만"의 형용사 "綠"는 동사로 활용됐다. 그리고 조설근曹雪芹의 『홍루몽紅樓夢』 중에서 "寶玉聽說, 便猴向鳳姐身上立刻要牌……보옥이 듣고는 봉저에게 비스듬히 기대며 패를 요구했다……"의 명사 "猴"도 동사로 활용됐다. 그러나 변용이 적절치 않으면 언중들로부터 오용으로 어법 오류를 범했다는 비판을 받기도 한다.

둘째, 품사 분류의 기준이 정해졌음에도 항목의 구체적인 분류에는 여전히 이견이 존재한다. 예를 들어, 단어를 실사와 허사로 나누면서도 경우에 따라 '반실사 겸 반허사'나 '특수 품사' 등을 추가할 때도 있다. 품사 수도 일치하지 않아 11 품사에서 15 품사까지 상이하다. 하지만 전체적으로 보

---

17 이 같은 단어들은 '비술어형용사非謂語形容詞' 또는 '구별사區別詞'라고 불리는 범주에 속한다. 이들 단어는 형용사가 아니기 때문에 명사 앞에서 한정어로만 기능할 뿐 '很'의 수식은 받을 수 없다고 알려져 있다.

면, 각 품사들 대부분이 어법과 의미 면에서 실사류나 허사류가 가진 특징에 부합하므로 귀납에 어려움은 없다. 예를 들어, 명사, 동사, 형용사, 수사, 양사는 실사류로, 개사, 접속사, 조사, 어기사는 허사류로 귀납된다. 그러나 실사류나 허사류의 특징 중 어느 쪽에도 완전하게 부합하지 않는다면 귀납에 불일치가 발생한다. 예컨대, 대사代詞는 사물을 지칭한다. 그런데 의미적 측면에서, 대사의 의미는 사실 불확정적不定指이다. 가리키는 사물에 따라 실제지칭實指(예: '誰是負責人누가 책임자인가')일 수도 있고, 가상지칭虛指(예: '誰贊成誰就負責찬성하는 사람이 책임진다')일 수도 있기 때문이다. 한편 어법적 측면에서, 대사는 실사를 대체한다. 실사 중 어느 품사를 대체하든지 대사는 그 품사의 어법기능을 그대로 물려받는다. 예를 들어 인칭대사 '你당신, 我나, 大家여러분'는 명사를 대체하여 주어나 빈어가 될 수 있다. 또 지시대사 '這麼이렇게, 那麼저렇게, 這樣이렇게, 那麼樣저렇게'는 동사나 형용사를 대체하여 술어나 상황어가 될 수 있다.

감탄사는 감탄, 소환, 응답을 표시한다. 그리고 의성사는 사물의 소리를 모방한다. 이들은 모두 한자로 음만 표기될 뿐 기타 실사들처럼 개괄된 개념을 반영하지 못한다. 그런 점에서 감탄사와 의성사는 허사이다. 하지만 감탄사와 의성사는 일정한 맥락 속에서 독립적으로 문장이 되거나 문장성분으로 쓰일 수 있다. 예를 들면, '他忽然吐出長長的唉的一聲그는 갑자기 '아이!'하고 길게 뱉어냈다'나 '橋下傳來叮咚的流水聲다리 아래에서 '또르르' 흐르는 물소리가 들린다'처럼 한정어로 쓰이기도 하고, '門外有人哎唷哎唷地喊叫著문밖에 어떤 사람이 '아이고! 아이고!'하고 외치고 있다'나 '喇叭嘟嘟響著나팔이 '뚜뚜'하고 울린다'와 같이 상황어로 쓰이기도 한다. 이 같은 측면에서 보면, 감탄사와 의성사는 실사이다. 상기와 같은 현상들로 인해, 감탄사와 의성사를 '반실사 겸 반허사' 또는 '특수한' 품사로 귀납하기도 한다.

부사의 귀납에 있어서는 의견이 더욱 분분하다. 의미적 측면에서 부사의 의미는 소수만 구체적이고(예: '差點兒', '沒有', '不', '偶然') 대부분은 추상적이다(예: '還', '就', '才'). 어법적 측면에서 부사는 문장성분이 될 수 있지만(일반적으로는 상황어로, '極', '很' 등 몇몇은 보어로 쓰인다) 실사처럼 주어나 술어 또는 빈어로 기능하지는 못한다. 또한 부사는 소수의 예외를 제외하고는(예: '不', '一定', '也許') 대부분 단독으로 문장을 이룰 수도, 물음에 대답할 수도 없다(예: '都', '很', '才', '再'). 이와 같이 부사는 실사와 허사의 특징을 부분적으로만 가질 뿐 그 중 어느 한 쪽의 조건만을 만족시키지는 못한다. 그러므로 부사, 의성사, 감탄사, 대사 등이 실사인가 허사인가 하는 문제는 어법기준과 의미기준 중에 무엇을 우위에 놓았는가를 반영하는 동시에 어법 분석이 결코 간단하지 않다는 것을 보여주기도 한다.

4.2.4. 단어, 구, 문장의 구조는 기본적으로 일치한다

형태소와 단어는 모두 소리와 의미의 최소 결합체이다. 다만 양자 간에 차이는, 단어가 고정된 어음 형식과 특정한 의미를 가지면서[18] 문장 내에서

---

18 형태소와 단어의 의미를 비교해보면, 단어의미가 상대적으로 명확하다. 예컨대, '白희다 bái'란 다의多義 형태소는 '白字báizì 틀리게 쓴 글자', '白卷báijuàn 백지 답안', '雪白xuěbái 새하얗다', '白吃báichī 거저 먹다' 등의 단어 속에서만 비로소 그 의미가 분명해진다. 단어의미도 형태소 의미의 단순한 합이 아닐 때가 많다. 예컨대, '談吐tántǔ 말하고 내뱉다 → 말투나 태도', '虎穴hǔxué 범의 굴 → 위험한 곳'에는 인신, 비유 등의 의미가 존재한다. 단어의 어음 형식은 형태소에 비해 상대적으로 고정돼 있다. 그러므로 단어는 자립적으로 사용되는 어법의 기본 단위로서 내부의 음절 간 결합이 긴밀하고 비교적 안정적인 강세 규칙을 가지며 단어와 단어 간에 휴지를 갖는다. 그에 반해, 형태소는 단어의 구성 성분으로서 어음 형식도 비고정적이고 단어가 가진 어음 형식의 제약도 자주 받는다. 예를 들어, '戶'는 '窗戶

자유롭게 운용 가능한 문장구성의 최소 단위라는 데 있다.[19] 다만 일부 어근은 홀로 단어로 쓰일 수 있다는 점에서, 어근의 조건을 충족하는 어법단위가 동시에 단어의 조건을 만족시킬 때도 있다. 맥락을 제외한다면, 이때의 어법단위는 형태소와 단어라는 두 신분을 모두 갖는다. 예를 들면, '天하늘'은 단어구성에서 형태소지만(예: '天空하늘'), 문장구성에서는 단어이다(예: '天, 還是黑沈沈的하늘은 여전히 어두컴컴하다'). 이처럼 형태소와 단어 간에는 일체성이 존재한다. 그리고 이를 기초로, 형태소 간 조합으로 단어를 구성하는 과정과 단어 간 조합으로 구를 구성하는 과정을 대조해 보면 중국어는 단어구성법과 문장구성법이 기본적으로 일치한다는 것을 알 수 있다. 이는, 단어와 구라는 두 층위의 어법단위가 기능과 구조 면에서 상호 대응된다는 점을 보여준다.

어법기능 면에서, 단어와 구는 동일한 문장구성 능력을 갖는다. 먼저 단어와 구는 동일한 문장성분으로 쓰일 수 있다. 예를 들어 명사와 명사구는 모두 주어나 빈어로 쓰인다. 동사와 동사구는 술어로 쓰이고 형용사와 형용사구는 한정어나 상황어로 쓰인다. 또한, 단어와 구는 억양을 부가하여 직접 문장이 될 수 있다. 이에, 단어, 구, 문장 간에는 어법기능이 기본적으로 일치한다. 예를 들어 '星期五금요일'는 명사이고 '黑色星期五블랙프라이데이'는

---

chuānghu 창문'에서 경성으로 읽히고 '戶口hùkǒu 호구'에서는 강세를 받아 읽힌다.

19 형태소는 구성 성분으로 쓰일 때만 단어 안으로 들어갈 수 있으며 문장 내에서는 단어처럼 자립적 또는 독립적으로 사용되지 못한다. 다시 말해, 형태소는 문장성분이 될 수도 없고 그 자체가 문장이 될 수도 없다. 또한, 질문의 대답으로서 홀로 쓰일 수도 없고 특정한 어법의미를 표시하지도 못한다. 단어가 자립적으로 사용된다는 말은, 문장을 조직할 때 단독으로 사용되는 능력과 자유로운 위치가 부각된다는 것을 가리킨다. 이 점은, 단어는 구성하지만 문장을 구성하는 데는 직접적으로 쓰이지 못하는 형태소와 구별된다.

명사구이다. 그리고 '星期五!금요일이다!'와 '黑色星期五!블랙프라이데이이다!'는 모두 명사성 비주술문名詞性非主謂句이다. 또 '今天星期五。오늘은 금요일이다', '今天黑色星期五。오늘은 블랙프라이데이이다'는 명사성 술어문名詞性謂語句이다. 또 다른 예로, '胖뚱뚱하다'은 형용사이고 '很胖아주 뚱뚱하다'은 형용사구이다. 그리고 '胖!뚱뚱해!'과 '很胖!아주 뚱뚱해!'은 모두 형용사성 비주술문形容詞性非主謂句이다. 또 '她胖。그녀는 뚱뚱하다.'과 '她很胖。그녀는 아주 뚱뚱하다.'은 모두 형용사성 술어문形容詞性謂語句이다.

구조 면에서, 중국어의 복합식 합성어는 구와 결합관계가 기본적으로 일치한다. 합성어는 어근(실제형태소實語素)을 중심으로 또 다른 어근이나 접사(가상형태소虛語素)가 결합된다. 구도 실사를 중심으로 또 다른 실사나 허사가 조합된다. 이처럼 실제형태소와 가상형태소는, 그것의 의미가 구체적인지 추상적인지, 조합 위치가 자유로운지 고정적인지, 독립적으로 사용 가능한지 의존적인지 등에 걸쳐, 실사와 허사의 개념과 기본적으로 동일하다. 또한 구도 복합식 합성어와 같이, 주술(예: '學生聰明학생이 똑똑하다', '抗議失敗항의가 실패하다'), 동빈(예: '做習作연습을 하다', '想罵人욕하고 싶다'), 수식(예: '好學生좋은 학생'과 '爸爸的衣服아빠의 옷'는 '한정어—중심어' 구조, '悄悄地走조용히 가다'와 '很高興매우 기쁘다'는 '상황어—중심어' 구조), 술보(예: '高興得很매우 기쁘다', '看淸楚정확히 보다'), 연합(예: '爸爸和媽媽아빠와 엄마', '吃喝玩樂먹고 마시고 놀고 즐기다')로 나뉘고, 각각 진술, 지배, 수식, 보충, 병렬의 의미관계를 표시한다.

이렇듯, 복합어의 구조는 구의 구조와 기본적으로 일치한다. 그리고 구에 억양을 더하면 직접적으로 문장이 될 수 있기 때문에 구구조는 문장구조와도 기본적으로 일치한다. 주술, 동빈, 한정어—중심어, 상황어—중심어, 술보, 연합 등 조합 방식은 중국어에서 복합어를 구성하는 데에도, 구와 단문單句을 구성하는 데에도 동일하게 적용된다. 예를 들어, 복합어 '地震지진', 구 '地坑震動땅굴이 흔들리다', 문장 '地坑震動了땅굴이 흔들렸다'는 주술구조이고 복합어 '注意유의하다', 구 '注意健康건강에 유의하다', 문장 '注意健康!건강에 유의하세요!'은 모두 동빈구조이다.

이상 다섯 가지 구조의 구는 문장에서 문장성분으로 기능한다. 그 외에 일부 구는 '특수' 구조로써 문장의 '특수' 문형을 만들기도 한다. 예를 들어 연동구連動短語(예: '脫掉鞋子進屋신발을 벗고 방에 들어가다', 두 개 또는 두 개 이상의 동사성 구조가 연이어 사용된다)와 겸어구兼語短語(예: '請他來그에게 오게 하다', '동빈'과 '주술' 두 구조가 중첩되어 선행 동빈구조의 빈어가 후행 주술구조의 주어를 겸한다)가 문장에 들어가면 각각 연동문連動句(예: '弟弟脫掉鞋子進屋남동생이 신발을 벗고 방에 들어간다')과 겸어문兼語句(예: '老師請他來선생님이 그를 오게 하다')을 구성한다.

이 외에, 구에는 기타 구조 유형들이 더 있다. 예컨대, 동위구同位短語(예: '學生陳大明학생 진대명', 앞·뒤 두 명사성 단어는 문장에서 동일한 문장성분으로 쓰이고 동일한 사물을 재지시한다), 축약구緊縮短語(예: '越說越高興말할수록 즐겁다', 앞·뒤 두 구조는 가정, 조건 등의 관계를 내포하며 고정 격식을 통해 하나의 구로 축약된다), 방위구方位短語(예: '課室裏강의실에서', '下課後수업이 끝난 뒤', 방위사는 명사성 단어나 동사성 단어 뒤에 부가된다), 양사구量詞短語(예: '一杯한 컵', '這趟이 번', '哪個어느 것', 수사나 일부 지시·의문대사가 양사와 조합된다), 개사구介詞短語(예: '在課室강의실에서', '被人사람에 의해'과 같이 개사와 기타 명사성 단어가 조합된다)등이 있다. 아울러 조사와 실사가 결합한 일부 구들도 있다. 예를 들면, '的자구的字短語'(예: '吃的먹는 것', '賣花的꽃 파는 사람', '剛剛發生的방금 발생한 것'. '的'자는 실사나 구 뒤에 위치한다), '所자구所字短語'(예: '所見所聞보고 들은 바'. '所'자는 동사성 단어 앞에 위치한다), 비유구比況短語(예: '狐狸似的여우처럼', '飛一般나는 것처럼'. 비유성 조사는 명사성 단어나 동사성 단어 뒤에 부가된다)가 그에 속한다.

구는 억양을 더해 직접 문장이 될 수 있다. 그러므로 구구조에 대한 이해는 문장구성 방법을 이해하는 데 많은 도움이 된다.

4.3. 문장성분과 문장분석

4.3.1. 문장성분에는 여러 대응 관계가 존재한다

단어와 구는 문장구성 단위이다. 일어문獨詞句을 제외하고, 단어가 문장에서 또 다른 단어와 조합될 때는 일정한 구조와 의미관계가 발생한다. 각기 다른 구조와 의미 관계에 따라 문장을 구성하는 다양한 성분들을 분석해낼 수 있다.

'문장성분'은 주로 성분 간의 대응 관계로 분류된다. 크게는 '일반'성분과 '특수' 성분으로 양분된다. '일반성분' 중에서 주어, 술어, 빈어, 한정어, 상황어, 보어는 서로 대응되는 관계에 있다. 주어와 술어의 대응은 문장의 '핵심성분'이다. 구조관계 면에서, 주어는 일반적으로 술어 앞에 위치하며 주어 부분 이외엔 모두 술어 부분이다. 의미관계 면에서, 주어는 술어가 진술하는 대상이며 술어로써 '누가', '무엇이'를 표시한다. 술어는 주어에 대한 진술로서 주어가 '어떠한지', '무엇인지'를 설명한다. 양자 간에는 진술과 피진술의 관계가 존재한다. 술어는 빈어와도 상호 대응된다. 빈어는 동작에 관여된 사람이나 사물을 표시하며 일반적으로는 술어 뒤에 위치한다. 술어와 빈어 간에는 지배와 피지배의 관계가 존재한다. 빈어를 '관련성분連帶成分'이라고도 하는데, 이는 그것이 동사성 술어의 지배를 받는 성분이고 술어가 빈어를 취할 수 있는지에 따라 문장에서의 출현 여부가 결정되기 때문이다. 예컨대, 이중빈어雙賓를 갖는 특수 구조(예: '我送你一本書나는 당신에게 책 한 권을 준다')의 출현은 동사성 술어의 빈어 수반 능력에 좌우된다. 한정어, 상황어, 보어는 '부가성분附加成分'이라고도 하며 수식하거나 한정하는 대상을 갖는다. 수식항偏項으로서의 한정어는 일반적으로 그 바로 뒤에 출현하는 명사성 중심항正項을 수식하며 사람이나 사물의 상태, 수량, 소속 등을 표시한다. 수식항으로서의 상황어는 보통 그 바로 뒤에 위치한 동사성 또는 형용사성 중심항을 수식하며 동작의 상태, 방식, 시간, 장소, 성질이나 상태의 정도 등을 표시한다. 보충항으로서의 보어는 선행하는 동사성 또는 형용사성 중심항을 보충 설명하고 결과, 상태, 방향, 수량, 시간, 장소 등을 표시한다. 문장성분의 조합 면에서 한정어는 일반적으로 주어, 빈어를 수식하고 상황어, 보어는 일반적으로 술어를 수식한다.

'특수 성분'의 '특수'는 '일반 성분'과 다르게 상호 대응되는 관계가 없다는 것을 가리킨다. 특수 성분에는 '문장수식어全句的修飾語', '제시성분提示成分', '독립성분獨立成分'이 포함된다. 이들의 특징은 문장 내 요소로서 분리될 수는 없지만 문장을 구성하는 직접 성분은 아니라는 데 있다.[20]

'문장수식어'는 '關於這件事, 我們已經討論過了이 일에 관해서 우리는 이미 토론한 적 있다'와 같이 주술문의 문두에 출현하는 성분으로서 문장 전체를 수식하는 상황어라고 할 수 있다. 두 단어 또는 구가 동일 사물을 지시하면서도 그 중 하나는 문장 내에 쓰여 문장의 일부로 간주되지만 나머지 하나는 문두나 문말에 놓여 주어나 술어의 일부로도 간주되지 않는 경우가 있는데, '제시성분'은 이 중 후자로서 앞·뒤로 휴지를 두어 분리자 역할을 하는 성

---

20 호유수 主編, 『현대중국어』(개정본), 上海: 上海教育出版社, 1995, p. 341.

분을 가리킨다. 제시성분은 두 가지 유형으로 나뉘는데, '考試 — 這是多麼刺激的一場比賽啊!시험, 이것은 얼마나 자극적인 시합인가!'와 같은 '지칭식稱代式'과 '她的兩個兒子, 一個唸文科, 一個唸理科그의 두 아들은, 하나는 문과이고 하나는 이과이다', '中文系有三組課程: 語言文學, 歷史, 飜譯중문과는 세 가지 과정, 어문, 역사, 번역이 있다'과 같은 '분합식總分式'이 그것이다. 제시성분은 또 다른 성분과 비록 휴지로 이격되어 있지만 여전히 그것과 동격同位 또는 재지시複指 관계에 있기 때문에 양자 모두 동일한 문장성분으로 간주된다. 다만 이들 성분이 특수성분인지에 대해서는 여전히 이견이 존재한다.

'독립 성분'의 위치는 비교적 유동적이다. 보통 문두나 문중에서 단독으로 사용되지만 문말에 사용될 때도 있다. 다른 성분들에 비해 특별한 점은 그것이 문장 내 요소들과 분리돼있어 구조관계를 발생시키지 않는다는 데 있다. 독립 성분은 그것에 호응하는 기타 문장성분을 갖지 않기 때문에 문장 내에서 발휘하는 의미표시 기능에 따라 분류된다. 상대의 주의를 끌기 위해, 또는 문장 내 추측, 인정, 정리, 부연 등의 의미를 표시하기 위해 삽입되는 경우가 많으므로 통칭하여 '삽입어揷入語'라고 한다(예: '你瞧보세요', '看來보아하니', '聽說듣자하니', '老實說솔직히 말하면', '總的說來총체적으로 말하자면', '例如예를 들면'). 삽입어 중에는 앞·뒤 문맥을 벗어나 사용되는 예도 있다(예: '現在向大家宣佈, 請靜下來, 我們的申請成功了지금 여러분에게 발표하겠습니다. 조용히 해주세요. 우리의 신청이 성공했어요'). 그 외에, 감탄사歎詞로 놀람, 감탄 등 어기를 표시하는 '감탄어感歎語'(예: '三時了, 唉, 遠未下班呢세 시인데, 아이고. 퇴근은 아직도 멀었네', '哎唷, 誰打我아이고! 누가 때린 거야'), 호칭 명사나 구로 상대방을 불러 대화상대를 명확하게 지시하는 '호칭어稱呼語'(예: '老師, 我們明天不用上課嗎선생님, 우리 내일 수업하지 않는 것인가요'), 의성사擬聲詞만으로 표현의 효과를 높이는 '의성어擬聲語'(예: '砰砰砰, 他的房間傳來一陣槍聲팡팡팡, 그의 방에서 총소리가 들려왔다')가 있다.

더불어, 화용적 측면에서는 '화제어話題語'를 중국어 문장에서 늘 출현하는 또 하나의 '특수성분'으로 간주하기도 한다. 화제는 의사소통의 정보 초점으로서 문장성분과 대응된다. 화제는 대부분 주어가 담당하지만 기타 성분이 담당할 때도 있다. 예를 들어, '學生吃了蛋糕학생이 케이크를 먹었다'에서 "學生"은 화제이자 주어이다. 그러나 '蛋糕, 學生吃了그 케이크, 학생이 먹었다'에서 "蛋糕"는 화제이면서 빈어이다. 또 '你要今天做! 不要明天做당신은 오늘 해야 해요! 내일 하면 안돼요.'에서 "今天오늘"과 "明天내일"은 화제이면서 상황어이다. 화제어는, 협의적 관점에서, 화제를 설명하는 문장 이외의 문두 성분을 가리킨다. 일반적으로는 명사나 명사구이다. "화제어는 화자에게 익숙한 정보의 중심이면서 화자가 심리적으로 주의하고 있는 관심의 초점이기도 하다. 하지만 그것을 설명하는 '평언'의 핵심과 내심구조向心結構를 구성하지도 않고 의미적 선택관계에 있지도 않으며 기타 문장 성분들로부터도 독립되어 있다."[21] 예를 들면 '這個人啊, 大家的評價不一이 사람에 대해서는, 여러 사람들의 평가가 다르다', '電腦嘛, 他不行컴퓨터라면, 그는 잘 모른다', '中國嘛, 萬裏長城最著名 중국은 만리장성이 가장 유명하다'과 같다. 화제어와 문장의 기타 부분 간에 조합은 상당히 느슨하며, 보통은 뒤에 어기사 '啊', '嗎', '嘛' 등을 동반한 휴지를 갖는다.

4.3.2. 문장성분에는 판별의 문제가 발생한다

문장성분은 저마다 각자의 역할을 수행하므로 어렵지 않게 판별될 것이

---

21 전내용錢乃榮 主編, 『중국어 언어학漢語語言學』, 北京: 北京語言學院出版社, 1995, p. 258.

라고 생각할 수 있다. 하지만 중국어 문장성분에서 일부는 실제 판별에 있어 확정하기가 쉽지 않다. 1950년대 논쟁이 일었던 주어, 빈어, 상황어의 판별 문제가 바로 그 같은 점을 보여준다.[22]

중국어 문장성분에 대한 판별 문제에는 '객관'적 요소와 '주관'적 요소가 관여돼있다.

객관적 요소는 중국어 특성에서 비롯된다. 중국어는 방괴문자 자체가 곧 단어로서 어형 변화를 갖지 않는다. 의미가 서로 호응만 된다면, 그리고 그것이 언중들에게 이해되고 수용되기만 한다면 문장의 유연한 조합이 가능하다. 이에, 문장성분의 위치 배열에는 관례가 있으나 불변이 아니므로 어느 정도 융통성을 갖는다. 예를 들어 주어와 빈어는 술어의 앞이나 뒤에 모두 올 수 있고 주어와 상황어는 문두에 위치할 수 있다. 게다가 문장성분은 중국어 품사와 다양한 대응 관계를 갖는다. 주어, 빈어, 시간과 처소를 표시하는 상황어는 모두 명사나 명사구로 구성될 수 있기 때문에 주어와 빈어, 주어와 상황어 간의 판별 문제가 아주 쉽게 발생한다.

주관적 요소는 분석의 관점이 다른 데서 비롯된다. 의미적 측면에서의 분석은 동사술어의 '행위자施—대상자受' 관계를 중시한다. 이때는 동작을 하는 자가 주어, 동작을 받는 자가 빈어이다. 하지만 어법적 측면에서의 분석은 어순을 중시한다. 이때 주어는 술어 앞에 위치하는 성분이다. 문두에 위치한 명사나 명사구로서 주어로 분석될 수 있는 것은 모두 우선 주어로 분석한다. 다만 관점은 상이해도 문장분석의 결과는 같을 수 있다. 예를 들어 '我吃飯나는 밥을 먹는다'은 의미적 측면에서든 어법적 측면에서도 모두

---

22 『어문학습』 편집부, 「주어와 빈어 문제에 관한 논의主語賓語問題的討論」, 『어문학습』, 1995년 7월호, pp. 7~8과 여기평呂冀平 등, 『중국어의 주어와 빈어 문제漢語的主語賓語問題』, 北京: 中華書局, 1956, pp. 5~233 참고.

'주어—술어—빈어' 구조로 분석된다. 하지만 또 다른 예에서는 주어, 술어, 빈어에 대해 여러 상이한 분석 결과가 나오기도 한다. 예를 들면 다음과 같다.

(1) 這份習作, 我做過。
   (이 연습을 나는 한 적 있다.)
(2) 這份習作, 我做過它。
   (이 연습, 나는 그것을 한 적 있다.)
(3) 甚麼習作我都做。
   (무슨 연습이든 나는 다 한다.)
(4) 我甚麼習作都做。
   (나는 무슨 연습이든 다 한다.)

'행위자—대상자' 관계에서 분석하면, "做"는 "我"가 하는 동작이고 "習作"는 "做"의 지배 대상이다. 그러므로 위치에 상관없이 "我"는 주어, "習作"는 빈어이다. 그런데 이것을 문장성분의 위치 이동 관점에서 해석하면, 예(1)은 빈어가 먼저 제시된 도치문倒裝句이다(빈어가 앞에 제시되어 강조 효과가 있고 단어의 증감 없어 '주어—술어—빈어' 순으로 환원가능하다). 예(2)에서 "習作"와 "它"는 동격빈어이다. 예(3), 예(4)의 "習作"는 모두 빈어를 술어 앞에 위치시킨 변형문變式句이다(변형문變式은 일반문常式에 상대되는 개념이지만 일반문을 갖지 못하는 경우도 있다. 예컨대 '我都做甚麼習作'는 싱립 불가하다).

이를 어순의 관점에서 보면, 술어 앞에 위치한 명사나 명사구 중에서 주어로 분석될 수 있는 것은 모두가 주어이다. 이런 점에서, 예(3)은 "習作"가 주어이고, 주술구인 "我都做"가 술어이다. 예(4)도 예(3)과 같은 주술술어문이지만 여기서 주어는 "我"이다. 예(1)은 쉼표로써 명확한 휴지 구분을 두고 있다는 점에서 '빈어, 주어―술어' 구조의 도치문이다. 이는, '這份習作我做過'가 '주어―술어(술어가 주술구이다)'로 분석되는 것과 다르다. 그리고 예(2)는 "它"와 "習作"가 동격어란 점에서 '빈어, 주어―술어―빈어'로 분석된다.

시간이나 장소를 표시하는 상황어가 문두에 위치할 경우에도 주어에 관한 판별 문제가 발생한다. 예를 들면 다음과 같다.

(1) 今天來了很多人。
    (오늘은 많은 사람들이 왔다.)
(2) 課室裏坐著很多人。
    (강의실 안에는 많은 사람들이 앉아있다.)
(3) 下雨了。
    (비가 내린다.)
(4) 今天下雨了。
    (오늘은 비가 내린다.)

'행위자―대상자' 관계에서 분석하면, 예(1), (2)의 "人"은 동작자이자 주어이고 예(1)의 "今天"과 예(2)의 "課室裏"는 모두 상황어이다. 그런데 이것을 어순의 관점에서 보면, "今天"과 "課室裏"가 주어, "人"이 빈어가 된다. 예(3), (4)에 대한 분석은 '의미기준'과 '어법기준' 간 차이를 보다 분명하게 보여준다. 논리 의미를 중시한다면, 예(3)의 "下雨了"는 '天下雨了'의 생략형이거나 '雨下了'의 도치문으로, 예(4)의 "今天"은 상황어로 분석할 수 있다. 하지만 구조를 중시한다면, 이 두 문장은 무주어문無主句, 즉 관습적으로 주어를 사용하지 않는 문장이므로 주어를 되돌려 놓을 필요가 없다. 구조적 관점에서, 예(3)은 주어나 술어 중 어느 한 성분이 부족한 비주술문非主謂句으로 분석되고 예(4)는 "今天"이 주어가 되면서 '주어―술어―빈어'

구조로 분석된다.

의미기준과 어법기준은 문장분석에서 모두 사용된다. 능동문主動句이라면 '행위자―대상자' 관계의 분석이 합리적이고 논리적이다. 그러나 동빈구조에서는 '행위자―대상자' 관계가 부재하거나 명확하지 않을 때(예: '桌子上是我的習作책상에는 온통 내가 연습한 것 뿐이다', '桌子上有我的習作책상에는 내가 연습한 것이 있다', '屋頂上飄著一面白旗지붕 위에 백기가 하나 나부끼고 있다') 의미기준의 적용이 어렵다. 피동문被動句이라면 의미기준의 적용은 더 어렵다. 예를 들어 '我被他打傷了나는 그에게 맞아 다쳤다'의 "我"는 동작 대상자이지만 문장의 진술 대상이다. 또 '習作做好了연습은 끝마쳤다'는 피동 표지 없이도 의미 전달이 가능한 '능동형 피동문主動形式的被動句'이다. 이는 중국어의 의미조합적 특징에 부합하는 표현 방법으로서 "習作"를 주어로 본다면 술어 "做" 앞에 동작자가 생략되었다고 할 필요가 없어진다. 어순 관점의 분석은 이처럼 간단하고 직접적이지만 기계적이고 형식적이기 쉬워 문장성분의 유연한 위치 이동 가능성이 간접적으로 간과되기도 한다. 시간과 공간을 표시하는 여러 명사성 성분이 문두에 연이어 출현하면 어느 것이 주어이고 어느 것이 상황어인지 분별하기가 쉽지 않다. 예를 들어 '今天課室裏坐著很多人오늘 강의실에는 많은 사람들이 앉아있다'와 '課室裏今天坐著很多人강의실에는 오늘 많은 사람들이 앉아있다'이 있을 때 주어를 어순의 선후관계로만 판단할 수 있을까?

말에 의한 의사소통은 동태적인 활동이다. 그런 점에서 언어 분석은 의미와 구조에도 관심을 가져야 하지만 그것을 언어 맥락語言環境과 사회문화와도 연계시켜야 한다. 화용적 관점에서는 언어 맥락을 중시한다. 그리고 그 속에서 발생하는 의사소통 상의 정보 초점을 문장의 화제로 본다. 화제는 문장 서술의 시작점으로서 문두에 위치하는 경향을 띤다. 이는, 의미조합성과 융통성에 기초하여 화자가 정보의 중점을 직접적으로 표현하는 패

턴이 어순으로 반영된 결과이다. 이 역시 분석 결과는 의미기준과 어법기준에 따라 다르게 나타난다. 예를 들어 '我是學生나는 학생이다'에서 "我"는 화제이자 주어이다. 하지만 '這份習作, 我做過它이 연습, 나는 그것을 한 적이 있다'에서 "這份習作"는 화용의 관점에서는 화제이고 '행위자—대상자' 관점에서는 빈어이다. 또 '今天下雨了'에서 "今天"은 화용의 관점에서 화제이지만 '행위자—대상자' 관점에서는 상황어이다. 물론 어순의 관점에서는 주어가 된다.

  중국어가 갖는 특징으로 인해, 문장 하나만을 고립시켜 분석하면 여러 가지 해석의 가능성이 발생한다. 문장이 어떤 구조이고 어떤 성분으로 구성됐는지는, 언어 맥락의 제공과 그로 인한 제약을 받고 나서야 확정된다. 그러므로 언어를 동태적인 맥락 속에 놓고 분석하는 것은 그것을 고립시켜 분석하는 것보다 확실히 포괄적이고 완전하다. 하지만 언어 맥락에는 여러 다양한 변화 요인들이 많아 분석을 복잡하고 혼란스럽게 만들기 쉽다. 단일기준에 따른 분석에는 장점도 있고 단점도 있다. 여러 기준에 따른 분석 역시 포괄적으로 살필 수 있다는 장점도 있지만 조합방법 대한 관점의 문제가 발생하기 쉽다는 단점도 있다. 주어, 빈어, 상황어의 판별 문제는 수많은 어법 판별 문제 중의 하나일 뿐이다. 1950년대 논쟁을 통해 문장성분의 판별은 '구조가 우선 기준이고 의미가 그 다음 기준'이라는 인식의 일치까지는 도달했다. 그 후로 제기된 문제들, 예컨대 의미, 어법, 화용, 심지어 어음에까지 이르는 각 차원의 분석 기준을 어떻게 결합할 것인가, 그 중에서 무엇을 우선기준에 놓고 무엇을 차선기준에 놓을 것인가, 또 차선기준으로 우선기준을 어떻게 보완할 것인가 하는 문제들에 대해서는 지금도 여전히 논할만한 가치가 있다.

4.3.3. 문장분석에는 다양한 방법들이 존재한다

문장은 여러 성분으로 구성된다. 이들 성분은 일정한 분석방법을 통해 특정한 명칭, 정의, 유형, 관계 및 기능 등을 부여받는다. 바꿔 말하면, 문장성분과 문장분석법 간에는 직접적인 대응 관계가 존재한다. 어떤 분석 방법을 취하는가에 따라 설명의 방법과 분석의 중점이 달라진다. 예를 들어 '문장성분분석법句子成分分析法'은 문장의 기본구조架構를 중시하여 문장내 중심 단어들을 찾고 핵심부분主幹과 부가부분枝葉을 구분한다. 그러나 '직접성분분석법直接成分分析法'은 문장 구성성분에 반영된 구조 층차의 분석을 중시한다.

문장성분분석법은 '중심어분석법中心詞分析法' 또는 '다분법多分法'으로도 불리며 단어를 문장성분과 직접 연계시킨다는 특징을 갖는다. 분석은, 문장 내에서 중심이 되는 단어들을 찾아내는 것으로서 그렇게 선택된 단어, 즉 중심어만 문장성분이 된다. 문장의 '핵심부분'에는 주어와 술어만 해당되고 기타 성분들은 핵심부분에 추가된 '부가부분'으로 분류된다. 전통적인 중심어분석법에서는 구의 지위를 인정하지 않았는데 이 같은 견해는 분석에서도 드러난다. 예를 들면, 주술구를 절로 간주하여 문장에 주술구가 포함돼 있으면 '내포문包孕句'이라고 했다(예: '學生不做習作是不對的학생이 연습하지 않는 것은 옳지 않다', '我知道他是好學生나는 그가 훌륭한 학생이라는 것을 안다'). 또 병렬구 내의 단어들을 모두 문장성분으로 간주하고 이를 '중복성분複成分'이라고도 했다(예: 중복주어複主語 — '想和做是分不開的생각하는 것과 실행하는 것은 불가분하다', 중복술어複謂語 — '遊客又餓又渴又累여행객은 배고프고 목마르고 힘들다', 중복한정어複定語 — '日校和夜校的學生都要考試주간학교 학생과 야간학교 학생들 모두 시험을 치러야 한다'). 하지만 중심어분석법의 이 같은 견해는 이후 구도 문장성분으로 쓰일 수 있고 빈어도 핵심부분에 포함된다는 점을 인정하며 수정된다.

문장성분분석법은 "요점을 간단명료하게 제시하는 이점이 있기 때문에 어법 교학뿐만 아니라 언어를 과학적으로 이해하는 데에도 없어서는 안될" 분석법이다.23 문장성분분석법의 장점은 핵심부분과 부가부분을 명확히 구분함으로써 핵심부분을 부각시킬 수 있다는 데 있다. 이는 교학 어법과 문장의 구조 유형 검색, 오류 검색 등에서 편리하다.

직접성분분석법은 '층차분석법層次分析法' 또는 '이분법二分法'으로도 불린다. 직접성분분석법은 문장의 여러 구성단위 중에서 구조적으로 연관된 두 개의 직접 구성성분을 층차에 따라 차례대로 찾아내는 분석법으로서, 어법 구조의 층차성을 가장 잘 반영한다. 문장을 구성하는 단어 간 조합은 평면적, 선형적이 아닌 층차적, 신축적이다. 단어는 문장구성의 최소 단위로서 의미를 생산하는 과정에서 기타 문장구성 단위들과 선택적 조합관계를 맺는다. 예를 들어 '又餓又渴的弟弟吃了五個西瓜배고프고 목말랐던 남동생은 수박 다섯 개를 먹었다'는 '又+餓+又+渴+的+弟弟+吃+了+五+個+西瓜'의 단층 구조가 아니다. 여기에는 여러 층차가 존재하는데, 첫 번째 층차에서는 "餓", "渴"가 "又"와 조합되고 "吃"에 "了"가 붙고 "五"에 "個"가 더해진다. 두 번째 층차에서는 "又餓"와 "又渴"가 조합되고 "五個"와 "西瓜"가 조합된다. 세 번째 층차에서는 "又餓又渴"가 "的"의 삽입으로 "弟弟"와 조합되고 "吃了"와 "五個西瓜"가 조합된다. 네 번째 층차에서는 "又餓又渴的弟弟"와 "吃了五個西瓜"가 조합된다. 이처럼 어법단위는 관례적으로 작은 단위에서 큰 단위로 조합되고 어법구조는 큰 단위에서 작은 단위로 분석된다.

---

23 여숙상, 『중국어 어법 분석 문제漢語語法分析問題』, 北京: 商務印書館, 1979, p. 60.

4.3.4. 도해로 문장분석 결과를 보여준다

문장분석법마다 자신만의 표기법이 있다. 현재 널리 사용되는 표기법은 '도해법圖解法'이다. 도해는 분석 결과를 구체적으로 드러낼 수 있는 데다 간결하고 편리하여 교학방면에 특히 효과적이다. 분석방법에 따라 도해법도 다르다. 예를 들어, 문장성분분석법은 '표지법標記法' 또는 '부호법符號法'을 사용하는데, 문장성분을 핵심성분(주어, 술어), 관련성분(빈어), 부가성분(한정어, 상황어, 보어), 특수성분 순으로 직접 구분해 낸다. '표지법'은 특정 부호들을 문장상에 직접 표기하여 분석 결과를 보여주는 방법이다. 이러한 도해법은 수고도 덜고 공간도 아낄 수 있어 문장의 전체구조와 중심어를 나타내기에도 편리하고 구조관계가 비교적 간단한 문장을 분석하기에도 편리하다. 상용 부호와 도해 순서는 다음과 같다. 첫째, 문형과 핵심성분을 정한다 ― '‖'는 주술문을 표시하며, '‖'를 기준으로 주어, 술어가 양분된다. '‖'의 앞은 주어, 뒤는 술어이다. '│'는 비주술문을 표시하며 '│' 위로 주석을 달아 구조관계 밝힌다. 둘째, 관련 성분을 표기한다 ― 빈어는 '＿＿'를 긋는다. 셋째, 부가성분을 표기한다 ― 한정어는 '( )'로, 상황어는 '[ ]', 보어는 '< >'로 표시한다.24 부가성분을 표시하면 그에 대응되는 중심어도 동시에 함께 드러난다. 넷째, 특수성분을 표기한다 ―

---

24 인민교육출판사 중학어문실人民敎育出版社中學語文室의 『중학 교학어법체계 세요中學敎學語法系統提要(시범용)』(장선량張先亮, 『교학어법의 특징과 응용敎學語法的特點與應用』, 杭州: 杭州大學出版社, 1991, p. 340 재인용)에 따르면, 현 어법서들에서 사용되는 표기 부호들이 완전히 일치하지는 않는다. 예를 들어, '│'를 이용하여 동빈구조를 분리하는 어법서도 있고 '「」'로써 주술술어구조를 묶는 어법서도 있다. 또 '+'를 사용하여 연합구조를 분리시키는 어법서도 있는가 하면 '△'를 이용해 특수성분을 표시하는 어법서도 있다.

필요에 따라 특수성분은 '△'로 표시한다. 예를 들면 다음과 같다.

     ^{수식}
  多刺激的 | 足球比賽啊!
  (얼마나 자극적인 축구경기인가!)
  看來, (這位) 同學 ‖ [已經] 看過 『紅樓夢』 <三次>。
        △△
  (보아하니, 이 학생은 벌써 『홍루몽』을 세 번이나 봤군.)

상기 성분들 외에 일부 특수구조는 부호의 도움을 받아 표시할 수 있다. 예를 들어 연동구조는 ' : '로 표시하고 겸어구조는 '≅'로 표시한다. 예를 들면 다음과 같다.

  她 ‖ 拖掉鞋子：進屋。
  (그녀는 신발을 벗고 방으로 들어갔다.)
  班長 ‖ 派我提出問題。
  (반장은 나를 보내서 문제를 제기하게 하였다.)

직접성분분석법에서는 '계단형 도해법^{階梯形圖解法}' 또는 '틀 도해법^{框式圖解法}'을 이용한다. 작은 단위에서 큰 단위로 또는 큰 단위에서 작은 단위로, 문장구성 단위 간에 구조적으로 연관된 두 개의 직접 구성성분을 구조 층차에 따라 분해해 간다. 예를 들면 다음과 같다.

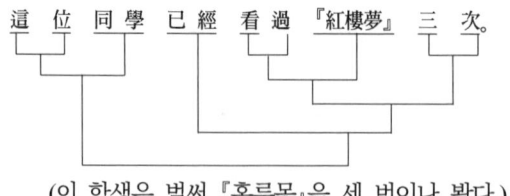

(이 학생은 벌써 『홍루몽』을 세 번이나 봤다.)

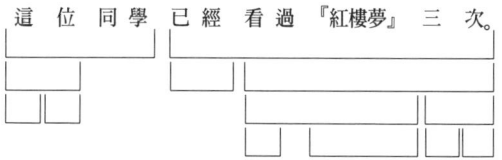

(이 학생은 벌써 『홍루몽』을 세 번이나 봤다.)

초기의 직접성분분석법은 성분 간의 구조관계를 신경쓰지 않았기 때문에 도해 내에서도 그 관계를 표시하지 않았다. 하지만 지금은 '표지법'상의 부호를 가져와 통사구조까지 표시함으로써 보다 큰 응용 효과를 거두고 있다. 이 같은 '융합식融合式' 도해를 이용하면 문장구조로 인해 유발된 중의적 상황을 한 눈에 알아볼 수 있다. 예를 들면 다음과 같다(' ∥ '는 주어와 술어를, ' | '는 동사와 빈어를 구분하고 '+'는 연합구조를, ' : '는 연동구조를 표시한다).

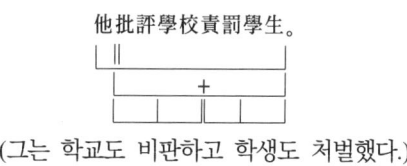

(그는 학교도 비판하고 학생도 처벌했다.)

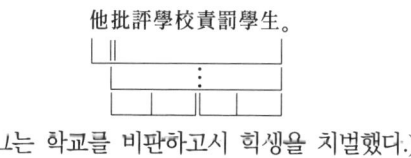

(그는 학교를 비판하고서 학생을 처벌했다.)

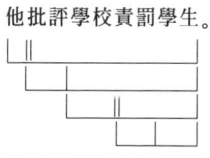

(그는 학교가 학생을 처벌하는 것을 비판했다.)

도해는 일반적으로 단문이나 다중구複雜短語의 분석 결과를 보여준다. 하지만 복문, 심지어 문단에 대해서도 필요에 따라서는 부호로써 절 간 또는 문장 간 구조 층차와 의미관계를 나타낼 수 있다. 예를 들면 다음과 같다.

    我們要學習, ‖ 要工作, | 但學習和工作很消耗體力,
          병렬   전환
    ‖ 如果我們沒有足夠的休息, ⫼ 身體便很容易弄出毛病來。
  인과   가정
    (우리는 공부도 하고 일도 해야 하지만 공부와 일은 체력을 많이 소모하기 때문에 충분한 휴식을 취하지 않으면 몸에 문제가 생기기 쉽다.)

절 간 또는 문장 간 층차는 '|', '‖', '⫼'등의 직선을 그어 구분하고 순서대로 유추하도록 직선 아래 주석을 달아 구조관계를 표시한다.

4.4. 문장의 유형

4.4.1. 문장의 다양한 분류 근거

문장을 분류하는 일은 통사론에서 중요하다. 분류의 근거가 다르면 분석된 문장의 유형도 달라지기 때문이다. 문장을 의사소통 기능에 따라 분류한 것을 '문장 유형句類'이라고 하는데, 유형마다 기능이 다르면 어기나 어조도 달라진다. 예를 들어, '진술문陳述句'은 사건을 진술하거나 질문에 대답한다. 어조가 평평하되 문미에서 약간 내려가며 문어에서는 마침표句號를 사용한다(예: '他剛剛做完習作。그는 방금 연습을 다 끝냈다'). '의문문疑問句'은 의문을 제기한다. 어조가 문미에서 높아지며 문어에서는 물음표問號를 사용한다(예: '他做完習作嗎? 그는 연습을 다 끝냈나요?'). '명령문祈使句'은 요구나 권고를 한다. 어조는 일반적으로 문미에서 내려간다(예: '你讓他先做完習作吧。그에게 먼저 연습을 다 끝내라고 하세요'). 명령하거나 재촉할 때는 어조가 평평하지만 문미에서 올라갈 때도 있다(예: '快做習作! 빨리 연습하세요!'). 어기가 강할 때는 느낌표嘆號를 사용하고 완화될 때는 마침표를 사용한다. '감탄문感歎句'은 감격스러움, 놀라움, 강렬한 감정을 드러낸다. 어조는 내려가고 문어에서는 느낌표를 사용한다(예: '他還未做完習作哩! 그는 아직도 연습을 끝내지 못했네요!').

구조를 기준으로 나눈 문장의 부류를 '문형句型'이라고 한다. 문형은 크게 단문單句과 복문複句으로 나뉘는데, 문장 전체가 하나의 구조로 구성되면 단문이고 두 개 또는 그 이상의 구조를 가지면서 서로가 문장성분으로 기능하지 않으면 복문이다.

4.4.2. 단문의 어법 분류

중국어의 문형 체계는 대범주 아래 여러 등급으로 나뉜다. 단문은 주어와 술어가 갖춰졌는지에 따라 '주술문主謂句'과 '비주술문非主謂句'으로 다시 나뉜다. 비주술문은 어조가 부가된 단어나 구(주술구는 제외)로 구성되며 일정한 언어 맥락 하에서 비교적 완전한 의미를 표현할 수 있다. 이를 중심어의 어법기능에 따라 다시 분류하면, 명사성(예: '錢돈', '爸爸的帽子아빠의 모자'), 동사성(예: '出發출발', '刮風了바람이 분다'), 형용사성(예: '肅靜조용하다', '多美啊얼마나 아름다운가'), 감탄사성(예: '啊아', '哎唷아이고') 비주술문으로 나뉜다. 주술문은 어조가 부가된 주술구主謂短語로 구성된다. 술어의 성질에 따라 다시 분류하면, 동사성 술어문(예: '我笑나는 웃는다', '我哈哈大笑나는 하하

제4장 어법 159

크게 웃는다', '我笑你나는 당신을 비웃는다'), 형용사성 술어문(예: '你很聰明당신은 매우 총명하다', '她高興得很그녀는 매우 기뻐한다'), 명사성 술어문(예: '明天黑色星期五내일은 블랙프라이데이이다', '弟弟四歲남동생은 네 살이다'), 주술술어문(예: '哥哥身手敏捷형은 동작이 민첩하다', '這個人我認識이 사람은 내가 안다')으로 나뉜다. 이 중 동사성 술어는 기타 술어들에 비해 변화도 복잡하고 하위범주도 가장 많다. 그 중에서도 '특수 문형特殊句式'이라고 불리는 범주가 있는데25 '이중빈어문雙賓句', '존현문存現句', '연동문連動句', '겸어문兼語句', '把자문', '被자문', '是자문' 등 구조와 의미 면에서 저마다의 특징을 갖는다.

이중빈어문은 '수여'나 '추구'의 의미를 가진 타동사及物動詞가 빈어와 동빈구를 구성한 뒤, 뒤로 다시 또 하나의 빈어를 갖는 류의 문장을 가리킨다. 예를 들면, '陳老師送給圖書館五十本書진 선생님은 도서관에 책 50권을 기증하였다', '你欠我三塊錢당신은 나에게 3원을 빚졌다'과 같다. 동사와의 거리 면에서, 앞에 위치한 빈어를 '근빈어近賓語', 뒤에 오는 빈어를 '원빈어遠賓語'라고 한다. 그리고 동사와의 지배관계 면에서, 앞에 위치한 빈어를 '간접빈어', 뒤에 위치한 빈어를 '직접빈어'라고 한다.

존현문은 사람이나 사물이 어떤 곳에 존재, 출현, 소실한다는 것을 표시하는 류의 문장이다. 존현문의 전형적인 구문형식은 '처소 + 존재, 출현,

---

25 송옥주宋玉柱는 『현대중국어 특수 문형·서문現代漢語特殊句式·前言』(太原: 山西教育出版社, 1991)에서 다음과 같이 말했다.
"특수는 일반의 상대적 개념이다. 특수 문형特殊句式 역시 일반 문형의 상대적 개념이다. 하지만 '일반'이 무엇인지 여러 각도에 따라 다양하게 이해할 수 있듯이, 특수 문형의 범위도 보는 관점들에 따라 다르다. 예를 들어, '처치處置'란 개념이 없는 기타 일반 언어들에 견주어볼 때 중국어의 '把'자문은 특수 문형이다. 또, 일반 언어들에서는 주술구가 술어로 쓰이지 않는다는 점에서 주술술어문 역시 중국어의 특수 문형이다. 연동문, 겸어문 역시 마찬가지다. 능동문에 견주어 보면 피동문도 특수 문형이다. 여타 특수 문형들도 마찬가지다. 결론적으로, '특수'란 단일한 관점에서 제기된 것이 아니다."

소실을 의미하는 동사성 구조 + (수사 + 양사) + 사람이나 사물을 의미하는 명사성 구조'이다. 예를 들면, '屋外有一棵大樹집 밖에 큰 나무 한 그루가 있다', '東面來了兩個人동쪽에서 두 사람이 왔다', '昨天走了一個同學어제 학생 한 명이 떠났다'가 그에 해당한다.

연동문은 '學生拿起書包離開學校。학생은 책가방을 들고 학교를 나섰다'의 예처럼 연동구가 술어를 담당하는 주술문이다. 연동구는 두 개 또는 그 이상의 동사성 단어가 연이어져 조합되며 함께 하나의 주어를 진술한다. 단어들의 순서는 일반적으로 바꿀 수 없으며 서로에게 문장성분으로 기능하지 않기 때문에 '주술', '수식', '동빈', '술보', '연합'과 같은 구조관계도 맺지 않는다. 연동구 중간에는 접속어도 없고 휴지도 부재하지만(문어라면 문장부호가 없다) '방식과 목적', '원인과 결과', '선후 동작'과 같은 일정한 의미관계는 존재한다. 예를 들면, '他打電話找人그는 전화를 해서 사람을 찾는다', '妹妹吃錯東西進了醫院여동생이 음식을 잘못 먹어서 병원에 입원했다'과 같다.

겸어문은 겸어구가 술어를 담당하는 주술문(예: '他使老師失望그는 선생님을 실망시켰다')으로서 겸어구에 어조가 더해져 만들어진 비주술문(예: '有人找你누가 당신을 찾는다')도 포함된다. 겸어구는 동빈구의 '빈어'와 주술구의 '주어'가 중첩된 구조로서 동빈구의 빈어가 주술구의 주어를 겸한다. 전형적인 겸어는, '派你肅淸貪汚당신을 파견하여 독직을 일소하도록 하다'나 '選他做班長그를 선출하여 반장을 하게 하다'의 예처럼, 앞에 위치한 동빈구의 '동사'와 뒤에 위치한 주술구의 '술어'가 사역의 의미관계를 갖는다. 여기서 주술구는 앞의 동빈구가 도달하려는 목적 또는 만들어내려는 결과이다.

'把'자문은 개사 '把'(또는 '將')로 조합된 개빈구가 상황어로서 동사를 수식하고 수식을 받는 동사는 보충성분을 통해 처치 결과나 영향 정도를 표시하는 문형이다. 이때 '把'와 조합된 빈어는 일반적으로 한정적定指이다.

예를 들어, '我要把這本書看三遍나는 이 책을 세 번 볼 것이다'은 가능하지만 '我要把一本書看三遍'은 성립 불가하다. '快把書拿來빨리 그 책을 갖고와'는 "書"가 한정적인(기타 물건이 아닌 바로 '그 책') 상황에서만 성립된다. 동사술어는 보통 단독으로 사용되지 않고 보어(예: '他把我嚇呆了그는 나를 놀라서 멍하게 만들었다', '你應該把這番話說五次당신은 이 말을 다섯 번 말해야 한다')나 빈어(예: '我們把這個壞消息告訴他우리는 이 나쁜 소식을 그에게 알려야 한다', '你要趕快把信封糊上郵票당신은 서둘러 이 편지봉투에 우표를 붙여야 한다', '我們要把悲憤化爲力量우리는 분노를 역량으로 바꿔야 한다')를 수반한다. 동사술어에 설령 보어나 빈어가 없다고 하더라도 '他不小心把錢包掉了그는 실수로 지갑을 떨어뜨렸다'와 같이 조사 '了'를 부가하다면 동작의 완성을 표시하면서 음절의 균형도 맞출 수 있다.

피동문은 주어를 대상자受事로 하면서 문장이 피동의 의미인 문형을 가리킨다. '被'(또는 '給', '叫', '讓')가 부가된 '被'자문은 중국어에서 형식표지를 가진 피동문으로 분류된다. '我被他打傷나는 그에게 맞아 다쳤다'처럼 개사 "被"를 부가하여 동작 행위자를 들여오기도 하고 '我被打傷나는 (누군가에게) 맞아 다쳤다'과 같이 직접 동사 앞에 "被"를 놓아 피동의 관계를 표시하기도 한다. 중국어에서 '被'자문은 원래 대부분 원하지 않는 수동 의미를 가리켰지만 지금은 '小明被大家選做班長샤오밍은 사람들에게 반장으로 뽑혔다'이나 '我被老師讚賞나는 선생님에게 칭찬을 받았다'처럼 그 같은 제한이 없어졌다. 중국어는 능동 문형을 많이 사용하지만 의미조합성에 기대어 그것이 '주동'인지 '수동'인지를 이해할 수 있다면 형식표지는 필수적이지 않다. 예를 들어 '信寫好了편지가 다 쓰였다(편지를 다 썼다)', '錢包掉了지갑이 잃어버려졌다(지갑을 잃어버렸다)'는 능동형식의 피동문이다. 그 외 기타 능동문, 예를 들어 '我挨了一頓打나는 한 차례 얻어 맞았다', '我遭歧視나는 무시당하였다', '你受騙了당신은 속았다'의 동사 "挨", "遭", "受" 등에도 이미 '당하다'는 의미가 있다. 여기서도 문장의 주어는 동작 대상자이기 때문에 피동문으로 바꿀 필요가 없다.

'是'자문의 특이한 점은, 동사 '是'가 '판단'을 표시하는 술어로서 주어와 빈어가 동일 관계인지(예: '北京是中國的首都베이징은 중국의 수도이다') 종속 관계인지(예: '蘋果是水果사과는 과일이다')를 단정한다는 데 있다. '是'자문의 의미는 이외에도 다양하다. '是'로써 '확인'이나 '강조'를 표시하기도 하고(예: '他的價値觀是變了그의 가치관은 확실히 변했다') '존재'(예: '遍地是黃葉곳곳이 단풍이다'), '암묵적 비유'(예: '人生是戱劇인생이 연극이다'), '양보'나 '전환'(예: '這東西好是好, 就嫌舊了一點이 물건은 좋긴 좋은데 좀 낡았다') 등을 의미하기도 한다.

단문을 체계적으로 분류하는 방법에는 여러 가지 더 있다. 예를 들어 주어, 술어의 '행위자―대상자' 관계에 준하여 단문을 '능동문', '피동문', '비능동 비수동문'으로 나눌 수 있고, 문장성분의 위치에 따라서는 '일반문常式句'과 '변형문變式句'으로 나눌 수 있다. 또한 문장성분의 갖춤 여부에 따라서는 '완전문完全句'과 '생략문省略句'으로 나뉘기도 한다.

4.4.3. 복문의 의미 분류

단문은 어법기준에 따라 분류하지만 복문은 의미기준에 따라 분류한다. 분류 근거에 따라 전체 문형 체계는 각기 다양하다. 다만 단문과 복문 간 구분은 기본적으로 구조에 근거해 있다. 복문은 두 개 이상의 어법구조를 갖지만 그들 서로가 문장성분으로 기능하지 않기 때문에 이렇다 할 구조관계도 존재하지 않는다. 의미적 측면에서 복문은 분절 간의 의미조합을 통해서 갖춰진 의미를 표현하는 하나의 문장이다. 복문은, 어법기준으로는 상세한 분류가 어렵지만 분절 간 의미관계로는 간단하고 명료하게 분류가 가능하여 어법 교학에 편리하다.

분절 간 의미관계에 따라 복문은 '연합'과 '수식'으로 나뉜다.26 연합복문이란 각 절들이 복문 내에서 의미 간에 경중은 있을지라도 주종으로 구분되지는 않는 것을 가리킨다. 연합복문에는 다양한 의미관계가 포함된다. 예를 들면 다음과 같다.

병렬并列 — '風大, 雨也大바람도 많이 불고 비도 많이 온다', '我相信他, 他相信我나도 그를 믿고 그도 나를 믿는다'

연접承接 — '我喝了一杯茶, 接著吃了一塊蛋糕나는 차 한 잔을 마시고 이어서 케이크 한 조각을 먹었다', '他剛坐下來, 就說要走了그는 앉자마자 바로 가야 한다고 말했다'

점층遞進 — '你不但勤力, 而且聰明당신은 부지런할 뿐만 아니라 총명하다', '他損失了金錢, 甚至賠上了性命그는 금전 손해뿐만 아니라 목숨까지 잃었다'

선택選擇 — '你是好人, 還是壞人당신은 좋은 사람인가요 나쁜 사람인가요', '我們要麼贊成, 要麼反對우리는 찬성하든지 반대하든지 할 것이다'

분합總分 — '媽媽送給我兩份禮物: 一份是生日禮物, 一份是新年禮物엄마가 나에게 두 가지 선물을 주셨다. 하나는 생일 선물, 하나는 새해 선물이다', '你讀現代漢語, 我讀古代漢語, 我們都讀漢語당신은 현대중국어를 공부하고 나는 고대중국어를 공부하니, 우리는 모두 중국어를 공부한다'

해설解說 — '沙田有一塊形似婦人背子的山石, 相傳叫做望夫石모래밭에 아녀자가 아이를 업은 듯한 모양의 바위가 있는데, 망부석이라 불렀다고 전해진다', '他要我放假, 換句話說, 他要我不再管這件事그는 나에게 휴가를 내라고 하는데, 바꿔 말하면, 더이상 이 일에 관여하지 말라는 것이다'

---

26 학자들 중에는 연합聯合과 수식偏正 간 구분이 쉽지 않으며, 실용적인 의미도 그다지 없다고 하기도 한다. 따라서 이들 두 범주를 억지로 구분할 필요는 없으나 절分句 간의 의미관계에 따라서만은 직접적으로 분류할 필요가 있다.

한편 수식복문이란 분절 간의 의미관계가 전체 복문에 걸쳐 주종으로 구분되는 복문을 가리킨다. 주절(중심항)은 의미의 중심으로서 일반적으로 종속절(수식항) 뒤에 위치한다. 주절과 종속절 간에는 다양한 의미관계가 존재하는데, 예를 들면 다음과 같다.

전환轉折 — '雖然問題不難, 但是我不曉得答案문제는 어렵지 않지만 답을 모르겠다', '我願意出力, 可是沒有人願意出錢나는 힘을 보태고자 하는데 돈을 보태고자 하는 사람은 없다'

조건條件 — '只有努力, 才可成功노력해야만 비로소 성공할 수 있다', '只要努力, 就可成功노력하기만 하면 성공할 수 있다'

가정假設 — '如果下雨, 就不出發비가 온다면 출발하지 않는다', '卽使下雨, 也要出發설령 비가 온다고 해도 출발할 것이다'

인과因果 — '因爲他有計劃, 所以工作效率很高그는 계획이 있기 때문에 일의 효율이 높다', '你旣然得到他的重用, 就應該全力幫助他기왕 그에게 중용된 이상 당신은 전력을 다해 그를 도와야 한다'

목적目的 — '他賣掉房子, 爲的是淸還欠債그가 집을 판 것은 빚을 청산하기 위해서다', '她把計劃再說一遍, 免得我們誤解그녀는 우리가 오해하지 않도록 계획을 다시 한 번 얘기했다'

중국어는 의미조합적이다. 이에 형태소, 단어, 구, 심지어 문장에 이르기까지 어법구조나 의미 결합을 막론하고 조합이 비교적 융통적이고 자유롭다. 다만 어구의 배열은 의미조합을 중시하면서도 시간 순서를 따른다. 그리고 그것을 표시하는 형식표지 간 호응은 명시적일 수도, 그렇지 않을 수도 있어 그 경계가 불분명하다. 이에 중국어 문장을 '유수문流水句'이라고도 부른다. 중국어의 복문도 이 같은 특성에 따라 '의미조합복문意合複句'과 '형시조합복문形合複句'으로 분류할 수 있다. 이 중 의미조합복문은 '我吃蛋糕, 你吃蘋果나는 케이크를 먹고 당신은 사과를 먹는다'나 '下雨了, 我們回家비가 오니

집에 간다'와 같이 접속어關聯詞語를 사용하지 않고 절들이 직접 조합된 복문을 가리킨다. 이에 반해, 형식조합복문은 앞·뒤 분절을 연결시키는 명확한 어법 형식표지를 가진 복문을 의미한다(예: '因爲下雨了, 所以我們回家비가 내리기 때문에 우리는 집에 간다'). 의미조합복문과 형식조합복문 간 구분은 주로 접속어 사용 여부에 따른 것이지만 그 하위범주의 재분류는 여전히 분절 간의 다양한 의미관계에 근거하여 진행된다.

4.4.4. 문장의 복잡화

단문의 복잡화는 문장성분의 확장으로 표현된다. 하나의 문장성분은 어휘 항목을 내부적으로 늘릴 수 있다. 예를 들어 '我吃蘋果나는 사과를 먹는다'에서 빈어는 제약을 받지 않고 '蘋果사과、杧果망고'로, 또 '蘋果、杧果、香蕉바나나'로, 다시 '蘋果、杧果、香蕉、梨子배'로 늘어날 수 있다. 단어는 증가했지만 구조는 여전히 하나의 층위를 갖는다.

어법적으로 문장을 복잡하게 만드는 것이 문장의 복잡화이다. 문장의 복잡화는 내부적 확장과 외부적 부가로 나뉠 수 있다. 내부적 확장으로서, 문장성분은 간단한 단어 하나에서부터 복문처럼 복잡한 구까지 다양한 어법 형식으로 구성될 수 있다. 예를 들어 '他們希望成功그들은 성공하기를 희망한다'은 빈어가 단어 하나로 구성돼 있다. 그런데 '他們希望我們成功그들은 우리가 성공하기를 희망한다'은 빈어가 주술구로 구성되었고, '他們希望, 我們汲取了上次失敗的敎訓, 重新制訂計劃, 團結一致, 最終能夠成功그들은 우리가 지난 실패를 교훈삼아 다시 계획을 세우고 일치단결하여 끝내 성공하기를 희망한다'은 빈어가 여러 구의 조합으로 복문처럼 구성되었다. 그에 따라 구조의 층차 역시 훨씬 복잡해졌다. 이 같은 확장은 중국어가 간단 명료함을 중시하기 때문에 일련의 복잡한 의미가 필요 이상으로 길고 장황해지는 것을 피하기 위해, '我還記得小學時候用過的一張書桌, 用紅木造成的, 長長的, 矮矮的나는 초등학교 때 사용했던 책상 하나를 여전히 기억한다. 마호가니로 만든, 길쭉하고 짤막했던 책상을'와 같이, 최대한 간단한 어구로 분절하여 표현한 데 기인한다. 다만, 외부적 부가로서, 문장 조합의 엄밀화 요구가 높아진 데다 어법의 유럽화 영향까지 더해져 중국어에서도 다양한 문장성분이 아주 보편적으로 중복해서 부가되고 있다. 예를 들어, '我今天上午在學校用電腦仔細地核算過這個統計나는 오늘 오전에 학교에서 컴퓨터로 이 통계를 자세히 계산했다'에는 술어 "核算" 앞에 여러 상황어가 시간, 처소, 도구 방식, 성질 상태 등 순서에 따라 부가되어 있다. 또한 '我看見一個穿著黑色西裝約三十歲的長髮男人나는 검정색 양복을 입은 30세 가량의 장발인 남자 한 사람을 봤다'에는 빈어 "男人" 앞에 여러 한정어가 수량, 상황, 성질 등 순서에 따라 차례대로 부가돼있다. 문장성분이 많아질수록 구조관계와 구조 층차는 더욱 복잡해진다.

단문의 복잡성은 복잡한 문장구조로도 표현된다. 중국어의 특수문형은 저마다 다양한 구조와 의미 특징을 갖는다. 하지만 경우에 따라서는 문형의 '겸용'과 '융합'이 출현하기도 한다. 예컨대, '總公司委派他作調査員趕到深圳視察分公司業務본사는 그를 조사 요원으로 파견하여 심천에서 지사업무를 시찰하도록 하다'와 같이 연동문과 겸어문이 '겸용'되기고 하고, '我帶你上山나는 당신을 데리고 산에 올라간다', '我陪她多坐一會兒나는 그녀와 함께 좀 더 앉아 있는다'처럼 연동문과 겸어문이 '융합'되기도 한다. 이는 모두 현대중국어 특유의 언어 현상으로서 분석이 쉽지 않다.

한편, 특수문형과 그와 비슷한 일반 문형 간의 경계 구분 문제도 여전히 남아있다. 이는 중국어 문장의 복잡한 구조를 반영하는 예로서 명확한 경계 짓기가 쉽지 않다. 예컨대, 연동문連動과 연속술어문連謂 중에서 어떤 문형이

중국어의 현실을 더 잘 기술할 수 있을까? 연속술어문은 동사를 연용하는 것에만 국한되지 않는다. 예를 들어, '我聽了很高興나는 듣고서 아주 기뻐했다'처럼 동사와 형용사가 연용되는 예는 또 하나의 특수문형 범주로 설정 가능하다. 하지만 이 문장을 연동문의 관점으로만 보려 하면 술어를 그저 일반적인 동보구조로밖에 해석할 수 없게 된다. 또 다른 예로, 술어가 연동구조인지 '상황어—중심어' 구조인지 분석하는 것도 쉽지 않을 때가 많다. 예컨대, '他沿小路走그는 좁은 길을 따라 걷는다'의 "沿小路좁은 길을 따라"는 보통 개빈구로서 상황어를 담당한다('他沿小路'는 성립되지 않는다). 그렇다면 '他到操場跑그는 운동장에 가서 달리다'에서의 "到操場跑"는 개빈구가 상황어로서 술어 "跑"를 수식하는 것일까, 아니면 연동구조의 술어일까('他到操場'은 성립된다)? 또, '在圖書館等你도서관에서 당신을 기다리다'는 일반적으로 '상황어—중심어' 구조로 간주되지만 '到圖書館等你도서관에 이르러 당신을 기다리다'는 연동구조로 간주된다. 여기서 양자의 차이는 "在"를 개사로 분석했다는 데 있다. 개사는 동사가 허화虛化되어 온 것으로서 그 안에는 여전히 동사의 일부 성질이 남아있다. 그러므로 '在圖書館等你'의 "在"를, 위에서는 물론 개사로 봤으나, 동사로 간주한다고 해도 의미는 똑같이 호응을 이룰 수 있다. '我躺著看書나는 누워서 책을 본다'나 '你拍手歡迎당신은 손뼉 치며 환영한다'의 술어는 앞 동작이 완료되지 않은 상태에서 뒤 동작이 이어 발생한 연동구조로 간주된다. 하지만 이같이 앞에 위치한 동사가 동작의 지속을 표시한다면 "躺著"와 "拍手"를 상황어로 분석할 수는 없을까?

겸어의 예를 하나 더 들어보자. '我請他來나는 그에게 오라고 요청한다'는 겸어문이고 '我希望他來나는 그가 오기를 희망한다'는 빈어가 주술구인 주술문이다. 문장분석에 차이를 빚는 관건은 "請"과 "希望"에 있다. 의미 면에서, 겸어문의 두 동사 "請"과 "來"는 사역 관계이다. 하지만 "希望"과 "他來"에는 이 같은 사역 관계가 없으므로 지배 관계로 분석된다. 분석은 비록 이와 같지만 사실 '사역'의 의미관계를 기준으로 한 구분은 그다지 미덥지 못하다. '使시키다, 令명하다, 派파견하다, 選선거로 뽑다, 禁止금지하다' 등의 동사는 그것의 사역 의미가 '希望희망하다, 知道알다, 看見보다, 聽到듣다' 등의 동사보다는 강하다. 하지만 심리 활동을 나타내는 동사에는 사역의 의미가 없을까? 그리고 명확한 사역 의미가 없다고 했던 동사들에도 정말 사역의 의미가 없는 것일까? 사실 '我喜歡你誠實나는 당신이 성실한 것을 좋아한다', '他嫌我貧窮그는 내가 가난한 것을 싫어한다', '沒有人交習作연습(숙제)을 내는 사람이 없다', '是你貧窮확실히 당신은 가난하다'과 같은 문장은 겸어문에 포함될 때도 있고 포함되지 않을 때도 있다. 이로써, 사역 의미에 대한 이해가 다르면 겸어문의 범위규모 역시 달라진다는 것을 알 수 있다.[27]

복문의 복잡성은 분절의 다층 구조로 표현된다. 하나의 복문이 분절수에 상관없이 하나의 구조 층차로만 구성돼 있다면 '단일복문一重複句'이라고 한다. 그리고 분절 간의 구조 층차가 하나 이상이라면 통칭하여 '다중복문多重複句'이라고 한다(구조가 두 개 층차면 '이중복문二重複句'이고, 세 개 층차면

---

[27] 관련 문형을 판별하는 데 도움이 되는 방법들이 있다. 겸어문과 주술술어문은 구문 내 어법구조 간의 결합 정도, 휴지나 기타 성분의 삽입, 질문 형식과 어순 변환 등에 따라 차이를 갖는다. 예를 들어, 겸어문 '我請他來나는 그가 올 것을 요청했다'에서 휴지는 술어상의 "他"와 "來" 사이에만 놓인다. 그리고 그 사이에는 '昨天어제' 같은 상황어가 올 수 있다. 술어가 동빈구조와 주술구조의 중첩으로 구성되어 있기 때문에 연이어 질문할 수는 있지만('請誰?누구에게 부탁한다고?' '請他做甚麼?그가 뭐해주길 부탁한다고?') '他來, 我請그가 오고 나는 요청한다.'처럼 어순을 뒤바꿀 수는 없다. 반면에 일반 주술문인 '我希望他來나는 그가 오길 바라'에는 휴지가 "他"의 앞과 뒤 모두에 놓일 수 있고, '昨天' 같은 상항어도 두 곳 모두에 놓일 수 있다. 술어가 동빈구조이기 때문에 한 번의 질문으로 그치며('希望甚麼뭘 바라죠?') 어순도 '他來, 我希望그가 오길 나는 바라'으로 변환 가능하다.

'삼중복문三重複句'이다). '다중복문'은 '단일복문'이 구조적으로 확장된 결과로서 의미관계가 전체 문장과 일치할 수도 있고 다소 다를 수도 있다. 예를 들면 다음과 같다.

    (1) 下雨了, 刮風了, 響雷了。
        (비가 오고, 바람이 불고, 천둥이 친다.)
    (2) 要麽投降, 要麽反抗, 不要猶豫不決!
        (투항하든지 반항하든지, 결단을 내려라!)
    (3) 我們要學習, 要工作, 但學習和工作很消耗體力, 如果我們沒有足夠的休息, 身體便很容易弄出毛病來。
        (우리는 공부도 하고 일도 해야 하지만 공부와 일은 체력을 많이 소모하기 때문에 충분한 휴식을 취하지 않으면 몸에 문제가 생기기 쉽다.)

예(1)은 단일복문이다. 세 절이 모두 병렬관계에 있어 하나의 구조 층차만 갖는다. 예(2)는 이중복문이다. 앞의 두 절과 세 번째 절이 선택관계를 가진 하나의 구조 층차를 이룬다. 그리고 첫 번째, 두 번째 절이 선택관계를 가진 또 하나의 구조 층차를 이룬다. 예(2)는 두 개의 구조 층차가 동일한 의미관계를 표현하고 있다. 예(3)은 삼중복문이다. 문장 전체를 보면, "我們要學習, 要工作"와 뒤의 나머지 절들이 전환 관계의 첫 번째 층차 구조를 이룬다. 그리고 "我們要學習"와 "要工作"가 병렬관계를, "但學習和工作很消耗體力"와 뒤의 나머지 절들이 인과관계를 구성하며 두 번째 층차 구조를 이룬다. 마지막으로, "如果我們沒有足夠的休息"와 "身體便很容易弄出毛病來"가 가정관계를 구성하며 세 번째 층차 구조를 이룬다. 이 복문은 세 개의 구조 층차로 네 가지 의미관계를 표현하고 있다.

단문과 복문의 구조성분은 계속해서 확장될 수 있다. 그리고 그로 인해 문장의 구성은 복잡해져 간다. 다만 문장의 복잡화는 중국어의 간결성에 기인하여 일정하게 통제된다. 예를 들어 단문 내에 과도하게 긴 부가어가 있을 때는 그것을 앞이나 뒤로 이동시키거나 몇 개로 나누는 방법을 통해 표현한다. 다중복문의 층차는 2, 3개가 가장 보편적이며 많아야 5, 6개다. 또한 한 문장 내에서 많은 층차를 표현하려고 하기보다는 새로운 문장을 시작함으로써 복잡함을 피한다. 문장의 복잡화는, 구조와 의미의 표현 면에서, 긍정적으로는 어구의 엄밀성을 높이지만 부정적으로는 어구를 필요 이상으로 길고 복잡하게 만들어 오류를 유발한다. 그러므로 무엇을 '복잡하게' 하고 무엇을 '간단하게' 할 것인지 양자에 대해 똑같이 주의가 필요하다.

복잡한 문장은, 분석과 이해 면에서, 이미지나 직관적 도해법을 이용하여 문장 내 구성단위 간 구조관계를 한 층 한 층 분해할 수도 있고 문장의 핵심성분(주어, 술어와 관련성분인 빈어), 부가성분(한정어, 상황어, 보어), 특수성분을 가려낼 수도 있다. 복문에 대해서도 도해법을 이용함으로써 분절 간의 구조 층차와 의미관계를 표시할 수 있다. 문장이 얼마나 복잡한지에 상관없이 핵심성분 내의 중심어만 짚어낸다면 문장 전체 구조와 의미를 이해하는데 도움이 된다. 물론, 문장의 중심어가 곧 원래의 문장이 아니라는 점에는 주의할 필요가 있다. 부가성분은 핵심성분에 덧붙여진 것일 뿐 구조적으로는 있어도 되고 없어도 된다. 예를 들어 '今天我去了他的辦公室一趟오늘 나는 그의 사무실에 한 번 다녀왔다'을 압축하여 핵심 중심어만 남기면 "我去辦公室"가 되는데, 이를 통해 '주어—술어—빈어'란 구조와 문장 의미는 모두 뚜렷해진다. 다만 부가성분이 문장 의미에 영향을 크게 미쳐 수의적이라고 하지 못할 때도 있다. 예를 들어 '我在夢中贏得巨獎나는 꿈에서 큰 상을 받았다'와 '我贏得巨獎나는 큰 상을 받았다' 간에는 의미에 큰 차이가 존재한다.

또 '我不相信你나는 당신을 믿지 않는다'와 '我相信你나는 당신을 믿는다'는 의미가 상반된다. 그러므로 문장분석에 있어서는 반드시 주의가 필요하다.

어법단위를 언어맥락에서 분리시켜 분석하면 흔히 하나 이상의 분석 결과가 도출된다. 이는 의미조합적인 중국어에서 특히 보편적이다. 문장분석의 결과는 언어 환경의 제공과 그로 인한 제약을 받고 나서야 비로소 확정된다. 중국어 문장분석의 다양한 가능성은 문장의 복잡성을 보여주는 동시에 중국어의 특성도 반영한다.

4.5. 단문, 복문, 문단

4.5.1. 단문과 복문의 구분 문제

'단문'과 '복문'에는 각자의 특징이 존재함에도 불구하고 쉽게 혼동을 일으킨다. 이들 양자 간의 문제는 일찍이 1950년대부터 논쟁이 있었다.[28] '구조'는 단문과 복문을 구분하는 주요 기준이다. 문장이 하나의 구조로 이루어졌는지(주술구조와 비주술구조 모두 포함하여) 아니면 둘 이상의 구조로 이뤄졌는지만 명확히 구분한다면 문장이 단문인지 복문인지를 확정하는 일은 어렵지 않다. 예를 들어 '我是學生나는 학생이다'은 단문이지만 '我是學生, 他是教師나는 학생이고 그는 선생님이다'는 두 개의 구조로 이뤄진 복문이

---

28 손육평孫毓萍, 「복합문과 휴지複合句和停頓」, 『중국어문』, 1957년 1월호, p. 48과 곽중평郭中平, 「단문, 복문의 경계 구분 문제單句複句的劃界問題」, 『중국어문』, 1957년 4월호, pp. 1~9 및 유세유劉世儒, 「중국어 단문, 복문의 구분 기준에 대해試論漢語單句複句的區分標準」, 『중국어문』, 1957년 5월호, pp. 21~25 참고.

다. 또 '我想我要離開了나는 곧 떠나려고 한다'나 '我提議, 我們明天出發나는 우리가 내일 출발할 것을 제안한다'는 과거에는 두 개의 주술구조로 이뤄진 내포복문包孕複句으로 보았었다. 그러나 이후로, 복문 내 구조는 각기 독립적이어야 하고 구조 간에는 서로가 문장성분이 될 수 없다는 것으로 복문을 정의한 뒤로는, 이를 단문으로 처리했다. 이 경우, 후행 주술구조는 선행 주술구조의 빈어로만 기능한다.

중국어에는 생략 현상이 늘상 출현한다. 이 같은 점은 문장에 몇 개의 구조가 있는지를 판별하는 데 어려움을 초래한다. 예를 들어 '我們喜歡音樂, 喜歡文學, 喜歡藝術우리는 음악을 좋아하고 문학을 좋아하며 예술을 좋아한다'는 연합구조가 술어를 이룬 단문일까, 아니면 주어 "我們"이 뒤의 두 절에서는 생략된 병렬복문일까? '他樂於助人, 値得表揚그는 다른 사람을 잘 도와주므로 칭찬할만하다'은 단문일까(이때 "他樂於助人"는 주술구로 이뤄진 주어이다), 아니면 복문일까('他樂於助人, [他]値得表揚'에서 뒤 절의 주어 "他"는 생략되었다)? 이처럼 '구조기준'은 구체적인 판단 과정에서 설명력을 잃기도 하므로 하나의 기준으로는 복잡한 문장을 만족스럽게 분석할 수 없다. 문장구조는 주요기준에 보조기준이 보완되어야 비로소 정확하고 완전한 분석이 가능하다.

의미는 언어의 내용으로서 구조 형식과 대응된다. 단문은 잘 갖춰진 하나의 의미를 표현한다. 이 점은 복문에서도 동일하다. 하지만 복문의 문장의미는 두 개 이상의 분절 의미가 조합되어 구성된다. 이에 착안하여, 어구 간의 의미관계를 명확히 구분한다면 단문과 복문을 판별하는 데 도움이 될 것이다. 예를 들면 다음과 같다.

(1) 我要吃蛋糕。
    (나는 케이크를 먹으려고 한다.)

(2) 我肚子餓, 要吃蛋糕。
(나는 배가 고파서 케이크를 먹으려고 한다.)

예(1)은 단문으로서 잘 갖춰진 하나의 의미를 표현한다. 반면에 예(2)는 복문이다. "나는 배가 고프다我肚子餓"와 "[나는] 케이크를 먹으려고 한다我要吃蛋糕"는 두 의미 간에는 인과관계가 있어 조합되면 전체 문장이 하나의 갖춰진 의미를 표현한다.

'의미기준'은 단문과 복문을 구분하는 데 사용되지만 '어법기준'보다 우선하는 근거는 아니다. 중국어의 의미조합성으로 인해 의미를 이해하는 데 어려움을 겪기도 하기 때문이다. 예를 들어 '你瞧, 我在聽보세요, 나는 듣고 있어요'에서 "你瞧"가 '가상지칭'이라면 독립성분으로 간주된다. 그리고 이때 문장은 하나의 구조로만 이뤄진 단문이다. 하지만 "你瞧"가 '실제지칭'이라면 두 가지로 이해가 가능하다. 하나는, 병렬 복문으로서 이때 "你瞧"와 "我在聽"는 각각의 분절을 이룬다. 또 하나는, 단문으로서 이때 "我在聽"은 "瞧"의 빈어이다. 아래 또 다른 예를 살펴보자.

(1) 她有兩個兒子, 一個唸文科, 一個唸理科。
(그녀는 두 아들이 있는데 하나는 문과를 다니고 하나는 이과를 다닌다.)
(2) 她的兩個兒子, 一個唸文科, 一個唸理科。
(그녀의 두 아들은 하나는 문과를 다니고 하나는 이과를 다닌다.)

상기 예문에서, 문장 내 각 부분은 모두 '분합식'의 재지시複指 관계에 있기 때문에 의미만으로 문형을 구분하는 데는 어려움이 따른다. 하지만 구조를 기준으로 보면, 예(1)은 분합복문總分複句이다. "一個唸文科"와 "一個

唸理科" 절은 모두 그에 선행된 "她有兩個兒子" 절과 재지시 관계에 있다. 여기서 "她有兩個兒子"는 주술빈구조로서 독립성이 강하고 뒤에 출현하는 절들과 구조관계를 맺지 않는다. 예(2)는 주술구조로 이뤄진 단문이다. "她的兩個兒子"는 수식구조의 구로서 문장의 주어이다. 수식구는 비주술문을 직접 구성하거나(예: '不要跑뛰지 마세요') 복문 내에서 분절처럼 열거되지 않는 이상(예: '柔潤的風, 俏人的月, 竊竊私語的秋蟬부드러운 바람, 아름다운 달, 소곤대는 가을 매미'), 일반적으로 문장성분으로만 기능한다. "一個唸文科, 一個唸理科하나는 문과를 다니고 하나는 이과를 다닌다"는 두 개의 주술구로 구성된 연합구로서 문장의 술어를 이룬다. 이처럼 한 단어([역주]'有'와 '的')가 다름으로써 두 예문은 구조도 달라지고 단문과 복문 간에 분류도 나뉜다.

'휴지語音停頓'도 단문과 복문을 분류하는 보조기준이 될 수 있다. 휴지의 길이는 조합과정에서 발생한 어법단위 간의 '긴밀'과 '이완' 관계를 구체적으로 보여준다. 문장 내 조합이 긴밀할수록 휴지는 짧아진다. 이는 문어에서는 모점頓號(、), 쉼표逗號(,), 쌍반점分號(;)으로 표시된다. 아래 두 조의 예문들을 비교 해보자.

(1) 他走過去把門打開。
    (그는 걸어가서 문을 열었다.)
(2) 他走過去, 把門打開。
    (그는 걸어갔다. 그리고서 그는 문을 열었다.)
(3) [計劃提出來了。]大家贊成我們行動。
    ([계획이 제출됐다.] 모두가 우리가 행동하는 것에 찬성한다.)
(4) [計劃提出來了。]大家贊成, 我們行動。
    ([계획이 제출됐다.] 모두가 계획에 찬성하면 우리는 행동한다.)

예(1)은 단문이다. "走過去把門打開"는 연동구로 구성된 술어이다. 예(2)

는 복문이다. 휴지가 문장을 "他走過去"와 "[他]把門打開"("他"는 앞 절의 "他"와 동일지시 관계로서 생략됐다)로 분리하고 있어 양자 간에는 연접 관계가 존재한다. 예(3)은 단문이다. "我們行動"은 주술구로 이뤄진 빈어로서 "贊成찬성한다"의 지배를 받는다. 예(4)는 복문으로 분석된다. 쉼표로 분리돼있으면서 "計劃提出來了"와 호응하고 있다는 점에서 "大家贊成[計劃]("計劃"는 앞 절의 "計劃"와 동일지시 관계로서 생략됐다)와 "我們行動"은 두 개의 분절이다. 두 절 간에는 일정한 의미관계가 존재한다.

휴지는 문장구조를 판별하는 데 도움을 주지만 단문과 복문을 판단하는 우선 기준은 아니다. 휴지 간의 길이 차이(특히 모점과 쉼표의 휴지, 쉼표와 쌍반점의 휴지)는 말하고 듣는 과정에서 절대적이고 객관적인 식별이 안 되기 때문이다. 그 외, 휴지는 수사修辭와도 관련될 수 있다. 원래는 휴지가 불필요했던 곳에 고의로 추가하면 청자의 주의를 끌면서 휴지 다음으로 오는 정보 초점을 부각시킬 수 있다. 단문 내에서도 휴지가 없을 수 있고 (예: 한 단어나 구로만 이루어진 문장 또는 어구가 많지 않은 문장) 복문에서도 휴지가 없을 수 있다(예: '人多勝算高사람이 많으면 승률이 높다', '你不問我替你問당신이 묻지 않으면 내가 당신 대신 묻는다'). 그 중에서 축약문緊縮複句은 더더욱 그렇다(예: '我越說越高興나는 말하면 말할수록 기분이 좋다'). 단문은 모점과 쉼표로 단어나 구를 분리한다. 복문도 그와 같지만, 절은 쉼표와 쌍반점으로 분리한다. 그러므로 문장에 쉼표가 쓰였다고 해서 그것을 복문으로 단정해서는 안 된다. 예를 들어, '一九九八年十二月二十八日上午五時四十五分, 教育署宣告學校停課一天1998년12월28일 오전 5시45분, 교육부에서 하루 휴교를 선포하였다'에서 쉼표는 하나의 긴 문장을 둘로 나누어 언어단위 간 연결을 느슨하게 함으로써 자연스러운 휴지 리듬을 만든다. 중국어는 주어와 술어의 조합이 상대적으로 느슨하기 때문에 주어와 술어 간에 비교적 명확한 휴지를 둘 수 있다(휴지를 나타내는 어기사를 더하기도 한다). 문어에서는 '這個人嘛, 不應該在這裏出現이 사람은요, 여기에 나타나서는 안돼요'과 같이 쉼표를 이용하여 분리하는데, 이렇게 나뉘어도 문장은 단문이다. 아래의 또 다른 예를 보자.

(1) 我希望你來、他來、大家來。
(나는 당신, 그, 모두가 오기를 바라요.)
(2) 我希望你來, 他來, 大家來。
(나는 당신, 그, 모두가 오기를 바라요.
나는 당신이 오기도 바라고, 그가 오기도 바라고, 모두가 오기도 바라요.)

예(1)은 단문이다. "你來、他來、大家來"가 하나의 연합구로서 "希望"이 지배하는 빈어라는 것을 모점을 이용하여 표시하고 있다. 예(2)는 쉼표를 사용하고 있는데, 여기에는 언어 맥락에 의한 제약이 없으므로, "你來, 他來, 大家來"가 연합구로서 "希望"의 지배를 받는다고 보면 문장에는 하나의 구조만 남는다. 하지만 쉼표를 절을 분리하는 수단으로 간주한다면 문장에는 세 개의 구조가 있고 그 중 일부에는, "我希望你來, [我希望]他來, [我希望]大家來。"와 같이 성분간 동일지시로 인해 생략이 발생했다고 볼 수 있다.

'접속어關聯詞語'는 연결시키는 기능을 하는 어구들의 통칭으로서, 어법단위들을 일정한 어법관계나 의미관계에 따라 조합시킬 수 있다. 접속어에는 단어(예: 접속사連詞 '因爲……所以', '雖然……但是', 부사 '便', '又')와 구(예: '一方面……一方面', '總括來說')가 포함된다. 접속어는 일종의 어법형식표지로서, 접속어의 부가를 통해 분절 간의 구조와 의미관계를 나타낼 수 있다. 앞서 늘었던 "大家贊成, 我們行動"을 보면, 그에 선행히여 "計劃提出來了"가 맥락으로 제시되었다고 해도, 두 절 간의 의미관계는 여전히 다양하게 해석될 수 있다. 예를 들면 아래와 같다.

  가정관계 ― '如果大家贊成, 我們就行動모두가 계획에 찬성한다면 우리는 행동할 것이다'
  조건관계 ― '只有大家贊成, 我們才行動모두가 계획에 찬성해야만 비로소 우리는 행동할 것이다', '只要大家贊成, 我們就行動모두가 계획에 찬성하기만 하면 우리는 행동할 것이다'
  인과관계 ― '因爲大家贊成, 所以我們行動모두가 계획에 찬성하기 때문에 우리는 행동할 것이다', '旣然大家贊成, 我們就行動모두가 계획에 찬성한 이상 우리는 행동할 것이다'

 접속어를 적절히 사용하면 문장구성의 엄밀성을 증대시켜 의미가 명확해진다. 아울러, 접속어는 문장구조의 판별에도 기능을 발휘한다. 예를 들면 다음과 같다.

  (1) 我放下文件走了。
    (나는 파일을 내려놓고 나갔다.)
  (2) 我放下文件就走了。
    (나는 파일을 내려놓고서 바로 나갔다.)

 예(1)은 연동문이다. 반면에 예(2)는 축약문이다. 두 구조("我放下文件", "我走了") 간에 "就"를 추가함으로써 절 간 분리나 휴지 없이도 긴밀하게 조합된 순차관계를 보여준다. 접속어에는 격식도 존재하는데, 예를 들어 '越……越……~할수록 ~하다', '一……就……~하자마자 ~하다', '再……也……아무리 ~하더라도 ~하다'는 전형적인 축약문의 형식표지이다.
 단문과 복문 간 구별에서 접속어는 보조기준으로만 기능한다. 접속어는 복문에서만 사용되는 것도 아니고 복문이라고 해도 접속어가 반드시 필요한 것도 아니기 때문이다. 접속어는 단문에서도 사용된다. 예를 들어 '無論在甚麽情況下, 我們都支持你어떤 상황에서든 우린 모두 당신을 지지한다'는 "無論"과 "都"를 추가하여 의미를 강조하고 의미 간 긴밀도를 높이고 있지만 구조는 여전히 하나이다. 또 '這孩子又白又胖이 아이는 뽀얗고 통통하다'은 접속어 "又"가 사용됐어도 술어는 여전히 연합구로 구성된 단문이다. 그러므로 단문인지 복문인지에 대한 판별은 접속어의 사용 여부로만 판단해서는 안 된다. 중국어는 의미조합적이면서 간결함을 중시하기 때문에 수사적 쓰임이 필요한 경우나(예를 들어 강조 효과를 갖고자 할 때) 어구의 의미관계를 엄밀하고 명확하게 드러내야 할 경우를(법률이나 과학기술에 쓰이는 문체와 같이) 제외하고는, 생략할 수 있는 접속어라면 생략한다. '一分耕耘, 一分收穫뿌린 만큼 거둔다', '少壯不努力, 老大徒傷悲젊을 때 열심히 하지 않으면 늙어서 후회해도 소용없다' 등 표어나 격언에 접속어를 추가한다면 문장은 오히려 장황해질 것이다.

4.5.2. 문단은 최대 어법단위이다

문단은 구조적으로는 응집되며 일관돼있고 의미적으로는 상호 연계되어 있어 하나의 중심의미를 함께 표현하는 일군의 문장을 가리킨다. 복문 내 절은 문장 형식을 띠고 있는 데다, 문단 내 문장과 같이, 수적인 제약도 없다(최소 두 개를 요구하는 것을 제외하고). 그로 인해 절 간의 휴지와 문장 간의 휴지는 구분이 쉽지 않다. 이는 말하고 듣는 데 있어 복문과 문단을 판별하는 데 어려움을 준다. 하지만 복문은 아무리 복잡해도 여전히 하나의 문장인 데 반해, 문단은 아무리 간단해도 여전히 두 개 이상의 문장을 필요로 한다. 복문과 문단은 문어에서 그 경계가 아주 명확하다. 하나의 복문은 그 안에 얼마나 많은 절이 포함돼 있는지에 상관없이 잘 갖춰진 하나의 의미만을 표현한다. 문장은 전체에 걸쳐 일관된 하나의 어조를 갖기 때문에 문말은 마침표, 물음표, 느낌표로 표시된다. 문단에서는 문장마다 각자의 문말부호를 갖는다. 문단에 있는 문말부호의 수가 곧 어조의 수이자 문장의 수이다. 문말부호로 표시되는 어조는 문단 내에서 서로 일치할 수도 있고 일치하지 않을 수도 있다. 예를 들면 다음과 같다.

(1) 他喝了五杯果汁, 吃了六個蛋糕, 拿走了七瓶酒。
 (그는 주스 다섯 잔을 마시고 케이크 여섯 개를 먹고 술 일곱 병을 가져갔다.)
(2) 他一到會場就喝了五杯果汁。在短短的十分鐘內, 他吃了六個蛋糕。離開時, 還一聲不響, 拿走了七瓶酒。
 (그는 회의장에 도착하자마자 주스 다섯 잔을 마셨다. 그리고 그 짧은 10분 동안 케이크 여섯 개를 먹었다. 하지만 떠날 때는 말 한마디 없이 술 일곱 병을 가져갔다.)
(3) 他一到會場就喝了五杯果汁。有人問: 在短短的十分鐘內, 他是否吃了六個蛋糕？最令人氣憤的是, 主人未到, 他竟然搶先諏開, 還拿走了七瓶酒哩!
 (그는 회의장에 도착하자마자 주스 다섯 잔을 마셨다. 누군가 물었다. 그 짧은 10분 동안 그가 케이크 여섯 개를 먹었나요? 가장 분통 터지는 일은 그가, 주인이 도착도 안 했는데, 시간에 쫓기듯 떠나며 술 일곱 병도 가져갔다는 것이다.)

예(1)은 하나의 어조를 가진 복문으로서 진술 어기를 표현한다. 예(2)는 세 개의 문장으로 구성된 문단으로서 일치된 세 어조 모두 진술 어기를 표현한다. 예(3)도 세 개의 문장으로 구성된 문단이지만 각기 다른 어조로 진술, 의문, 감탄의 어기를 표현하고 있다.

어조의 분별은 문단에만 요구되는 것으로서 복문에는 요구되지 않는다.

예를 들면 다음과 같다.

(1) 下雨嗎? 刮風嗎? 響雷嗎?
 (비가 내리는가? 바람이 부는가? 천둥이 치는가?)
(2) 你知道我要甚麽嗎? 我要吃蛋糕。
 (당신은 내가 무엇을 원하는지 알아요? 나는 케이크를 먹을 거예요.)

예(1)은 의문문으로 구성된 병렬관계의 문단으로서 세 개의 어조가 있다. '下雨啊! 刮風啊! 響雷啊! 비 내려요! 바람 불어요! 천둥 쳐요!', '下雨吧。刮風吧。響雷吧。비를 내려라. 바람을 불어라. 천둥을 쳐라.'에도 모두 세 개의 어조가 있다. 이들은 각각 감탄문과 명령문으로 구성된 병렬 문단이다. 이에 반해, 복문은 하나의 어조만 가지므로 문장 중간에 물음표, 느낌표, 마침표를 넣을 수가 없다. 예(2)는 문답식으로 구성된 해설관계의 문단이다. 질문을 제기하는 부분과 대답을 제공하는 부분으로 구성되어 있으므로 어조 역시 최소 2개여야 하고 문장도 최소 2개여야 한다.

복문 내 절 간의 관계는 한 문장 내에서 맺어진 내부적 관계이다. 그리고 문단 내 각 문장들 간의 관계는 문장과 문장 간에 맺어진 외부적 관계이다. 그러므로 접속어가 복문과 문단 내 조합에서 동일하게 사용되는 어법형식 표지라고 하더라도, 그것의 사용은 내·외부 조합이 갖는 '긴밀'과 '이완'의 정도 차에 따라 상이하다. 예컨대, '一……就……'나 '越……越……'와 같이 쌍으로 사용되면서 축약의 기능을 하는 접속어들은 복문 내에서만 사용한다. 또한 '一方面……一方面……'이나 '首先……其次……'처럼 쌍으로 사용되는 소수의 접속어들은 복문과 문단에서 모두 사용 가능하다. 이들 대부분은 병렬관계나 연접 관계를 나타낸다. 그리고 '因爲……所以……', '雖然……但是……'와 같이 쌍으로 사용되는 대부분의 접속어들은 복문에서 사용하고 문단에서는 사용하지 않는다. 이들 대부분은 인과, 전환, 조건, 목적 등의 관계를 나타낸다. 만약 문단에서 이들 관계를 나타내려면 후행하는 문장의 앞머리에서만 '所以', '但是' 같이 낱개의 접속어를 사용한다.

문단은 문장 이상의 최대 어법단위이다. 한편의 글은 여러 문장과 문단의 조합으로 구성된다. 문단 내 문장들의 조합에는 어법뿐만 아니라 수사와 논리, 그리고 담화문의 작법에까지 여러 문제들이 관여돼있다. 이들 문제는, 순수하게 어법연구 범위에 드는 것도 아니고 어법분석이 품어낼 수 있는 것도 아니다. 그로 인해, 중국어 어법단위에 대해서는 문단을 배제한 채 형태소, 단어, 구, 문장까지만 분류하기도 한다. 어법 분석이 문장을 넘어설 수 있을지에 대해서는 의견을 달리할 수 있지만 문단의 구성 규칙을 연구하는 일은 언어를 표현하고 이해하는 데 분명 도움이 될 것이다.

4.5.3. 문단과 복문의 분류는 기본적으로 일치한다

문단은 어법, 논리, 담화 등의 범주에 관여돼있다. 그러므로 문단을 사유형식과 논리 형식에 따라 분류하기도 하는가 하면 담화에 근거해 분류하기도 한다. 담화에 근거해서도, 만약 표현을 중시한다면 '진술敍述', '묘사描寫', '표현抒情', '비평議論', '설명說明' 등으로 나누고 텍스트를 중시한다면 '주체主體', '과정過渡', '삽입揷入' 등으로 나눈다. 그리고 어법의 관점에서는, 문단을 어법단위로 놓고 '어법기준'에 따라 분류한다. 다만 어법기준에도 판단 근거가 제각각인 만큼 문단의 유형도 다양하게 나뉜다. 예를 들어, 중심문의 통솔기능에 따라 분류하기도 하고 문단 내 어기에 따라 분류하기도 한다. 또 문단 내 문장의 구조에 따라 분류하기도 하고 문단 내 문장들 간의 조합관계에 따라 분류하기도 한다.

구조적인 면에서, 중국어는 문단 내 문장과 복문 내 절들이 모두 의미조합(어순을 이용한)과 형식조합(접속어를 이용한)의 방법으로 조합된다. 그러므로 문단도, 복문과 같이, '의미조합'과 '형식조합'으로 나뉠 수 있다. 또한 문단도 복문처럼 구조 층차를 갖는다. 문장들이 하나의 구조 층차로만 구성돼 있다면 '단일문단一重句羣'이라고 하고, 둘 이상의 구조 층차라면 통칭하여 '다중문단多重句羣'이라고 한다(구조가 두 개 층차면 '이중문단二重句羣', 세 개 층차면 '삼중문단三重句羣', 그 이상은 층차 수에 따라 명칭을 부여한다). 예를 들면 다음과 같다.

(1) 頭痛嗎? 眼痛嗎? 脚痛嗎?
(머리가 아픈가요? 눈이 아픈가요? 발이 아픈가요?)
(2) 頭痛嗎? 快找李醫生。眼痛嗎? 最好找陳醫生。
(머리가 아픈가요? 빨리 이 선생님에게 가보세요. 눈이 아픈가요? 그럼 진 선생님에게 가보는 것이 좋아요.)

예(1)은 단일문단이다. 세 문장이 하나의 병렬관계를 가지면서 하나의 구조 층차만 존재하기 때문이다. 예(2)는 이중문단이다. 선행하는 두 문장과 후행하는 두 문장 간에 존재하는 병렬관계를 첫 번째 구조 층차로 보고, 선행하는 두 문장 간에, 그리고 후행하는 두 문장 간에 존재하는 가정관계를 두 번째 구조 층차 볼 수 있다.

문단 내 문장 간에는, 복문 내 절 간의 관계와 마찬가지로, 다양한 의미관계가 존재한다. 그러므로 의미관계 측면에서 본다면, 문단을 의미관계에 따라 분류할 수도 있지만, 문단과 복문의 조합이 의미관계 면에서 기본적으로 일치한다는 것도 알 수 있다. 여기에는 병렬, 연접, 점층, 선택, 분합, 해설, 전환, 조건, 가정, 인과, 목적 등의 유형이 포함된다. 아래의 예문을 살펴보자.

(1) 屋內, 金碧輝煌, 是富人的天堂。屋外, 殘垣敗瓦, 是窮人的地獄。
(집안은 눈부시게 화려한 부자들의 천당이다. 집밖은 황폐하고 처량하한 가난한 자들의 지옥이다.)

(2) 昨天上午, 我到陳醫生的診所看病。在診所等候了三個小時, 終於忍耐不住, 到街上進逛。後來到一間書店看書, 竟碰見了陳醫生。
(어제 오전 나는 진찰을 받으러 진 선생님의 진료소로 갔다. 진료소에서 세 시간을 기다리다 결국에는 못 참고 거리로 나섰다. 그 뒤로 서점에서 책을 보다 뜻밖에 진 선생님과 마주쳤다.)

(3) 天灰灰的, 太陽不知躲到哪處去了。但是, 不知怎的, 我還是感到太陽的燙熱, 直逼著頭頂。
(하늘이 어둑어둑하여서 태양이 어디로 숨었는지 알 수 없었다. 하지만 어찌 된 일인지, 나는 여전히 나의 머리 위로 내리쬐는 태양의 뜨거운 온기를 느낄 수 있었다.)

(4) 無論事情發展到甚麼地步, 我們都要積極樂觀, 向好處想。這樣, 我們工作才會輕鬆一些, 也不會容易氣餒。
(일이 어떻게 되든지에 상관없이 우리는 모두 적극적이고 낙관적이어야 하고 좋은 쪽으로 생각해야 한다. 그래야만, 일을 수월하게 할 것이고 쉽게 낙담하지도 않을 것이다.)

예(1)은 병렬관계의 문단, 예(2)는 연접관계의 문단, 예(3)은 전환관계의 문단, 예(4)는 조건관계의 문단이다. 문단과 복문의 분류가 일치하기 때문에 문단에 대한 인식이 곧 복문에 대한 인식으로 이어질 수 있다. 이 같은 점은, 어법 교학에도 도움이 될 뿐만 아니라 중국어 어법이 의미조합적이고 융통적임에도 조합에서는 여전히 일정한 체계성이 있음을 보여주기도 한다.

4.6. 어법의 발전과 규범화

4.6.1. 안정성과 변동성

어법의 발전은 언어 요소와 사회 요소에 긴밀히 맞닿아 있다. 언어에는 안정성도 있고 변동성도 있다. 언어의 안정성은 사회적 언어 관습의 형성으로 드러나고 언어의 변동성은 사회적 영향에 기초한 언어의 활력으로 드러난다. 그러므로 사회 발전에 따라 언어는 낙후된 성분을 부단히 도태시키고 새로운 표현 방식을 부단히 취한다.

언어는 인간의 주요한 의사소통 도구로서 사회적 산물이다. 그런 점에서 언어는 언중과 밀접한 관계에 있다. 어법은 언어의 구성요소 중 하나이다. 어법은 언어의 구조 규칙이면서 그 언어를 사용하는 언중들의 사유 방식을 반영한다. 사유 방식은 긴 시간을 거쳐야만 비로소 안정되고 귀납된다. 언어 관습은 그렇게 안정되고 귀납된 결과가 점진적으로 굳어지는 과정에서 만들어진다. 언중은 공동의 언어 관습에 기초하여 언어를 이용하며 사상과 감정을 표현하고 이해한다. 그 속에서만 언어는 의사소통 기능이 발휘된다.

어음, 어휘와 비교해 어법은 지역적 차이가 가장 적다. 언어의 발전 면에서도, 어법의 변동은 어음과 어휘에 비해 좀 더 느리고도 적다. 이는 모두 사유 방식이 갖는 관습성에 기인한다. 여기서 사유 방식은 개인의 사유 방식이 아닌, 오랫동안 귀납되온 언중들의 공통된 사유 방식을 가리킨다. 그 때문에 어법은 개인이 임의로 변화시킬 수 있는 것이 아니다. 어법은 언중들이 보편적으로 받아들이고 또 시간을 거치며 사용돼야만 비로소 형성될 수 있는 언어관습이기 때문이다. 예긴대, 홍콩에는 '非常老師^{비성 교사}, 非常偵探^{비상 탐정}, 非常任務^{비상 임무}'와 같이 부사와 명사 간 결합을 즐겨 사용하는 사람들도 있고 '美麗過美麗, 比特區還特區, 比香港大學還香港大學더 아름답고 더 특별구답고 더 홍콩대학답다'처럼 단어 성질을 바꿔 조합하는 사람들도 있다. 이는 모두 어느 한 때, 한 방언구에서, 소수에게만 수용돼 유행하는 용법일 뿐, 사용된다는 자체만으로 어법에 부합한다고 할 수는 없다. 어법은 어떤 사람(언어학자와 같은)에 의해 제정된 것도 아니고 어떤 어법 저서에 근거하여 세워진 것도 아닌, 언중들에게 널리 사용되어 관습으로 굳어진 결과이다.

언중들에게 널리 사용되어 관습으로 굳어진 것이 어법이란 점은 어법이 가진 안정성을 보여준다. 특별한 원인이 있지 않는 한, 언어 관습은 한 번 형성되면 쉽게 바뀌지 않는다. 예를 들어 '我나', '蛋糕케이크', '吃먹다'로써 의미를 조합한다면 '我蛋糕吃'나 '吃蛋糕我'는 수용되지 못한다. '我吃蛋糕'의 '주어—동사—빈어' 구조가 가장 일반적이고 '蛋糕, 我吃'는 '빈어 전치賓語提前'된 도치문이다.29 두 조합 모두 어법에 부합하지만 언어 관습에 근거하면 전자는 '일반문常式', 후자는 '변형문變式'으로 간주된다. 또 다른 예로, '我肚子餓, 我要吃蛋糕나는 배가 고파서 나는 케이크를 먹을 것이다'는 어법 형식이 완전하게 갖춰져 있다는 점에서 '완전문完全句'이다. 그리고 '我肚子餓, 要吃蛋糕나는 배가 고파서 케이크를 먹을 것이다'는 뒤 절의 주어 "我"가 앞 절의 "我"와 공지시 관계에 있어 생략됐다는 점에서 '생략문省略句'이다. 하지만 사용 면에서는 생략문이 언어 관습에 더 부합하며 완전문보다 더 보편적이다.

어법에 '안정성이 있다'는 말이 '변동성이 없다'는 것을 의미하지는 않는

---

29 '蛋糕吃我케익이 나를 먹는다'는 어법에 부합한다. 하지만 논리에 부합하지는 않기 때문에 특수한 상황(수사적 필요나 문체적 허용)에서만 사용 가능하다. '蛋糕我吃(그)케익은 내가 먹는다'는 주술술어문으로서 어법에 부합한다. 하지만 이처럼 수동 주어가 문두에 위치하는 용법은 능동 형식의 '我吃蛋糕나는 케익를 먹는다'보다 일반적이지 않다.

다. 살아있는 언어는 새로운 자양분을 흡수해야 한다. 중국어는, 고유한 것이든지 들여온 것이든지를 막론하고, 예부터 줄곧 선택적인 흡수를 지향해왔다. 낙후된 것은 도태시키고 새로운 것은 받아들이며 안정 속에서도 부단히 변화, 발전하여 다듬어지고 풍부해졌다. 어법은 점진적으로 변화될 뿐임에도 그에 맞게 사회와의 밀접한 관계를 반영해왔다. 어음과 어휘처럼, 어법은 사회 발전에 따라 발전해왔고 새로운 사물과 개념이 출현하면 그에 따라 새로운 표현 형식을 만들어냈다.

20세기 초 짧은 삼 십여 년간, 문언이 백화로 발전하며 겪었던 어법 변동은 한대에서 청대까지 겪어왔던 변동보다도 훨씬 컸다. 점진적으로 변화해 왔던 중국어 어법 입장에서, 어법의 유럽화는 중국어 어법사의 일대 사건이었다고 할 정도로30 사회 발전이 언어 발전에 얼마나 크게 영향을 끼칠 수 있는지를 보여주었다. 정치, 경제, 사회의 급격한 변화, 중국과 외국 문화 간의 잦아진 교류, 어문개혁으로서의 국어國語운동, 창작 번역과 어법 연구 등, 여러 방면에 걸친 영향은 모두 직·간접적으로 어법의 발전을 견인했다. 사회의 유럽화처럼 중국어의 유럽화는 시대 조류로서 그 흐름을 피할 수 없었다.

어법의 유럽화는 중국어 어법이 거쳐온 근 8~90년 동안의 발전을 보여준다. 포괄적으로 말한다면, 어법의 변동은 주로 새로운 규칙과 용법의 출현, 그리고 사용범위와 빈도에서 보인 옛 규칙과 용법의 증가로 표현된다.31

단어구성 면에서 보면, 음역音譯과 음·의겸역音意兼譯을 통한 외래어 수용

---

30 왕력, 『중국어법이론中國語法理論』 下冊, 北京: 中華書局, 1954, p. 258.
31 사요기謝耀基, 『현대중국어의 유럽화 어법 개론現代漢語歐化語法概論』, 香港: 光明圖書公司, 1990, pp. 35~103 참고.

이 상당히 보편적이었고 그에 따라 대량의 음역어와 음·의겸역어가 만들어졌다. 그 중에는, '反반-, 主義-주의, 性-성, 化-화'와 같이 유럽화의 영향으로 사용하기 시작한 접사도 있고 '家-가, 者-자, 士-사, 師-사, 員-원'처럼 써오던 고대중국어를 폭넓게 응용하기 시작한 접사도 있다.

단어의 형태 변화 면에서, 구조 조사 '的, 地, 得'는 각각 한정어, 상황어, 보어의 어법형식표지로서 기능이 명확히 나뉘었다. 동태 조사 '了(완료), 著(지속), 過(경험)'는, 마치 서구어가 시태를 표시하듯, 동사 뒤에 붙어 동태를 표시했다. '다수'를 의미하는 복수 조사 '們'은 인칭 명사 뒤에만 붙던 것에서 비인칭대사인 '它그것(무생), 牠그것(유생)' 뒤에도 붙고, 심지어는 일반 명사들(예: '鼠子們쥐들', '小動物們작은 동물들')에도 붙었다.

단어의 품사 면에서, 서구어 관사(article)의 영향으로 양사 '個개, 種종'의 사용이 광범위해졌고 수적 개념을 강조하지 않으면서도 '一個, 一種'을 즐겨 사용했다. 인칭 대사의 사용이 잦아지면서 '他'는 '她그녀, 它그것(무생), 牠그것(유생), 祂그(종교상의 신)'를 파생시켰다. 이는 양성, 음성, 중성을 구별(예: 영어의 'he, she, it')한 서구어의 영향에서 비롯된다. 형식조합을 중시하는 인도유럽계 언어의 영향으로 중국어에서도 접속사(특히 '和')의 사용이 빈번해졌다. 또 그것의 위치도 사물을 분류하는 데에 삽입되던 것에서(예: '我喜歡吃餅乾、蛋糕和蘋果、香蕉나는 과자와 케잌 그리고 사과와 바나나를 좋아한다') 나열되는 마지막 두 항목 사이로 고정됐다(예: '我喜歡吃餅乾、蛋糕、蘋果和香蕉나는 과자, 케잌, 사과와 바나나를 좋아한다'). 서구어의 잦은 사용으로 전치사의 수요도 증가하면서 중국어의 개사 사용도 '수의적'에서 '의무적'으로 바뀌었다. 예컨대 '在……~에서', '當……的時候~일 때', '關於~에 관해', '對於~에 대해'의 사용은 큰 폭으로 늘어났다.

단어 조합 면에서 보면, 중국어 구조는 복잡해졌다. 몇 가지를 나열하면 다음과 같다. 두 개 이상의 동사성 구조가 하나의 대상을 함께 지배한다(예: '仔細觀察竝認眞處理問題문제를 자세히 관찰하고 진지하게 처리하다'), 두 개 이상의 조동사가 동사 앞에 연이어 사용된다(예: '可以而且應該做妥這件事이 일을 알맞게 처리할 수 있고 또 그렇게 해야 한다'), 주술구조에 '的'를 부가하여 '명사화'된 수식구조를 만든다(예: '他不用心學習 — 他的不用心學習그는 열심히 공부하지 않는다—그의 불성실한 공부'), 인칭 대사 앞에 부가성분을 더한다(예: '整晚沒有睡覺的我밤새 잠을 자지 못한 나'), 수식구조의 수식항에 일련의 단어들을 사용한다(예: '小學時候用過的一張用紅木造成的、長長的、矮矮的書桌초등학교 때 사용했던, 마호가니로 만든, 길쭉하고 짤막했던 책상', '今天上午在學校用電腦仔細地重複核算오늘 오전 학교에서 컴퓨터로 자세하게 반복 계산한다'). 이러한 조합법은 모두 서구어 어법의 영향을 받아 널리 사용되기 시작했다.

문장 면에서 보면, 구조에도 일부 변화가 생겼다. 예컨대, 중국어는 간결성을 중시하기 때문에 생략할 수 있는 문장성분이면 생략했다. 그러나 중국어 문장에서, 주어를 필히 요하는 서구어 문장의 영향으로 인해, 생략할 수 있는 주어임에도 생략하지 않는 현상이 생겼다(예: '我肚子餓, 我要吃蛋糕나는 배가 고파서 나는 케이크를 먹을거다'). 또한 중국어는 의미조합적이지만 형식조합을 중시하는 인도유럽계 언어의 영향으로 접속어 사용이 '수의적'에서 '의무적'으로 변했다(예: '他不交習作, 給老師責備 — 他因爲不交習作, 所以給老師責備그는 숙제를 제출하지 않아 선생님에게 질책 받았다'). 중국어의 복문은 수식문장이 앞에, 중심 문장이 뒤에 위치했는데 현재는 수식 문장이 뒤로 오기도 한다(예: '他內心善良, 雖然他外表醜陋그는 마음이 선량하다, 비록 외모는 못생겼지만', '我曾經到過這地方, 因爲我要實地考察나는 예전에 여기에 온 적 있다, 왜냐하면 현지 조사를 해야 했기 때문에'). 한편, 대화를 묘사하는 데 있어서는 어순에 변화가 컸다. 묘사 속 화자는 일반적으로 대화문 앞에 위치했는데 이제는 뒤에 위치하기도 하고(예: '這是甚麼地方?'他問'여기는 어디인가요?' 그가 물었다) 중간에 위치하기도 한다(예: '陳醫生', 病人說, '你的醫術眞好''진 선생님,' 환자가 말했다, '당신 의술은 최곱니다'). 또한 삽입어 사용이 늘면서, 그것의 위치도 줄곧 문장 앞이던 것에서 이제는 문장 중간도 가능해졌다(예: '這房子, 據說, 只值五十萬'이 집은, 듣자 하니, 50만원밖에 안 한다', '他們失敗, 我想, 沒有甚麼值得高興'그들의 실패가, 내 생각엔, 좋아할 일이 아니라고 본다'). 이상의 변화로써, 문장구성은 느슨해진 듯 보여도 의미는 더욱 엄밀해졌다. 문형의 사용 면에서 제일 뚜렷한 변화는 피동을 표시하는 '被'자문의 보편적 사용이다. '被'자문은 이제 원하지 않는 일이나 유쾌하지 않은 일을 표시하는 데만 사용되지 않는다(예: '他被我們選做班長'그는 반장으로 선출되었다', '我被大會邀請作主禮嘉賓'나는 대회 주요 게스트로 초청되었다', '你被大家提名競選會長'당신은 회장 경선에 지명되었다'). 또한 '是'자문은 '판단'을 표시했지만, '是'의 사용은, 마치 영어의 'be, is, am, are'처럼, 보편적이고 필수적으로 변화했다(예: '他的改變是太大了'그의 변화가 너무 크다', '今天是中秋節'오늘은 추석이다').

어법에는 안정성과 변동성이 모두 존재한다. 새로운 규칙이나 용법은, 그것이 중국어 내부 발전 규칙에 맞는다면 중국어도 풍부하게 하고 의사소통 기능도 증대시킬 수 있다. 하지만 내부 발전 규칙과 특성에 부합하지 않는다면 언어 혼란을 초래할 수도 있다. 이는 어법의 유럽화가 '긍정적 측면善性'과 '부정적 측면惡性'을 모두 갖는 것과도 같다. 중국어가 외래어, 방언 등의 장점을 취하고 자신의 부족한 점을 보충하기 위해서, 그리고 동시에 혼용, 남용, 오용을 방지하기 위해서, 어법의 발전은 어법의 규범화와 밀접하게 연계되어야 할 것이다.

4.6.2. 어법의 규범화

언어의 건강한 발전을 추동하고 언중들에게 언어 관습의 명확한 준수 기준을 부여하기 위해서는 언어의 발전에 맞는 규범화가 적극적으로 진행되어야 한다.

규범화는 규격화規條化와 다르다. 규범이란 기준을 정한다는 뜻이다. 언어 자체는 일정한 규칙規律이 존재한다. 언어 규범화는 언어 규칙을 확정하는 데 그치지 않고 발전 과정 중에 생겨난 상이함과 혼란들을 적절하게 정리하는 것까지 포함한다. 규범화는 언어에 불변의 틀을 덧씌우는 것이 아니다. 다시 말해, 규범화는 한 대상에 하나의 명칭만 부여하거나 한 마디에 한 가지 해석 가능성만 갖게 하여 중국어를 경직시키고 그것의 발전을 저해하고자 하는 것이 아니다. 규범화는 불필요한 것들을 걸러내 언어가 좀 더 정제되고 풍부해질 수 있도록 한다. 언어에 규범이 존재할 때 비로소 준수하고 달성해야 한다는 목표가 생긴다. 언어 사용자는 그 규범을 준수함으로써 무엇이 원활하게 전달되고 무엇이 그렇지 않은지를 알게 된다. 또한 규범에 따른 명확한 기준에 의해서만 부적합한 사용에 제약을 가할 수 있다.

언어 규범을 준수한다는 것은 제약을 가해 개인의 언어표현 수단과 스타일風格을 쓰지 못하게 하는 것과 다르다. 이는 마치 노래를 배우는 것과 같다. 악보를 막 이해했을 때는 그것에 얽매여 있는 것처럼 느껴진다. 하지만 익숙해지면 악보를 보지 않고도 노래를 부르고 나중에는 개인 창법과 표현 기교까지 표현할 수 있게 된다.[32] 이렇듯 언어의 규범화는, 가사를 악보에 명확히 기록하는 것처럼, 언어가 좀 더 쉽게 그리고 널리 배우고 사용되도록 한다. 그로써, 언중들의 정확한 언어 사용 의식을 고취시키고

---

[32] 이가수李家樹, 「중국어 규칙과 개인 문체語法規律與個人風格」, 『어문연구와 어문교학 語文研究和語文教學』(증수본), 香港: 商務印書館, 1991, p. 216.

언어능력을 향상시키며 결과적으로 의사소통 효과를 충분히 발휘하도록 한다. 언어의 규범화는 나아가 언중들의 관습적인 언어 사용에도 명확함과 정연함을 갖출 수 있게 한다.

  언어 규범화의 주요 대상은 문어書面語이다. 문어는 구어를 가공한 형식으로서 널리 그리고 오래 전할 수 있어 구어의 발전을 견인한다. 예컨대, 어법에 대해 "모범적인 현대 백화문 저작을 어법 규범으로 삼는다以典範的現代白話文著作爲語法規範"고 한 정의는 이미 1950년대 반포되었다.33 여기서 "백화문 저작"이란 보통화, 즉 한족의 공동어로 작성된 작품으로서 어법 규범의 토대로 사용되어왔다. 구어가 갈고 다듬어져 형성된, 백화문이라는 문학 언어는 지면에 고정되어 있기 때문에 널리 전파하고 학습하는데 용이했고 그 결과가 다시 구어에 영향을 미쳐 구어 역시 안정되고 풍부해졌다. 더불어 "모범적인"과 "현대"란 두 수식어는 백화문이라고 해서 모두가 어법 규범이 될 수 있는 것은 아님을 명시한다. 초등학생이나 중고등학생들의 습작은 백화문일 뿐 모범적이진 않다. 반면에 『수호전水滸傳』, 『홍루몽紅樓夢』은 모범적이라고 할 수는 있지만 초기 백화소설로서 현대중국어와 일정한 차이를 갖기 때문에 규범이 되지 못한다. 오직 우수한 작가들의 백화문 저작, 그 중에서 정확하고 간결, 명료하면서도 엄격한 논리성을 갖춘 어법만이 규범으로 쓰일 수 있다. 물론, 이 같은 어법 규범에서 참고하는 것은 폭넓은 대표성을 가진, 그러면서도 언중들에게 보편적으로 수용된 일반 용례들에 국한한다. 개별 작가나 작품의 독특한 스타일과 용례는 전국 통용의 어법

---

33 『보통화 보급에 관한 국무원 지시國務院關於推廣普通話的指示』(1956년 2월 6일)(국가어언문자공작위원회 정책법규실國家語言文字工作委員會政策法規室 편, 『국가 언어문자 정책법규 총람國家語言文字政策法規匯編』(1945~1995), 北京: 語文出版社, 1996, p. 12 재인용)

규칙으로 사용되기에 부적합하다.

어법 규범에는 동일 언어 화자라면 모두가 공동으로 준수해야 하는 강제성이 있어야 한다. 하지만 어법을 규범화하는 것은 아래와 같이 '모범 어법'을 제정하는 것과는 다르다.

첫째, 언어 관습은 바뀔 수 있다. 사회 변동에 따라 지금은 어법에 맞지 않더라도 몇 년 후엔 언중들에게 수용되어 어법적인 것으로 바뀔 수도 있다. 예를 들어, '們들'은 몇몇 인칭 명사(예: '學生학생, 作家작가') 또는 인칭대명사(예: '你너, 我나, 他그')에만 제한적으로 사용돼왔다. 하지만 '它們그것들'은 그것의 위배된 형태로 사용 중이다. 또한 '您당신'의 복수도 뒤로 수량구를 부가하지 않고(예: '您三位당신들 세 분') '您們당신들'을 사용하여 표시한다 ('您們'은 본래 문어에서만 출현하고 구어에는 사용되지 않았다). 그리고 '當……時…할 때'가 영어의 'when'에 대응되면서 '當……之前…하기 전에', '當……之後…한 후'에는 시(時), 상(態) 간 뒤섞임이 발생하기도 했다. 뿐만 아니라 '有있다'는 구체적인 동작 행위를 가리키지 않지만 뒤로 '著'를 붙여 '지속'의 어법의미를 표시하기도 한다. 이들 용법은 사용자가 많아지고 시간이 경과되면 일종의 관습으로 자리매김할 것이다. 그러므로 언어 관습의 점진성은 확고한 틀 속에 고정화된 모범 어법과 호응하지 못한다.

둘째, 언어의 조합과 그 사용은 여러 층차의 언어 관습이 관여된 결과이다. 구조가 '통하는가'는 어법의 문제이고, 의미가 '옳은가'는 논리의 문제이다. 그리고 표현이 '적절한가'는 수사修辭의 문제이다. 어법, 논리, 수사는 상호 긴밀하게 결합되어 있으면서 각자가 언어 조합 형식의 취사取捨에 영향을 미친다. 예를 들어, '你向我眨眼네가 나를 향해 윙크하다'와 '星星向我眨眼별이 나를 향해 윙크하다'란 조합은 모두 통한다. 즉 어법에 부합한다. 하지만 논리적 측면에서, 전자는 부합하지만 후자는 부합하지 않는다. 또 수사적 측면에서, 전자는 뻔하지만, 후자는 의인화됐음에도 수용 가능하다. 어법 규범에 대한 논의는 당연히 어법의 언어적 관습이 주여야 한다. 하지만 그렇다고 논리와 수사적 측면에 대한 고려에 소홀해서도 안 된다. 예를 들어 '她胖開了我그녀는 나를 살로 밀어냈다', '我貓著腰爬入衣櫃나는 [고양이처럼] 허리를 굽힌 채 옷장으로 기어 들어갔다'의 '胖'과 '貓'는 어휘 성질에 기댄 수사 효과를 불러온 것일까, 조합 규칙에 맞지 않는 어법 오류를 범한 것일까? '我在樹上寫字나는 나무에 글자를 썼다', '我在杯上寫字나는 컵에 글자를 썼다'란 조합은 모두 합어법적이고 구조도 동일하다. 하지만, 전자에는 중의가 발생한다. '나는 글자를 나무 위에 썼다'와 '나는 나무 위에 올라 글자를 썼다'란 두 가지 이해가 가능하다. 그에 반해 후자는 논리적 판단에 기대어 중의가 제거되어 있다. 다시, '我的錢比你的錢多내 돈은 네 돈보다 많다', '我的錢比你的多내 돈은 네 것보다 많다', '我的錢比你多내 돈은 너보다 많다'를 비교해 보자. 이들 세 조합체는 모두 합어법적이다. 하지만 두 번째 조합체는 첫 번째 조합의 생략 형식이고 세 번째 조합체는 "돈錢"과 "너你"가 "많은多"지 비교되고 있어 품사 간 조합은 통할지 모르나 의미 간 결합도 맞지 않고 비논리적이다. 그럼에도 중국어는 비일상적인 논리에 기초함으로써 뜻이 더욱 잘 통하는 효과를 갖게 됐다. "돈錢"과 "너你"는 동일 범주가 아니므로 비교도 할 수 없다. 하지만 "너你"를 '네 돈你的錢'으로 이해하면 혼란이 발생하지 않는다. 이 같은 중국어의 의미조합성과 간결성은 '我的錢比你多내 돈은 너보다 많다' 그 앞의 두 조합체보다 더 보편적으로 쓰이도록 만들었다. 그와 달리, 위와 동일한 구조의 '我的兒子比你高내 아들은 너보다 크다'는 합어법적이면서 의미적으로도 "아들兒子"와 "너你"의 범주가 같아 비교 가능하다. 하지만 논리에 부합한다는 바로 그 점 때문에 이 조합체는, '我的錢比你多내 돈은 너보다 많다'처럼, '我的兒子比你的兒子高내 아들은 너의 아들보다 크다'나 '我的兒子比你的高내

아들은 네 아들보다 크다'의 생략 형식으로 사용되지 못 한다. 이처럼 언어의 조합과 그 사용은 어법, 수사, 논리란 여러 층위의 언어 관습을 어떻게 취하는가와 관련되어 있다.

언어의 조합과 사용은 어법과 의미 간의 결합뿐만 아니라 어음과 화용 간의 결합도 중시한다. 예를 들어 '戒驕戒躁교만과 조바심을 경계하다 — 戒驕傲戒躁 — 戒驕戒急躁', '建造房屋건물을 짓다 — 建房屋 — 造房屋 — 建造房 — 建造屋'는 표면 구조상 합어법적이다. 그러나 언중들은 어음의 균형미를 고려해 '戒驕戒躁', '建造房屋'를 주로 사용한다. 언어 사용은 언어 맥락과 관계가 긴밀하다. 때문에 언어의 응용에도 적합성과 적절성이 요구된다. 적절성 여부는 언어 구조로 결정되지 않는다. 그것에는 사회, 문화, 민족 등의 요인이 고려되어야 한다. 예를 들어, 타인의 지조를 칭찬하는 데는 소나무, 대나무, 매화 등이 비유 대상으로 선택되지 수양버들, 새삼菟絲 등이 사용되지는 않는다. 단어와 문장구성에서도, '龍용'으로는 긍정적 의미를 표현하는(예: '龍飛鳳舞기개가 웅장하고 자태가 생동적이다, 龍騰虎躍위엄있고 웅장하다, 望子成龍자식이 훌륭한 인물이 되길 바라다, 魚躍龍門높은 위치에 오르다') 데 반해 '狗개'로는 부정적 의미를 표현한다(예: '狗東西개같은 놈, 狼心狗肺잔인하고 비양심적이다, 狗尾續貂나쁜 것이 좋은 것을 대체하다, 狗嘴吐不出象牙나쁜 사람 입에서는 좋은 말이 나오지 않는다'). 반대로 칭찬을 받을 때는 겸양의 말로 대응하는 것이 그것을 태연하게 받아들이고 감사하단 말로 끝내는 것보다 중국의 전통 문화에 더 부합한다.

언어의 조합과 그 사용에는 개별 언어 범주의 복잡다단한 요인들이 관여되어 있다. 관습화된 어법은 여러 언어 관습들 중에 하나일 뿐이다. 그것이 관여하는 것도 언어 구조가 '통하는가'하는 문제에 국한한다. 따라서 어법의 규범화는 언어의 조합체를 절대화시켜서 '맞는가'하는 데 요구되는 모범 어법을 설정하려는 것이 아니다.34 어법의 규범화는 언어의 구조 규칙 면에서 명확한 안내와 사용 기준을 설정하는 것이다. 또한 언중들의 언어 관습에 부응하면서도 그것의 변화에 따라 상응하는, 적절한 조정을 가하는 것이다. 그리고 그것의 실행에서, '기준'과 '요구'를 분리시켜 기준은 높이고 요구는 낮춘다면 규범도 다음과 같이 두 측면으로 나뉠 수 있다. '부정적' 측면에서는 언어의 과용, 남용, 오용을 가급적 자제하여 어색한 어법적 오류를 소거시키도록 한다. 또 '긍정적' 측면에서는 다양한 언어 관습들을 전체적으로 고려하여 논리와 수사를 결합하고 의미와 어음 및 화용을 연계시켜 중국어 특징에 부합하는 언어문자를 사용하도록 할 수 있다. 어떤 측면에서든지 중국어가 전 층위에 걸쳐 자신의 의사소통 기능을 충분히 발휘하게 하는 것이 중국어 규범화의 목표이자 건강한 발전 방향이다.

---

34 왕력은 『중국현대어법·서문中國現代語法·導言』(北京: 商務印書館, 1985, p. 5)에서 다음과 같이 언급하고 있다.
"어법에서 맞다 안 맞다는 중요하지 않다. 적절한가 아닌가가 중요할 뿐이다. 의미가 통하지 않는다고 해서 꼭 어법에 안 맞는다고 할 수는 없다. 우리는 모범 어법의 존재를 인정하지도 않지만, 어법은 언어적 습관 중의 하나일 뿐이며 '관습적으로 형성된' 것이므로 절대적인 옳고 그름을 논할 수도 없기 때문이다."

제5장 문자

5.1. 한자의 특징

5.1.1. 성질상 표의문자이다

문자는 언어를 기록한다. 시각 기호는 기록을 통해 언어와 연계된다. 언어는 소리와 의미란 두 측면을 갖는다. 문자는 이 중 어느 한 측면과 결부되어 언어의 속성을 반영한다. 어음을 표기함으로써 언어의 속성을 반영하는 문자를 표음문자라고 하고 의미를 드러냄으로써 언어의 속성을 반영하는 문자를 표의문자라고 한다. 표음문자와 표의문자는 세계에 현존하는 두 갈래의 문지 범주이다.

어음을 표기하여 단어를 표시하는 표음문자는 인간의 청각에 기대어 있다. 표음문자는 자모를 조합하여 단어의 독음讀音을 표시한다. 그리고 그 과정에서 문자는 단어의 의미와 연계를 맺는다. 한편, 의미를 드러내는 표의문자는 인간의 시각에 기대어 있다. 표의문자는 각기 상이한 형체로써 의미를 드러내기 때문에 형체와 의미가 확고하게 연계되어 있다.

언어 기능적 측면에서, 한자는 표의적 성질을 가진 문자이다. 한자는 자형 구조를 이용하여 의미를 직접 드러낸다. 그러므로 중국어를 의미적 측면에서 기록하는 역할을 한다. 예를 들어, '말馬'이란 동물 개념을 기록하기 위해 개념의 '형체'를 근거로 '馬'이란 글자를 만들었다. 또 '물고기魚'란 개념을 기록하기 위해서 '형체'에 근거한 '魚'자를 만들었다. 한자는 형체로써 의미를 설명한다. 이에 사람들은 문자를 봄으로써 의미를 이해한다. 한자의 기록 대상은 형태소(또는 어소詞素)라는 최소 의미단위이다. 모든 형태소는 어음이란 언어형식을 갖는데, 중국어는 형태소를 한자로 기록하므로 형태소의 어음이 곧 한자의 독음이다. 한자는 자형形, 의미義, 어음音이 긴밀하게 결합된 통합체이다. 다만 이들 세 요소가 의미를 중심으로 결합된다는 점에서 한자를 표의문자라고 할 수 있다.

한자의 의미표시 능력은 고대 한자에서 특히 두드러진다. 고대 한자 중에서 갑골문甲骨文과 금문金文, 전서篆書는 굽어진 선으로 자형을 구성하여 실물이나 개념 특징을 묘사하기 때문에 회화성이 강하다. 예를 들면 아래와 같다.

5.1.1.1. 실물의 외형 묘사

소의 모습을 묘사한 것으로서 위는 구부러진 뿔, 아래는 간소화된 소의 머리이다. 오늘날의 '牛niú 소'자이다.

𐘀(갑골문)　　　𐘁(금문)　　　羊(전서)

정면으로 본 양 머리의 두 뿔과 두 귀를 묘사한다. 지금의 '羊yáng 양'자이다.

𐘂(갑골문)　　　𐘃(금문)　　　鼎(전서)

두 개의 손잡이를 가진 배불뚝이 모양의 식기를 묘사한다. 현재의 '鼎dǐng 솥'자이다.

𐘄(갑골문)　　　𐘅(금문)　　　火(전서)

불꽃이 타는 모습을 묘사한다. 오늘날의 '火huǒ 불'자이다.

5.1.1.2. 개념의 특징 묘사

𐘆(갑골문)　　　𐘇(금문)　　　取(전서)

손(𠂇)으로 귀(𦣝)를 잡고 있는 것으로서 '붙잡아 가지다'라는 의미이다.[1] 현재의 '取qǔ 가지다'지다.

1　『주례·하관·대사마周禮·夏官·大司馬』: "포획한 자는 포획된 동물의 왼쪽 귀를 취했다. 獲者取左耳。"

🐗(갑골문)　　　家(금문)　　　家(전서)

돼지(🐗)가 가옥(宀) 안에 있는 것을 묘사한 것으로 '거처하다'라는 의미이다. 오늘날의 '家jiā 집'자이다.

💡(갑골문)　　　💡(금문)　　　💡(전서)

사람 머리 위에 불이 있는 모습으로 '밝음'을 의미한다. 지금의 '光guāng 빛'자다.

👣(갑골문)　　　👣(금문)　　　👣(전서)

두 발이 앞·뒤로 잇따른 모습을 묘사한다. 즉 '한 걸음'이다. 현재의 '步bù 걸음'자이다.

자형은 유한하지만 실물과 개념은 무한하다. 자형으로써 개념을 드러내는 한자의 표시 방법에는 적지 않은 한계가 존재한다. 이에 한자의 발전 과정 속에서 '형성形聲'이란 조자방법이 출현했다. 의미를 표시하는 것 외에도, 형성자는 '성방聲旁'을 어음 표기 수단으로 삼아 자형으로 개념을 드러낼 때 발생하는 곤란함을 해결했다. 오늘날의 한자는 90퍼센트 이상이 이같은 '형성'자다. '형성'자에는 어음을 표기하는 요소가 늘 존재했음에도 불구하고 지금까지 그것의 중심은 의미를 표시하는 데 있어 왔다. '형방形旁'은 글자의 의미를 포괄적으로 표시한다는 점에서 상대적으로 그 역할이

컸던 데 반해 '성방聲旁'은 부단히 변하는 어음 탓에 어음을 표기하는 기능이 작아졌기 때문이다.

한자가 가진 표의적 성질은 중국어의 어음 특징과 호응하기 위해 형성된 것이다. 중국어 형태소는 단음절이 주를 이룬다. 매 음절은 하나의 모음을 핵심으로 한다. 그리고 그 앞·뒤로 배열되는 자음은 연속해서 출현하지 못한다(고대 소수의 겹자음複輔音은 예외다). 게다가 모음 뒤에 출현하는 자음은 종류와 수량이 제한적이다. 중국어 음절은 최대 4개의 음소로 구성된다. 이 같은 제한들로 인해 중국어 어음구조는 간단해져 갔다. 간단한 음절 구조는 중국어 형태소들 간에 음이 같아지는 상황을 매우 보편적으로 만들었다. 예를 들어, 중국사회과학원에서 편찬한 『현대중국어사전』에서 yi로 읽히는 한자는 성조의 차이를 무시하면 162개 자가 수록돼 있다.[2] 이 같은 동음 현상으로 인해 맥락에 기대지 않는 문어는 음소문자拼音文字로 의미를 전달하는 것이 어려웠고, 그 결과 의미변별 능력을 가진 표의문자에 의지해야만 했다. 결국 한자의 표의적 성질은 동음의 단어들로 야기된 혼란을 해결할 수 있었으므로 중국어를 기록하기에 적합했다. 문자는 일반적으로 언어의 서사기호로서 간주된다. 하지만 구어를 기록하기 시작한 이래로 한자는 그것이 가진 표의적 성질로 인해, 언어에는 예속됐어도, 단순히 언어를 기록하는 기호에 머물지 않고 문어, 즉 구어 외의 또 다른 의미 전달 방식으로 변했다. 한자로 기록된 문어는 한자의 표의성을 바탕으로 구어의 엄격한 어음 제약으로부터 벗어나 그 나름의 소통 방식으로 정제되어 갔다. 그리고 그 추세는 다시 역으로 언어 자체에 영향을 미쳤다. 그 결과 언어도 정제되면서 자체의 건전한 발전을 촉진했다.

---

[2] 중국사회과학원 언어연구소中國社會科學院語言硏究所, 『현대중국어사전』, 北京: 商務印書館, 1999, pp. 1471~1697.

어음은 시간과 공간의 변화에 많은 영향을 받는다. 동일한 언어라도 시간과 공간 차에 따라 상당히 큰 차이를 보이곤 한다. 하지만 한자는 어음의 제약으로부터는 자유롭고 의미와는 긴밀히 연결돼있어 시공을 초월하는 특성을 갖게 됐다. 시간의 차로만 본다면, 현대인은 양한兩漢시대 사람들의 말을 당연히 이해 못 한다. 그것이 수당隋唐대였어도 마찬가지로 어려울 것이다. 그에 반해 한자 자형과 의미 간 관계는 이천 년 동안 상당히 안정적이었다. 양한이래, 해서楷書로 쓰인 문자들은 오늘날 조금의 교육이라도 받은 사람이라면 모두 읽고 이해할 수 있다. 한자로 쓰인 문어가 시간을 초월한다는 것은 바로 이 점을 가리킨다. 공간의 차로 본다면, 중국어는 방언 간 어음의 차이가 매우 크다. 방언구가 다르면 심지어 대화가 불가능할 때도 있다. 하지만 한자로 기록된 문어를 통해서는 상호 이해가 가능하다. 이는 한자가 어음의 제약에서 자유로워 그 자체로써도 충분히 의미를 표현할 수 있기 때문이다. 한자로 중국어를 기록하면 시대와 지역을 초월하여 소통이 가능하다. 그로 인해 한자는 서로 다른 방언구 간 인적 교류에도 편리하고 민족 간에 단결도 도모한다는 점에서 고대의 문화유산 계승에 긍정적인 역할을 수행해왔다.

5.1.2. 형태상 방괴자이다

한자는 의미를 표시하는 도형으로 구성된다. 더욱이 초기의 한자는 일을 기록하기 위해 본떠 그리는 방식이었다. 그 결과 한자는 수평적, 수직적인 획을 그어가며 하나의 평면을 구성했다. 한자의 구성 형식은 자음과 모음을 선형적으로 배열하는 음소문자와 뚜렷이 구분된다. 고대 한자 중에서 갑골문과 금문은 매우 강한 회화성을 갖고 있다. 그것의 형체는 사물을 어떻게 그리는가에 따라 결정되었기 때문에 일정한 규칙이나 짜임새가 없었다. 예를 들어, '虎hǔ 호랑이'자의 갑골문은 아래와 같이 여러 형체를 띤다.

또한 그것의 금문은 다음과 같다.

모두 강렬한 상징성을 가진 평면도형이다. 편한대로 적당히 그렸을 뿐 엄격한 쓰기 규칙과 위치는 부재하다. 이 같은 자형은 전서에 이르러 규칙화, 선형화되기 시작했고 획일적인 직사각형 모양의 방괴자로 굳어지면서 회화적 성질을 점점 탈피했다. 한자 자형은 전서에서 예서隸書로 중요한 변화를 거치며 기존의 선형적 구성을 필획의 조합으로 대체했고 회화성도 완전히 사라져 세로로 긴 직사각형에서 가로로 긴 직사각형으로 변모했다. 그리고 예서에서 해서로 변하는 과정에서, 한자는 긴 직사각형에서 정사각형으로 다시 한 번 모습을 바꾸었고 그 후로 정착된 자형이 오늘날의 방괴형方塊形을 이루게 됐다.

현대 한사는 횡(一 橫 héng, 사토획), 수(丨 豎 shù, 세도획), 별(丿 撇 piě, 오른 삐침), 점(丶 點 diǎn, 점), 날(㇏ 捺 nà, 파임), 조(亅 挑 tiǎo, 왼 삐침), 절(乚 折 zhé, 꺾음), 구(亅 鉤 gōu, 고리) 등 8개 기본 필획으로 구성되어 있다. 현대 한자는 원호형의 필획이 없어 정방형의 자형을 갖는데 유리하다. 그리고 정방형이란 점에서 현대 한자는 전서 등의 고대 한자와 구별된다. 또한 그 점에서 한자의 획은 여타 음소문자의 자모 획과도 구분된다. 한자 학습에서는 필획의 형태, 순서, 획수 및 첫 획과 마지막 획의 위치를 정확히 파악해야 한다. 이들 요소는 한자 쓰기, 사용, 검색 등에 모두 중요하다.

필획筆劃은 한자를 구성하는 최소단위이다. 필획으로써 하나의 독립된 한자를 구성할 수 있을 때 이를 '독체자獨體字'라고 한다. 人, 口, 木, 手, 牛, 羊, 山, 水, 火, 日, 月, 上, 下, 中, 大, 小 등이 그 예로서 이들 한자는 쪼갤 수 없다. 쪼개면 글자를 이루지 못하고 낱개의 필획으로만 남을 뿐이다. 하지만 필획을 사용하여 먼저 여러 부건部件을 만들고 이들 부건을 이용하여 다시 하나의 합성자를 구성할 수도 있는데 이를 '합체자合體字'라고 한다. 합체자의 부건은 相xiāng 서로(두 독체자 '木'과 '目'로 구성된 부건 간 조합이다), 明míng 밝다('日'과 '月'이란 두 독체자로 구성된 부건 간 조합이다), 語yǔ 말('言', '五'와 '口'란 세 독체자로 만들어진 부건 간 조합이다)처럼 독체자로 구성될 수도 있고 刃rèn 칼날('刀'자에 'ヽ'자가 더해져 구성된다), 本běn 뿌리('木'자에 '一'자가 더해져 구성된다)처럼 독체자에 필획들이 부가될 수도 있다. 다만 그것이 독체자든지 합체자든지 모두 하나의 방괴 속에서 조합된다. 이때 필획과 부건 간에는 상호 조화와 조정이 중시되고 자형에는 균형과 정연함이 요구된다.

한자는 부건의 배치를 중시한다. 그러나 때로는 자형의 구성構形 논리에 소홀한 탓에 다음과 같은 두 가지 문제점이 발견된다.

5.1.2.1. 부건의 기능이 구분되지 않는다

한자의 부건에는 표의 기능과 표음 기능이 있는데 자형으로는 이들 기능이 구분되지 않는다. 예를 들어, '休xiū 쉬다'자의 갑골문은 休이다. 사람이

나무 곁에 기대어 쉬고 있는 모습이다. 여기서 '休'는 의미를 표시하는 두 부건(人, 木)으로 구성되었다. 한편 '沐mù 머리감다'자는 水물의 의미에 木mù의 독음을 갖는다. 그러므로 '沐'자는 의미를 표시하는 부건(水)과 독음을 표시하는 부건(木)으로 구성된다. 상기 두 자는 모두 좌우로 위치한 두 부건으로 구성되어 있다. 이 중에서 부건 '木'는 위치가 같지만 기능이 다르다. 또 다른 예로서 '被'와 '皺'를 보자. '被bèi 이불'자는 '衣옷'의 의미에 '皮pí'의 독음을 갖지만 '皺zhòu 주름'자는 '皮가죽'의 의미에 '芻chú'의 독음을 따른다. 여기서 부건 '皮'는 이들 두 자 속에서 위치가 같지만 각기 성부와 의부로서 기능을 달리한다.

5.1.2.2. 부건의 위치가 규칙적이지 않다

한자 한 자 내의 부건은 위치가 바뀌어도 의미와 독음에 아무 영향을 주지 않을 때가 있다. 하지만 바뀌어서는 안 되는 위치를 바꿈으로써 또 다른 자를 만들 때도 있다. 이들 양자 간에는 발견된 규칙이 없기 때문에 글자 식별에 어려움을 초래하기도 한다. 아래 예를 보자.

群qún 무리 = 羣qún 무리　　　　峰fēng 봉우리 = 峯fēng 봉우리
鵝é 거위 = 䳘é 거위　　　　　　裡lǐ 안 = 裏lǐ 안

吟yín 읊다 ≠ 含hán 포함하다　　忙máng 바쁘다 ≠ 忘wàng 잊다
枷jiā 도리깨 ≠ 架jià 선반　　　　暉huī 햇빛 ≠ 暈yūn 어지럽다

鄰lín 이웃 = 隣lín 이웃　　　　　夠gòu 충분하다 = 够gòu 충분하다
氈zhān 양탄자 = 氊zhān 양탄자　鵝é 거위 = 鵞é 거위

陲chuí 변방 ≠ 郵yóu 부치다　　陪péi 동반하다 ≠ 部bù 부분
杏xìng 살구나무 ≠ 呆dāi 둔하다　　杳yǎo 묘연하다 ≠ 杲gǎo 햇빛이 밝다

한자 한 자는 한 음절에 대응된다. 그러므로 매 한자는 하나의 음절을 대표한다. 중국어 단어는 한 음절일 수도 있고 둘 또는 그 이상일 수도 있다. 다만 현대중국어의 단어는 이음절이 주를 이루고 있으므로 한자 한 자가 단어와 완전히 대응되지는 않는다. 한자 한 자 한 자는 매 음절 간의 분리를 뜻할 뿐 단어 간의 경계를 뜻하진 않는다. 문장부호가 없는 중국어 한 단락을 생각해보자. 한자들이 길게 순서대로 나열되어 있을 뿐 단어 간에는 그것이 단어임을 알리는 띄어쓰기가 존재하지 않는다. 중국어는 단어 단위로 붙여쓰기를 하지 않기 때문이다. 이와 달리 음소문자는 절대 다수가 띄어쓰기를 이용해 단어 간 경계를 표시한다. 단어의 독음을 기록 단위로 하여 각 단어마다 띄어쓰기를 하기 때문에 음소문자 체계에서 단어는 서사 단위와 상호 대응된다.

이와 같이, 띄어쓰지 않는다는 한자 서사의 특징은 중국어 학습에 불편을 초래한다. 예컨대, 중국어 문어에는 단어의 경계가 표시되지 않기 때문에 문장 내 끊어 읽기가 쉽지 않아 의미를 이해하는 데 영향을 미친다. 예를 들면 다음과 같다.

　　香島大道斷道施工車輛繞行。

상기 문장은 아래와 같이 읽힐 수 있다.

　　(1) 香島大道斷道 | 施工車輛繞行。
　　　　(향도대로가 막혀 | 공사차량들이 우회한다.)

(2) 香島大道斷道施工 ｜ 車輛繞行。
(향도대로를 막고 공사 중이라 ｜ 차량들이 우회한다.)

예(1)처럼 읽으면 "施工車輛shīgōng chēliàng 공사차량"은 하나의 독립된 의미 단위로 여겨진다. 이때 우회해야 하는 것은 공사차량이다. 반면에 예(2)처럼 읽으면 "施工shīgōng 공사"과 "車輛chēliàng 차량"은 두 개의 독립된 의미 단위가 된다. 이 때 우회해야 하는 것은 모든 차량이다.

5.1.3. 독음은 단음절이다

한자는 어음音과 의미義로 결합된 '단어'의 반영물이다. 고대중국어에서는 대부분의 '단어'가 단음절이었다. 한자는 중국어를 기록하기 시작할 때부터 단음절 단어와 대응 관계를 맺었기 때문에 한자 독음 역시 단음절이란 특징을 갖게 됐다.[3] 중국어 음절은 독립성이 강하다. 음절과 음절 간에 상호 제약이 없어 탄력적으로 조합될 수도 있고 쉽게 분리될 수도 있다. 한자 자형도 상호 제약 없이 독립적으로 존재하며 그들 간에 조합 역시 상당히 탄력적이다. 그로 인해 중국어와 한자는 동일한 특징 하에 긴밀하게 연결된, 상호 불가분의 관계를 형성해왔다.

---

[3] 한자 중에는 다음절을 가진 경우도 있는데 이를 복음자複音字라고 부른다. 예컨대, '瓩'(qiānwǎ 킬로와트), '圕'(túshūguǎn 도서관)이 그렇다. 하지만 여기에 해당하는 한자수가 매우 적어 점점 선별적으로 폐지되고 있다. 한자 독음에는 두 자의 독음이 더해서 생긴 경우도 있는데 이를 '합음자合音字' 또는 '절각자切脚字'라고 한다. 고대의 합음자는 상대적으로 많았다. 예를 들면, '叵pǒ'(不可bùkě ~할 수 없다), '盍hé'(何不hébù 어찌~하지 않는가), '諸zhū'(之於zhīyú ~이 ~에)가 그렇다. 현대의 합음자는 거의 없는 데다 '회의'자일 때가 많다. 예를 들면, '甭'(béng, 不用búyòng ~할 필요가 없다), '嫑'(fiào, 不要búyào ~하지 마라, 오방언)이 그에 해당한다.

한자는 자형形, 의미義, 어음音의 통일체이다. 한자의 대부분은 자형을 통해 의미를 드러낸다. 그리고 각각의 의미는 개별 독음과 연결돼 있다. 즉, 한자 한 자는 하나의 의미와 하나의 음절을 갖는다. 다만 이 중에서도 예외와 특이점들은 여전히 존재한다. 예컨대, '葡萄pútáo 포도', '徘徊páihuái 배회하다', '玫瑰méigui 장미', '玻璃bōli 유리' 등의 다음절 단일어가 그에 해당한다. 이들을 각각 둘로 나누면, '葡pú', '萄táo', '徘pái', '徊huái', '玫méi', '瑰guī', '玻bō', '璃li' 등의 낱자는 독립된 의미를 갖지 못하고 다음절 단일어로부터 물려받은 독음만 가질 뿐이다. 여기서 '의미'란 단어가 다음절어複音詞(합성어合成詞가 아니다)이면서 그 자체로서 형태소일 때 한자가 내보이는 의미를 말한다. 다음절 단일어 상의 한자는 음절 표시 기호일 뿐 그 자체에는 의미가 단일어를 구성할 때부터 없었다. 그러므로 이들 한자는 출현할 때부터 독립된 사용 능력을 갖지 못한 채 다음절 단일어의 구성 성분으로서만 기능했다고 볼 수 있다. '巧克力qiǎokèlì 초콜릿', '可卡因kěkǎyīn 코카인', '奧林匹克Àolínpǐkè 올림픽', '澳大利亞Àodàliyà 오스트레일리아' 등 외부로부터 유입된 다음절 번역어譯詞 상의 한자들도 일단 나뉘면 단어로서 갖던 고유 의미를 잃는다. 음역어 상의 한자는 차용되었다. 이미 의미와 독음을 가진 한자에서 의미는 배제하고 독음만 차용했을 뿐이다. 하지만 이들 한자는 '다음절 단일어' 또는 '음역어'로부터 분리돼 '문자' 본래의 영역으로 환원되면 다시 각각의 개별 의미를 갖게 된다. 한자의 특이한 점은 그것이 표의자임에도 불구하고 언제나 의미를 갖춘 것은 아니라는 데 있다. 그리고 그것의 특이점은, 반대로, 표음자가 아니면서도 언제나 독음을 갖는다는 데도 있다. 이처럼 한자는 각각이 하나의 구체적인 음절을 표시한다는 점에서 중국어의 음절 표시 기호라고 할 수 있다.

한자는 음절을 표시하지만 음절 내부의 성조 기복까지 표시할 수는 없다. 중국어에서 성조는 단어의 의미와 어기를 구분 짓는다. 하지만 한자 자형에는 이같이 단어의미와 어기를 구분 짓는 기능이 없다. 예를 들면 아래와 같다.

    (1) 噯(āi), 你們來了。   (기쁨을 표시한다)
        (와우, 너희들 왔구나.)

    (2) 噯(ǎi), 還沒來。   (실망을 표시한다)
        (에휴, 아직도 안 오다니.)

    (3) 噯(ài), 全來了。   (불만을 표시한다)
        (에이, 모두 다 왔잖아.)

상기 문장에서 감탄사 "噯"는 성조가 세 개다. 드러내는 어기와 의도가 제각각이지만 모두 하나의 한자로 쓰여있다. 그 결과 한자만으로는 그 차이를 분별해낼 수 없다.

  한자는 음절 내부의 분절음 조합 상황과 변화도 반영할 수 없다. 때문에 모호한 발음의 단어나 음역어 등과 마주하면 실제 어음을 정확하게 반영하기란 불가능하다. 예를 들어 '跟頭gēntou 실패하다'와 '跟斗gēndou 실패하다', '膩味 nìwei 짜증나다'와 '膩歪niwai 짜증나다'가 그렇다. 낱자로만 보면, "頭tóu"와 "斗 dǒu", "味wèi"와 "歪wāi"는 성조도 다르고 성모나 운모도 다르다. 하지만 단어 상에서 이들은 모두 경성으로 읽힌다. 양자 간 성조 차이가 사라지면서 성모의 유기·무기 간 차이도 줄어들고 주요모음 역시 중앙 모음으로 근접하며 본래의 성질이 모호해졌다. 그 결과 "頭"와 "斗", "味"와 "歪"의 독음은 각각 'tou'와 'dou'의 중간, 'wei'와 'wai'의 중간 발음처럼 읽힌다. 이는 구어에서 양자 간 독음도 모호했던 데다 의미도 명확치 않았기 때문에 그것을 한자로 기록하는 과정에서 두 자형을 사용한 결과이다. 그 외, 艾滋病 àizībìng과 愛滋病àizībìng(AIDS에이즈), 的確良díquèliáng과 滌確良díquèliáng(dacron 데이크론) 등과 같이 음역외래어의 상이한 표기도 이체어異體詞들의 출현을 불렀다.4 이처럼 이형어異形詞와 이체어의 출현은 실제 발음을 세세하게 반영할 수 없는 한자의 단음절에서 비롯된 결과로 볼 수 있다.

5.2. 한자의 구성방식과 서체

5.2.1. 독체와 합체

한자의 구조는 '독체자'와 '합체자'로 나뉜다. 허신許愼은 『설문해자·서說文解字·序』에서 다음과 같이 밝혔다.

> 창힐이 글자를 처음 만들 때 모두 부류의 모양새에 의거했는데 이를 '문文'이라고 불렀다. 그 후로 형과 음을 더해 '자字'라고 불렀다. 문은 만물의 형상을 근본으로 한다. 자는 불어나서 점점 많아진 것이다. (倉頡之初作書, 蓋依類象形, 故謂之文. 其後形聲相益, 卽謂之字。文者, 物象之本也; 字者, 言孶乳而寖多也。)

허신이 말하는 "문文"이란 독체자다. 독립적으로 문자를 구성하면서 더 이상 분리될 수 없는 낱자를 가리킨다. 예를 들어, 人, 口, 日, 月, 牛, 羊,

---

4 후민侯敏, 「이체어의 규범문제異體詞的規範問題」, 『어문건설語文建設』, 1992년 제3호, p. 19 참고.

山, 水 등은 분리될 경우 선이나 필획만 남게 된다. 한편, 허신이 말한 "자字"는 합체자로서 독체자와 독체자, 또는 독체자와 필획으로 구성된다. 예컨대 休, 江, 明, 吾, 隻, 思, 固, 問 등은 분리되어도 여전히 독체자로 남는다.

5.2.2. 육서 규칙

한자는 주로 자형 구조를 이용하여 의미를 드러낸다. 전통적으로 '육서六書'로 불려온 자형의 구성방식에는 상형象形, 지사指事, 회의會意, 형성形聲, 가차假借, 전주轉注가 포함된다. '육서'설은 전국戰國시기를 시작으로 서한西漢대에 형성되고 동한東漢대에 굳어졌다.5 동한의 허신은 『설문해자서』에서 다

---

5 '육서'란 명칭은 『주례周禮』에서 처음 보인다. 관련하여 『주례·지관·보씨周禮·地官·保氏』에는 다음과 같은 기록이 있다.
"보씨는 왕의 나쁜 점을 고치도록 말하고 공경대부의 자제들을 도로써 양성하며 육예를 가르쳤다. 첫째는 오례이고, 둘째는 육악, 셋째는 오사, 넷째는 오어, 다섯째는 육서, 여섯째는 구수이다.(保氏掌諫王惡, 而養國子以道。乃教之六藝：一曰五禮, 二曰六樂, 三曰五射, 四曰五馭, 五曰六書, 六曰九數。)"
하지만 '육서'의 내용에 대해서는 설명돼 있지 않다. 그 후로 동한 말기, 유흠劉歆의 『칠략七略』에 이르러서야 비로소 '육서'의 상세 항목이 언급되는데, 그의 견해는 후에 반고班固의 『한서·예문지漢書藝文志』에 다음과 같이 수록되어 있다.
"옛날에는 8세가 되면 소학에 입학하였다. 그래서 『주례·지관周禮·地官』에서는 보씨가 공경대부 자제들을 양성하며 육서를 가르쳤다고 한다. 여기서 육서는 상형, 상사, 상의, 상성, 전주, 가자로서 글자를 만드는 근본 원리이냐.(古者八歲入小學, 故周官保氏掌養國子, 教之六書, 謂象形、象事、象意、象聲、轉注、假借, 造字之本也。)"
그 외에, 정현鄭玄의 『주례주周禮注』에는 정중鄭衆의 『주례해고周禮解詁』가 다음과 같이 인용되어 있다.
"육서는 상형, 회의, 전주, 처사, 가차, 해성이다.(六書, 象形、會意、轉注、處事、假借、諧聲也。)"
유흠과 정중, 그리고 후대의 허신은 '육서'의 명칭과 그 순서에 대해서 견해를 달리하지만 기본 내용에 대해서는 모두 의견을 같이한다. 이들 세 명의 견해는

음과 같이 기술하고 있다.

『주례周禮』에 의하면, 8세가 되면 소학에 입학하였는데 보保씨는 대부와 왕의 자제들을 먼저 육서로써 가르쳤다고 한다. 첫 번째는 지사이다. 지사는 보면 식별 가능하고 관찰하면 그 의미가 드러난다. 上과 下가 그렇다. 두 번째는 상형이다. 상형은 그 사물을 그린 것으로 형태를 따라 구부러져 있다. 日과 月이 그렇다. 세 번째는 형성이다. 형성은 사물로써 이름을 삼고 유사한 소리를 취하여 함께 구성한다. 江과 河가 그렇다. 네 번째는 회의이다. 회의는 부류를 견주고 뜻을 합하여 가리키는 바가 드러나도록 하는 것이다. 武와 信이 그렇다. 다섯 번째는 전주이다. 전주는 부류에 하나의 머릿자를 세우되 같은 의미라면 서로 받는 것이다. 考와 老가 그렇다. 여섯 번째는 가차이다. 가차는 본래 자신의 글자가 없어서 소리에 개념을 기탁하는 것이다. 令과 長이 그렇다.
(周禮八歲入小學, 保氏敎國子, 先以六書。一曰指事。指事者, 視而可識, 察而見

사실 당시의 문자 해설들을 총정리한 것이다. 한대에는 문자를 설명하는 일이 성행했는데, 이에 대해 홍성洪誠은『중국 역대 언어문자학 문선中國歷代語言文字學文選』에서 다음과 같이 논하고 있다.
"위로부터는 동중서董仲舒, 사마상여司馬相如 등에서부터 아래로는 '평범한 학자들과 무식한 사람들'에 이르기까지 모두 문자 분석을 즐겼다. 사법관이 법률을 해석할 때도 문자에 기초하여 판단했다. 한대에 예서가 통용되던 상황은 이와 같았다. 그리고 그 이전인 대전의 시대 또한 마찬가지여서 초장왕楚莊王, 의화醫和, 한비韓非가 자형을 분석하여 의미를 설명했다는 사례가『춘추전春秋傳』,『국어國語』,『한비자韓非子』등에서 보인다. 또한『좌전左傳』양공襄公 30년에서도 진晉나라 사관史官 조趙가 '亥'자의 자형을 이용하여 강현絳縣지방에 사는 노인 나이의 일수를 표시했다는 기록이 있다. 이로써 짐작컨대, 육서의 세목은『한서·예문지』에서야 출현했지만 분명 그 앞 대 사관들에 의해 전해 내려온 설들을 토대로 했을 것이다. 즉, 한漢 원시元始 5년(기원후 5년), 원례爰禮 등 100여 명이 전해 들은 바를 유흠이『집략輯略』에 넣어『한서·예문지』에 남겨졌고, 유흠은 그것을 다시 정흥鄭興과 정중鄭衆에게 전하여『주례』의 주석으로 들어갔고 그것이 또 다시 가휘賈徽, 가규賈逵, 허신에게 전해져『설문해자서』에 기록되었을 것이다."(江蘇: 江蘇人民出版社, 1982, p. 128)

意, 上下是也。二曰象形。象形者, 畫成其物, 隨體詰詘, 日月是也。三曰形聲。形聲者, 以事爲名, 取譬相成, 江河是也。四曰會意。會意者, 比類合誼, 以見指撝, 武信是也。五曰轉注。轉注者, 建類一首, 同意相受, 考老是也。六曰假借。假借者, 本無其字, 依聲托事, 令長是也。)

『설문해자서』는 '육서'의 각 항목을 해석한 최초의 기록이다. '육서'설이 동한대에 굳어진 것은 양한대 학자들이 문자 정리를 통해 거둔 성과, 그리고 그들이 서체字體의 변혁에 대해 옳고 그름을 평한 결과에 기인한다. 한대 사람들은 문자의 기능이 성군을 위한 선전과 교육에 있다고 보았다. 이에 한대에는 문자학字學을 중히 여겼고 자형으로 의미를 드러내는 문자의 기능을 중요시했다. 이 중 동한 시기는 전서에서 예서로 서체가 변모됐기 때문에 당시 사람들은 예서의 자형으로 한자를 해석했다. 그 결과 갖가지 오류를 범하기도 했고 심지어 법률까지도 꿰어 맞추려 했다.6 이에 허신은 문자에 대해 사람들이 범한 오류를 바로잡기 위해 『설문해자』를 편찬하고

---

6 『설문해자서』에서는 다음과 같이 언급되어 있다.
"여러 유생들이 다투어 글자를 논하고 경전을 해석하였다. 그러면서 진의 예서를 창힐 때의 문자라고 일컫고 부자 간에 전해진 것이 어찌 바뀔 수 있겠는가라고 하였다. 그리고는 함부로 '馬자의 머릿 부분에 人이 더해지면 長이다', '人자가 十을 가지면 斗이다', '虫자는 中자를 구부린 것이다'라고 하였다. 사법관廷尉이 법률을 해석할 때도 글자에 기초하여 판단하였다. 법집행관苟人이 돈을 받다에서 苟자는 止와 句가 합쳐진 것이라고 하였다. 이 같은 예가 많아졌지만 이는 모두 노벽의 고문古文들과 부합하지도 않고 『사주편史籒篇』과도 맞지 않다. 평범한 학자들과 무식한 사람들은 자신에게 익숙한 바를 갖고 장난하고 드물게 듣는 바는 가렸다. 이 방면에 정통한 학자를 보지 못하였고 글자 체례의 조목들을 본 적도 없다. 옛 상황은 이상하게 여기고 속설을 좋게 보았으며 자신들이 아는 바를 오묘하게 여겨 성인들의 깊은 뜻을 꿰뚫고 있다고 생각했다.(諸生競逐說字解經誼, 稱秦之隷書爲倉頡時書, 云父子相傳, 何得改易。乃猥曰'馬頭人爲長', '人持十爲斗', '虫者屈中也'。廷尉說律, 至以字斷法。苛人受錢, 苛之字, 止句也。若此者甚衆, 皆不合孔氏古文, 謬於史籒。俗儒鄙夫, 翫其所習, 蔽所希聞。不見通學, 未嘗睹字例之條。怪舊埶而善野言, 以其所知爲秘妙, 究洞聖人之微恉。)"

9천 여자의 기원과 본의를 탐색하였다. 『설문해자』에서 그는 소전小篆의 자형을 근거로 '육서'의 조자규칙을 귀납하고 한자 본래의 자형, 의미, 독음 간의 관계를 설명하였다. 소전체에 대한 그의 체계적인 정리 결과는 고문자 연구에 매우 중요한 가치를 갖는다. 물론, 정의가 정확하지 않거나 충분히 명료하지 않는 등 '육서'의 조자 규칙에 대한 『설문해자』 내 해석이 완전하지만은 않다. 하지만 그럼에도 불구하고 한자구조에 대한 절대다수의 분석과 해석은 여전히 정확하고 구체적인 설명을 제공한다. 고대 한자의 자형 구조를 분석함으로써 본래의 의미와 독음을 설명한다는 허신의 '육서'설은 현재까지도 대체 불가한 지위를 점하고 있다.

5.2.3. 상형, 지사, 회의

『설문해자서』는 상형에 대해 "상형은 그 사물을 그린 것으로 형태를 따라 구부러져 있다. 日과 月이 그렇다.象形者, 畵成其物, 隨體詰詘, 日月是也。"고 하였다. 이는 사물의 굴곡진 외형을 따라 그 모습을 그려냈다는 뜻이다. 다시 말해, '상형'은 객관적인 사물의 구체적인 모습을 모사하는 조자 방법이다. 허신이 든 예는 '日'과 '月'이다. 그것의 소전은 ⊖, ☽이고 갑골문은 ⊡, ⅅ이다. '상형'자는 사물의 외형을 묘사 대상으로 삼는다는 점에서 그 자체가 독체자일 수밖에 없고[7] 언어적으로 명사(사물의 명칭)일 수밖에 없다.

---

[7] 『설문해자서』에 대한 단옥재의 『설문해자주』에서는 다음과 같이 언급되어 있다.
"독체의 상형이 있고 합체의 상형이 있다. 독체 상형은 日, 月, 水, 火의 예가 그렇다. 합체 상형은 어떤 자의 의미를 따르면서 그것의 형체도 본뜬 것이다. 예를 들어 眉méi 눈썹는 目눈의 뜻을 따르면서 ⌒으로써 그 형체도 본떴고 箕jī 키는 竹대나무의 의미를 따르면서 甘으로써 그 형체도 본떴다. 또 衰cuī 상복는 衣옷의 뜻을 따르면서 ⿻으로써 그

문자는 언어만을 기록한다는 점에서 그 기능이 그림과 다르다. 때문에 '상형'자는 그림처럼 세밀하고 완벽할 필요는 없었다. 대신 사물의 특징을 드러내되 쉽게 알아볼 수 있도록 윤곽을 기호화시켰다. 아래 갑골문의 예를 보자.

牛niú 소: 소의 뿔 모양을 표현하였다
羊yáng 양: 양의 굽은 뿔 모양을 표현하였다
象xiàng 코끼리: 코끼리의 코를 특징으로 삼았다

형체도 본떴고 ▥는 田밭의 의미를 따르면서 ▥으로써 밭고랑을 구불구불하게 일군 모습도 본떴다. 독체 상형은 그 자체가 글자를 이루므로 의미를 이해할 수 있다. 하지만 그것이 의미를 따르는 글자에 덧붙여지면 그 자체가 곧 글자를 이루지 못하므로 의미를 이해할 수 없다. 그래서 해석의 과정에는 종종 식견이 부족한 사람들에 의해 삭제되어 한 자가 반 회의, 반 상형을 겸하곤 한다. 회의는 두 독체가 함께 글자를 이룬다는 점에서 합체 상형과 구분된다."

단옥재는 '상형'자 중에서 '합체'란 부류가 있다고 보고 그것이 '상형'의 성질과 모순된다고 여겼다. 하지만 그가 예로 든 '합체 상형자'는 '지사'자의 예로서도, 나중에 생긴 '형성'자의 예로서도 삼을 수가 없다. 이에 궁영덕弓英德은 『육서변정六書辨正』에서 다음과 같이 언급했다.

"합체 상형이란 부류는 성립되기 어렵다. '眉'는 『설문해자』에서 '눈 위의 털이다. 目의 뜻을 따르면서 눈썹의 형체를 본떴다. 윗부분은 이마 주름을 본떴다.目上毛也。從目象眉之形，上象額理也。'라고 풀이되어 있다. 서개徐鍇는 이것을 지사로 보았다. 또 왕균王筠은 『설문석례說文釋例』에서 眉가 갑골에서는 보이지 않고 금문에서는 麋mí 고라니나 釁xìn 혈제(血祭)으로 자자 표기됐다는 섬을 근거보 하夏, 상商, 주周에 존재했던 글사가 아니라고 여겼는데, 이는 옳다. '箕'는 원래 '竹'의 의미를 따르지 않았고 '衰'는 '衣'의 뜻을 따르지 않았다. 이에 대해, 황이주黃以周는 『육서통고六書通故』에서 '단옥재가 예를 들었던 衰와 箕는 나중에 출현한 글자이다. 이 두 글자는 고문에서 각각 ▥와 ▥였으므로 衣와 竹의 뜻을 따르지 않는다.'고 하였는데, 이는 맞다. 또한 '疇chóu 밭'도 갑골과 금문에서는 모두 ▥였다. 즉 상형자로서 '田'이 없었다. '疇'는 나중에 만들어진 글자지만 『설문해자』는 오히려 ▥를 '疇' 내에서 덧붙여진 글자로 보았다. 사실은 본말이 뒤바뀌어 있다."(臺北: 臺灣商務印書館, 1976, p. 27)

馬 mǎ 말:　　　　　　　말의 눈과 갈기를 특징으로 삼았다
豕 shǐ 돼지:　　　　　　돼지의 입과 몸통을 특징으로 삼았다
龜 guī 거북:　　　　　　거북의 등껍질을 특징으로 삼았다

상기 글자들에는 모두 사물의 특징이 집중적으로 표현되어 있다. 그리고 중요하지 않은 기타 사소한 부분들은 생략되어 있다. 자형이 굳어지기 전까지 '상형'자 하나에는 다양한 쓰기법이 존재했었다. 아래 '鳥 niǎo 새'자의 예를 보자.

'魚 yú 물고기'자의 예도 살펴보자.

한자 중에는 '상형'자가 많지 않다. 그 같은 방법에는 상당한 한계가 존재했기 때문이다. 예컨대, 추상적인 개념은 자형으로 모사할 수 없다든지 실물이 있어 모사는 했지만 이후 쓰기 불편하다든지 했다. '상형'자는 문자 발전의 초기 단계 산물로서 기타 서체에 비해 갑골문, 금문에서 많이 발견된다. 그리고 그 비중은 이후 발생한 '형성'자들에 의해 점점 낮아진다. 그럼에도 '상형'자는 '회의'자와 '형성'자를 구성하는 기초이자 전체 한자 체계의 기본적인 표기 부호이기도 하다.

『설문해자서』는 지사에 대해 "지사는 보면 식별 가능하고 관찰하면 그

의미가 드러난다. 上과 下가 그렇다.指事者, 視而可識, 察而見意, 上下是也."고 하였다. 허신이 예로 든 '上shàng 위', '下xià 아래'(고문古文은 ᅳ와 ᅮ이다)와『설문해자』상의 '지사'자들로 미루어볼 때, '지사'도 자형으로 의미를 드러내는 조자방법이다. '지사'자는 추상적 개념이나 그려내기 어려운 사물들을 표현한다. 단옥재의『설문해자주』에는 다음과 같은 구절이 나온다.

> ―의 위에 있는 것이 있고 ―의 아래에 있는 것이 있다. 그것을 보면
> 上과 下임을 알 수 있고 관찰하면 위와 아래란 의미가 드러난다.
> (有在一之上者, 有在一之下者, 視之而可識爲上下, 察之而見上下之意。)

상기 "보면 알 수 있다"는 말은 자형을 보면 그것의 구도 상징을 인식할 수 있다는 뜻이다. 또 "관찰하면 그 의미가 드러난다"는 말은 구도 상징을 유심히 살피면 그것의 의미를 이해할 수 있다는 것을 가리킨다. 왕균王筠은 이와 관련하여『문자몽구文字蒙求』권2에서 다음과 같이 언급했다.

> 『설문해자』의 "보면 식별할 수 있다"는 "상형"의 정의에 가깝고 "관
> 찰하면 그 의미가 드러난다"는 "회의"의 정의에 가깝다.
> (『說文』曰"視而可識", 則近於"象形"; 曰"察而見意", 則近於"會意"。)

이로써 왕균은 명료하지 못했던 허신의 부족한 점을 지적한 동시에『설문해자』의 '지사'자들이 두 부류로 나뉜다는 점도 언급했다. 한 부류는 '상형'자에 지사 부호를 더한 '지사'자로서 그려내기 곤란한 실물을 문자로 반영해낸 결과이다. 이 부류의 지사자는 실물을 기록한다는 점에서 '상형'과 유사하다. 그리고 그런 점에서 "보면 식별할 수 있게 하는" 역할을 한다. 또 한 부류는 순수한 지사 부호로 구성된 시사사로서 추상적인 개념들을 문자로 반영해낸 결과이다. 이 부류의 지사자는 추상적인 개념을 기록한다

는 점에서 '회의'와 비슷하고, 그런 점에서 "관찰하면 의미가 드러나게 하는" 기능을 한다. 『설문해자』에서 실물을 반영하는 '지사'자는 다음과 같다.

亦yì 또　　　'腋yè 겨드랑이'의 옛 글자이다. 두 점은 사람의 겨드랑이가 있는 곳을 가리킨다.

刃rèn 칼날　　하나의 점은 칼날이 있는 곳을 가리킨다

本běn 뿌리　　가로획을 나무 아래 둠으로써 뿌리가 있는 곳을 가리킨다.

末mò 끝　　　가로획을 나무 꼭대기에 둠으로써 나무 끝이 있는 곳을 가리킨다.

추상적인 개념을 반영하는 '지사'자는 아래와 같다.

上shàng 위　　'上'의 옛 글자이다. 작은 물건이 큰 물건 위에 있어 '위'이다.

下xià 아래　　'下'의 옛 글자이다. 작은 물건이 큰 물건 아래에 있어 '아래'이다.

私sī 사적인　둥근 모양의 부호는 자신 안으로 감싸는 것을 뜻한다. 개인적으로 이미 있다는 뜻이다.

綴zhuì 깁다　서로 연결되어 있다는 의미이다.

상기 예에서 전자는 '상형'과 쉽게 혼동된다. 양자 모두 실물을 반영하기 때문이다. 그러나 양자는 실물을 기록하는 방법에서 차이를 갖는다. '상형'은 실물의 윤곽을 직접 그려낸 자형에 기초한다. 반면에 '지사'는 실물은 그리지 않고 기존 '상형'자 위에 점과 획을 덧붙여 의미하는 바를 연상토록

한, 상상에 기댄 조자 방법 중 하나이다.[8] 한편, 상기 예에서 후자는 '회의'와 쉽게 혼동된다. 양자 모두가 추상적인 개념을 반영하기 때문이다.

'지사'와 '회의'는 자형의 구성 면에서 구별된다. 왕균은 『문자몽구』 권2에서 다음과 같이 언급했다.

> 형체가 있는 것은 사물이고 형체가 없는 것은 사건이다. 사물에는 형체가 있으므로 모사할 수 있다. 사건에는 형체가 없으므로 천자가 창안하여 그것을 가리켰다. 창안했다는 것은 회의에 가장 가까운 것이 아닌가? 회의란 여러 자가 모여 한 자의 의미를 구성하는 것이다. 지사는 둘 또는 세 개의 형체가 모였다고 모두 글자를 구성하는 것은 아니다. 글자로 쓰이는 것도 있고 그렇지 못한 것도 있다. 형체들 간에 발생되는 주요 의미를 삼는 것이 지사이다.
> (有形者物也, 無形者事也。物有形, 故可象; 事無形, 則聖人創意以指之而已。夫旣創意, 不幾近於會意乎? 然會意者, 合數字以成一字之意也。指事或兩體, 或三體, 皆不成字, 卽其中有成字者, 而仍有不成字者, 介乎其間以爲之主, 斯爲指事也。)

'회의'는 여러 자가 모여 구성됐기 때문에 분리돼도 독립된 글자로 남는다. 반면에 '지사'는 순수 부호로만 또는 부호를 부가하는 방법을 취한다. 순수 부호로만 구성된 '지사'자는 분리될 경우 더 이상 독립된 글자로 기능

---

[8] 강성江聲의 『육서설六書說』에서는 "무릇 형체대로 글자를 만든 것이 상형이고 글자를 기초로 형체를 만든 것이 지사이다.蓋依形而製字爲象形, 因字而生形爲指事。"라고 하였다. 강성의 견해는 '상형'과 '지사' 간 차이를 설명하는 데 문제없지만 "글자를 기초로 형체를 만든다"에서의 "글자"는 이치에 맞지 않다. 왜냐하면 본래부터 그 "글자"가 존재하지 않는다면 형체를 만드는 근거로도 삼을 수 없기 때문이다. 이에 "단어를 기초로 형체를 만든다"라고 해야 비교적 이치에 부합할 것이다.(정복보丁福保 編, 『설문해자고림說文解字詁林』 第1冊, 臺北: 臺北商務印書館, 1976, p. 110a)

하지 못한다. 부호가 부가된 '지사'자는 그 중에 '상형'자만 독립된 글자로 남는다. 이처럼 순수 부호나 '지사' 부호를 부가하는 조자방법에는 커다란 한계가 존재했다. 때문에 한자 중에서 '지사'의 방법으로 생산된 자수는 매우 적다.9

『설문해자서』에서 "회의는 부류를 견주어 늘어놓고 뜻을 합하여 가리키는 바가 드러나도록 하는 것이다. 武와 信이 그렇다.會意者, 比類合誼, 以見指撝, 武信是也。"고 하였다. "부류를 견주어 늘어놓다"는, 서로 견주어 보면 관계가 발생할 수 있는, 동류의 일들을 늘어놓는다는 의미이다. "견주다比"의 본래 의미는 '함께하다'이다. 한편, '뜻을 합하다'는 한 부류의 일들이 드러내는 의미를 합한다, 더 나아가서는 하나의 새로운 의미를 함께 만들어낸다는 뜻이다. 허신이 예로 든 '武wǔ 힘쓰다'와 '信xìn 믿다'을 살펴보자.『설문해자』에 따르면, '武'자는 止zhǐ 멈추다와 戈gē 창가 합쳐진 것으로서 '무력으로 전쟁을 막는다'는 의미를 갖는다. 또 '信'자는 人사람과 言말이 합쳐진 것으로 '말로써 신용을 성실히 지킨다'는 뜻을 갖는다. 이 두 자에 대한 허신의 주장이 조자 당시의 자형과 의미에 근거하지 않았을 수도 있다. 하지만 그럼에도 불구하고 '회의'의 성질은 여전히 설명 가능하다.10

---

9 왕균王筠이『문자몽구文字蒙求』권2(臺北: 藝文印書館, 1974, p. 54)에서 집계한 결과에 따르면, 전체『설문해자』내 '지사'자는 129개 밖에 실려 있지 않다.

10 『설문해자』의 견해는 다소 근본적이다. "전쟁을 막는 것이 武이다止戈爲武"는『좌전左傳』선공宣公 12년에 보이고 "사람이 한 말을 성실히 지키는 것이 信이다(人言爲信)"는『춘추곡량전春秋穀梁傳』희공僖公 22년에 보인다. 하지만 이들 두 견해 모두 믿을 만하지 못하다. '武'자의 갑골문은 ⚐, ⚑, ⚐ 등의 모습을 띤다. '武'는 ⼁(止)와 ⼽(戈)의 결합으로서 이 중 止는 행동의 뜻을 많이 표시한다. 따라서 '武'자는 창을 지고 나아가는 모습으로서 원래 의미는 '정벌하다'여야 한다. '信'자도 '신실하다'로 풀이해서는 안 된다. 서호徐灝의『설문해자주전說文解字注箋』에서는 다음과 같이 언급돼 있다.

'회의'를 '상형' 및 '지사'와 비교해 보면, 조자 방법 상의 발전이 명확히 드러난다. '회의'자는 여러 가지 추상적 개념을 표현할 수 있다는 점에서 상당히 강한 조자 능력을 갖는다. 그로 인해, 『설문해자』상의 '회의'자 수는 '상형'자나 '지사'자에 비해 모두 많다.

'회의'는 이미 존재하는 '상형'자를 이용하여 새로운 자를 조합하는 조자 방법이다. 동일 자형을 가진 둘 또는 그 이상의 글자가 조합되기도 하고 별개의 자형들이 둘 또는 그 이상으로 조합되기도 한다. 다만 '회의'자는 두 자 간 조합을 기본 형식으로 한다. 셋 또는 네 자 간 조합은 상당히 적고 다섯 자 조합은 더욱 적다. 조합에 사용된 '상형'자들은 모두 '회의'자의 새로운 의미 생산이라는 역할을 수행한다. '회의'자에는 다음과 같은 예들이 있다.

从 cóng 따르다   오늘날에는 '從'으로 쓰인다. 『설문해자』의 '从'부에서는 '"서로 듣다'이다. 从은 두 人이 합쳐진 것이다."라고 하였다. '듣다'에는 '순종하다', '뒤따르다'란 의미가 있기 때문에 두 人자를 사용하여 뒤따라가는 모습을 구성했다.

"『위지·무제기魏志·武帝紀』에는 '마초馬超 등은 위수 남쪽渭南에 주둔하며 사신信을 파견해 강 서쪽 지역을 양보하고 화평을 논하려고 하였다.'라고 하였고 「공손찬전公孫瓚傳」에서는 '도로가 막혀 사신의 전언信命이 이르지 못했다.道路隔塞, 信命不得至。'라고 하였다. 『진서·왕준전晉書·王濬傳』에서는 '왕준王濬이 말릉에 이를 때 쯤 왕혼王渾은 왕준에게 사신信을 보내 잠시 건너가 군대 일을 논하도록 하였다.'라고 하였고 「모보전毛寶傳」에서는 '앞서간 사신信을 따라잡을 수 없다면 사신使를 다시 보내야 한다.'라고 하였다. 이들 모두 使를 信으로 쓰고 있는데 이는 使가 信의 옛 의미이기 때문이다. 사람을 시켜 말을 전하다란 의미로서 '사람人'과 '말言'의 뜻을 따른 회의자이다. 사신을 통해 곧바로 그 사실을 알게 한다는 데서 성실과 신용誠信이란 의미가 생겨났다. 또 사신이 가져오는 서찰 때문에 서신을 信이라고 불렀다."(『설문해자고림說文解字詁林』, 第4冊, p. 986b)

| 北běi 북녘 | '背bèi 등'의 본래 글자이다.『설문해자』의 '北'부에서는 "'어긋나다'이다. 두 人이 서로 등지고 있다"라고 하였다. 훗날 '북쪽'이란 방향사로 차용되었다. 그로 인해 '背'자를 새로 만들었다. '背'는 '형성'자이다. |

益yì 이익 — '溢yì 차다'의 본래 글자이다. 그릇에 물이 가득 차 넘쳐나는 모습니다. 훗날 '이익'을 뜻하는 데 차용되었다. 그 결과 '溢'자를 새로 만들었다. '溢'은 '형성'자이다.

香xiāng 향기롭다 — 본래 黍shǔ 기장자와 甘gān 달자자가 합쳐진 것이다. 맛이 달다는 뜻이다.

塵chén 먼저 — 사슴 무리鹿群가 지나가 먼지가 일어난다는 뜻이다. 세 개의 '鹿lù 사슴'은 오늘날 하나로 생략되었다.

戒jiè 경계하다 — 두 손으로 창을 받들고 경계서는 모습을 표현한다.

寒hán 춥다 — '宀' 아래 '사람人'이 있다. 위로는 '풀艸'로 된 덮개가 있고 아래로는 '풀艸'로 된 깔개가 있다. 그리고 그 아래로 얼음도 있다.

莫mò ~않다 — '暮mù 저물다'의 본래 글자이다. '해日'가 '풀숲艸茻' 사이에 있는 모습으로서 해가 저무는 때를 표시한다. 훗날 부정부사로 차용되면서 '暮'자를 새로이 만들었다.

5.2.4. 형성

『설문해자서』에서 "형성은 사물로써 이름을 삼고 유사한 소리를 취하여 함께 구성한다. 江과 河가 그렇다. 形聲者, 以事爲名, 取譬相成, 江河是也。"고 하였다. 단옥재는 이에 대해 『설문해자주』에서 다음과 같이 언급하였다.

> 옛날 名이라 하던 것을 오늘날에는 字라고 일컫는다. …… 사물로써 이름을 삼는다는 것은 절반이 의미임을 말한다. 그리고 유사한 소리를 취하여 함께 구성한다는 것은 절반이 소리임을 말한다. 江과 河 자는 물水로써 이름을 삼고 그 소리가 각각 工, 可와 유사하다. 이에 工과 可를 취하고 그것의 이름을 만들었다.
> (名卽古曰名今曰字之名……以事爲名, 謂半義也; 取譬相成, 謂半聲也。江河之 字, 以水爲名, 譬其聲如工可, 因取工可成其名。)

'형성'자는 두 부분으로 구성된다. 한 부분은 글자의 의미 범주를 표시한다. 이를 '의부意符', '형부形符' 또는 '형방形旁'이라고 한다. 나머지 한 부분은 글자의 독음을 표시한다. 이를 '성부聲符' 또는 '성방聲旁'이라고 한다. 허신이 예로 든 '江jiāng 장강'과 '河hé 황하'는 공통적으로 '물水'이 '의부'이고 '工 gōng'과 '可kě'가 각각의 '성부'이다.

'형성'자의 출현은 한자의 조자 능력을 대대적으로 향상시켰다. '형성'자의 '성부'는 문자 자형이 표음화되는 추세를 구현하여 순수하게 의미만을 표시하던 '상형', '지사', '회의'의 한계를 극복했다. '형성'자의 '성부'로 인해 한자는 어음과 연계되기 시작했다. 그리고 그로써 언어 기록은 이전보다 훨씬 편리해졌다. '형성'자는 3천여 년간 지속적으로 증가했다. 그 결과, 갑골문에서 20%였던 비중이 오늘날 90% 이상으로까지 늘어났다. '형성'자에는 이처럼 극강의 생명력이 존재한다.

그런데 '형성'자의 '성부'는 그것의 자형이 음을 표기하기 위해 만들어진 것이 아니다. '성부' 그 자체는 여전히 '상형', '지사', '회의' 등의 방법으로 만들어진 표의자이다. 그것은 그저 '형성'자 내에서만 '성부'일 뿐이다. 게다가 '형성'자는 '의부'에 의해서도 의미가 표시된다. 따라서 '형성'은 한자를 순수한 표의적 한계로부터는 벗어나게 했음에도 불구하고 '형성'자는 그 특성상 여전히 표의자로 존재한다.

나아가 '형성'자의 '성부'는 자체가 의미를 가진 표의자인 탓에 그 기능도 음을 표기하는 데 국한되지 않았다. 마서윤馬敍倫은 『설문해자 육서소증 說文解字六書疏證』 권29에서 다음과 같이 언급했다.

> 유사한 소리를 취하여 함께 구성한다는 것에 대해, "江과 河 자는 물 水로써 이름을 삼고 그 소리가 각각 工, 可와 유사하므로 工과 可를 취하여 그것의 이름을 만들었다"고 한 단옥재의 말은 옳다. 江과 河는 그것의 음을 工과 可에서 취한 것으로서 그것이 흘러가는 소리를 본뜬 것이다.
> (取譬相成者, 段玉裁謂江河之字以水爲名, 譬其聲曰工可, 因取工可以成其名, 是也。江河取其聲於工可, 象其流聲也。)[11]

'형성'자의 '성부'가 담당하는 것은 독음이다. 그런데 그 독음에는 늘, 그것이 소리를 흉내내든 의미를 서술하거나 감정을 드러내든, 성부로서 기능하기 전부터 가졌던 의미가 존재한다. 그러므로 원칙적인 면에서, 모든 '형성'자 '성부'는 자체 의미를 갖는다. 그 일례로, '형성'자 '衷zhōng 속마음'이 성부 '中zhōng 가운데'의 의미까지 함께 취하고 있는 것은 주지의 사실이다. '祥xiáng 상서롭다'자 역시, 옛 언중들이 '吉祥'을 '吉羊'으로 불렀던 것으로 미루어, 성부 '羊yáng 양'이 '祥'의 음과 의미를 모두 겸하고 있다.

'형성'은 한자의 중요한 조자 방법이다. 그럼에도 적지 않은 단점이 존재

---

11 마서윤, 『설문해자 육서소증』 권29(육필 선장본), 科學出版社(출판지, 연월 불명), p. 18.

했는데 단점은 대략 세 가지로 나뉜다.

5.2.4.1. 무규칙적인 '의부'와 '성부' 위치

'형성'자의 '의부'와 '성부' 간 위치가 일정하지 않다. 그 유형은 대략 아래 여섯 가지로 분류된다.

(1) 의부가 위, 성부가 아래인 형성자:
草cǎo 풀, 符fú 부호, 零líng 소량의, 宇yǔ 집
(2) 의부가 아래, 성부가 위인 형성자:
基jī 기초, 駕jià 몰다, 裝zhuāng 치장하다, 盒hé 통
(3) 의부가 좌측, 성부가 우측인 형성자:
媽mā 엄마, 惜xī 중시하다, 梧wú 오동나무, 該gāi ~해야한다
(4) 의부가 우측, 성부가 좌측인 형성자:
錦jǐn 비단, 削xiāo 깎다, 鷄jī 닭, 政zhèng 정사
(5) 의부가 바깥, 성부가 내측인 형성자:
固gù 견고하다, 團tuán 둥글다, 闊kuò 넓다, 病bìng 병
(6) 의부가 내측, 성부가 바깥인 형성자:
聞wén 듣다, 悶mēn 답답하다, 辮biàn 변발, 辯biàn 변론하다

이로써 볼 수 있듯, 조합이 복잡하여 독음을 파악하기가 상당히 불편하다. 게다가 같은 '의부'와 '성부'라고 해도 위치가 다를 경우 '峰 = 峯 봉우리'이나 '群 = 羣 무리'처럼 같은 자일 때도 있고 '吟읊다 ≠ 含포함하다'이나 '暉햇빛 ≠ 暈어지럽다'처럼 다른 자일 때도 있다.

5.2.4.2. 부정확한 '의부'

'형성'자의 '의부'는 포괄적인 의미 범주만을 표시할 뿐 구체적인 의미를 정확하게 표현하지 못한다. 예컨대, '手손 shǒu'가 '의부'인 자로는 拳quán 주먹, 掌zhǎng 손바닥, 拇mǔ 엄지, 指zhǐ 손가락(이상 명사), 拙zhuō 서툴다, 攕xiān 가늘다(이상 형용사), 把bǎ 쥐다, 持chí 갖다, 操cāo 잡다, 捉zhuō 잡다, 提tí 들다, 拉lā 당기다, 推tuī 밀다, 挼jiē 닿다, 按àn 누르다, 拱gǒng (두 손 맞잡아)절하다(이상 동사) 등이 있다. 이들 한자는 같은 '의부'를 취하지만 품사도 다르고 의미적으로도 매우 큰 차이를 보인다. 그런 점에서 '형성'자의 '의부'에는 사실 직접적인 표의 기능이 없다. '의부'의 주요기능은 음이 같거나 비슷한 자를 구분하는 데 있다. 예를 들어, 辟bì/pì 군주/열다, 壁bì 벽, 璧bì 고대 옥기, 僻pì 외지다, 闢pì 열다, 避bì 피하다, 薜bì 당귀, 癖pǐ 나쁜 습관, 澼pì 빨다, 譬pì 비유, 劈pī 쪼개다, 擘bò 엄지손가락, 嬖bì 총애하다, 襞bì 의복 주름, 擗bì 벽, 檗bò 코르크 나무, 糪bó 설익은 밥, 幦mì 유포(油布), 鼊bì 새그물, 臂bì 팔 등에 식별 기능을 가진 '의부'가 없었다면 각각의 단어들을 구분할 수도, 개별 의미를 표시할 수도 없었을 것이다. 다만 극히 소수에 한해 '형성'자가 형성자 내 '의부'와 의미상 완전히 일치하는 경우도 있다. 예를 들면 '父fù = 爸bà 아버지', '舟zhōu = 船chuán 배' 이 그에 해당한다.

'의부'는 의미 범주를 표시한다. 그런데 단어의 의미가 인신引伸되거나 문자가 가차된다든지, 사물이 발전, 변화된다든지 하면 '의부'의 의미 표시 능력도 크게 감소되고 심지어 그 기능이 상실되기까지 한다. 예를 들면 아래와 같다.

    張zhāng 본의는 '활시위를 당기다'이다. 인신의는 펼치다, 확대하다, 진열하다 등이다. 본의로는 이제 거의 사용되지 않기 때문에 의부 '弓gōng 활'의 의미 표시 기능은 크지 않다.
    理lǐ 본의는 '옥을 다듬다'이다. 의신의로는 다스리다, 사리, 도리, 정리 등이 있다. 본의는 기본적으로 사용되지 않기 때문에 의부 '玉yù 옥'의 의미 표시 기능은 상실되었다.

難nán　본의는 새의 이름이다. '어려움과 쉬움難易'의 '어려움'으로 가차된 관계로 의부 '隹zhuī (꽁지가 짧은)새'가 의미 표시 기능을 발휘하지 못한다.

鏡jìng　고대의 거울은 청동으로 만들어졌기 때문에 '금속金'의 뜻을 따랐다. 하지만 현재는 거울이 유리로 만들어지기 때문에 '金jīn 금속'을 의부로 삼기에는 사물이 변했다.

5.2.4.3. 부정확한 '성부'

'형성'자가 구성될 때는 그것의 '성부'와 독음이 일치했다. 하지만 시간이 지남에 따라 말소리의 변화도 커지고 중고시기에 이르면 한자의 해성諧聲체계에도 변화가 생겨 '성부'의 독음 표시 기능이 크게 감소됐다. 현대 한자 중에서 塘táng 제방, 糖táng 설탕, 搪táng 막다, 溏táng 진창, 醣táng 탄수화물, 瑭táng 옥, 螗dāng 사마귀, 赯táng 붉은 색 등의 독음은 그것의 '성부'인 '唐táng'과 독음이 완전히 일치한다. 여기서는 '성부'가 여전히 음 표시 기능을 발휘하고 있다. 하지만 '형성'자와 '성부'의 독음은 종종 불일치하거나 심지어 큰 차이를 보이기도 한다. 예컨대, '者zhě' 음을 따르는 '형성'자에는 열 가지가 넘는 독음이 존재한다. 이로 인해 성부만으로는 그 독음을 종잡을 수가 없다.

諸 zhū	煮 zhǔ	箸 zhù	奢 shē
暑 shǔ	都 dū, dōu	睹 dǔ	屠 tú
緒 xù	闍 shé, dū	楮 chǔ	褚 zhě

5.2.5. 전주와 가차

'전주'에 대해서는 『설문해자서』에서 "전주는 부류에 하나의 머릿자를 세우되 같은 의미라면 서로 받는 것이다. 考와 老가 그렇다. 轉注者, 建類一首, 同意相受, 考老是也。"라고 풀이되어 있다. "考"와 "老" 두 자가 "전주"자란 설명을 제외하고는 허신이 어떠한 예도 들지 않았기 때문에 상기 설명만으로는 그 의미가 불명확하다. 그 결과 '전주'에 대한 해석은 그동안 큰 이견을 보여왔다.

다만 선학들은 '전주'자가 다음의 두 가지 점을 공유하고 있다고 보면서 "같은 의미라면 서로 받는 것"이란 점에 대해 비교적 일치된 의견을 보이고 있다. 첫째, '전주'자 간에는 의미가 반드시 같아야 한다. 둘째, '전주'자는 두 자 또는 한 무리로 구성되어야 한다. 다시 말해, '考'는 '老'의 '전주'자이고 '老'는 '考'의 '전주'자로서 '考'나 '老' 중의 어느 한쪽만 '전주'자여서는 안 된다.

『설문해자』에서 '考'는 "'오래 살피다'란 뜻으로서 丂 kǎo 음을 따르"는 '형성'자이고 '老'는 "사람이 머리를 늘어뜨리고 돌아서 있"는 '회의'자이다.12 이들 두 예로써 보건대, '전주'는 '상형', '지사', '회의', '형성' 이외의 새로운 조자 방법이 아니라고 할 수 있다. 문자는 언어적 수요에 부응하며 만들어지므로 그것의 성질에는 언어적 성질이 반영된다. 따라서 새로운 조자 방법이 아님에도, '전주'가 하나의 범주로 분류될 수 있는 것은 '전주'가 언어적 수요를 반영한 결과의 하나임을 의미한다.

'전주'자의 성질은 언어의 현실적 측면에서 고려되어야 한다. 중국어에서 방언음 方音 간 차이는 줄곧 심각했다. 진한 秦漢 시기 국가가 통일되자 방언음 간의 차이는 정치, 경제 방면의 여러 활동에 커다란 불편을 초래했다.

---

12 '老'자의 갑골문은 ᅎ이다. 굽은 등으로 지팡이를 짚은 노인의 모습을 본떴다. 『설문해자』에서 언급된 것은 '老'자의 본래 자형이 아니다. 하지만 '전주'를 논할 때는 여전히 허신이 든 예를 근거로 한다.

양웅揚雄이 『방언方言』을 편찬했다는 사실은 당시 이것이 크게 주목을 받았던 문제였음을 보여준다. 한자의 발전 과정에서는 방언 간 차이를 살피려는 목적으로 방언에 따라 갈린 독음들을 반영하는 글자를 만들기도 했다. 즉, 조자 시 음표기 수단인 '성부'를 한자에 부가하여 '방언자方言字'를 구성함으로써 소통의 편의를 도모하였다. 양웅의 『방언』에는 이와 관련한 다량의 자료가 수록돼 있다. 예를 들어, 『방언』 권5를 보면, "鍑fù 솥를 북연北燕과 조선朝鮮의 열수洌水 지역에서는 錪diǎn 또는 鉼bǐng이라고 한다. 하지만 장강江과 회하淮, 진陳, 초楚 지역에서는 錡qí나 鏤lòu라 한다", "㺨qiān 모두을 …… 변경 서부지역에서는 棓bàng 또는 柫fú라고 하고 제齊, 초楚, 장강과 회하 지역에서는 㧜yāng 또는 柭bó라고 한다"고 하였다. 또 『방언』 권6에서 "悛quān, 懌yì는 '고치다改'이다. 산 동쪽에서는 悛 또는 懌라고 한다"고 하였다. 여기서 "鍑, 錪, 鉼, 錡, 鏤", "棓, 柫, 㧜, 柭", "悛, 懌"는 모두 같은 부수에 '성부'를 부가하여 각기 다른 방언음을 표시한 자들이다. 이들은 모두 한 쌍 또는 한 무리를 이루고 있는 '방언자'로서 이 같은 현상이 진한 이전에는 흔했다. '방언자'들은 그 뒤로 인신, 가차되어 점점 널리 퍼져나갔고 일반적인 자전 또는 사전류 등에도 수록되었다. 『설문해자』에도 이와 유사한 수많은 '방언자'들이 수록돼 있다. 예를 들어, 권6의 '木'부는 다음과 같다.

椽liáo 서까래椽이다. 木의 의미를 따르고 尞liǎo의 음을 따른다.
㭆jué 서까래椽이다. 椽chuán을 방언으로 㭆이라고 한다. 木에서 의미를 취하고 角jué의 음을 따른다. 『춘추곡량전春秋穀梁傳』 장공莊公 24년에서 "환궁의 서까래에 새기다刻桓宮之㭆"라고 하였다.
椽chuán 서까래椽이다. 木의 뜻을 따르고 彖tuàn의 음을 따른다.
榱cuī 진秦에서는 屋椽wūchuán, 주周에서는 榱, 제齊, 노魯에서는 㭆이라고 부른다. 木의 뜻을 따르고 衰cuī의 음을 따른다.

楣méi	진秦에서는 屋㮰聯wūmiánlián이라고 한다. 제齊에서는 檐yán, 초楚에서는 梠lǔ라고 한다. 木의 뜻을 따르고 眉méi의 음을 따른다.
梠lǔ	처마㮰이다. 木의 뜻을 따르고 呂lǔ의 음을 따른다.
櫋pí	처마㮰이다. 木의 뜻을 따르고 昆pí의 음을 따른다. 枇杷pípá 비파의 枇pí처럼 읽는다.
櫋mián	처마屋㮰聯이다. 木의 뜻을 따르고 성부는 邊biān이 생략된 자형이다.
檐yán	처마㮰이다. 木의 뜻을 따르고 詹zhān의 음을 따른다.

"樽, 桷, 橡, 榱"과 "楣, 梠, 櫋, 櫋, 檐"은 모두 동일 부수에 '성부'를 부가하여 방언음을 표시한 '방언자'이다. 이들 두 묶음의 수록자는 모두 각각 동의어이다. 하지만 묶음 내 각각의 자형은 방언음 간 차이에 따라 분기된 것으로서 동일 의부에 각기 다른 성부가 자연스럽게 병합, 배열된 결과이다. 이것이 아마도 허신이 가리킨 '전주'였을 것이다. 그의 풀이에 따르면, 각 묶음에 속한 자들은 원래 동일한 단어였기 때문에(단지 방언음만 달랐을 뿐이다) 그 의미가 서로 같았다(즉 "같은 의미끼리는 서로 받는다同意相受"). 또 "분류한다建類"는 것은 방언음을 표시하여 지역별로 분류한다는 것을 가리킨다. 그리고 "하나의 머릿자를 세운다一首"는 동일하게 쓰인 자를 부수로 삼고 거기에 '성부'를 부가한다는 것을 의미한다. 그가 예로 든 '考'와 '老' 간의 관계도 아마, '考'자는 '老'자에 '丂'란 '성부'를 부가하여 방언음 간 차이를 표시했다는 데서 비롯했을 것이다.[13] 『방언』 권1에는 "眉méi,

---

13 양동한梁東漢도 『한자 구조와 그 변천漢字的結構及其流變』에서 비슷한 견해를 보였다. "……'考'와 '老'는 한 쌍의 전주자이다. '考'는 '老'로 해석되고 '老'도 '考'로 해석될 수 있다. 좀 더 자세히 말하면, 언어상에 먼저 [lǎo]란 단어가 있었고 후에 𠄤란 상형자가 만들어졌다. 그 후 어음에 변화가 생겨 소리 부호 '丂'가 부가돼 '考'가 만들어졌다. '老'와 '考'는 '老'부에 속한다. 독음도 비슷하고 의미도 동일하여 상호 호환될 수 있다.

梨lí, 薹dié, 鮐tái는 '늙다老'이다. 동제東齊에서는 眉méi, 연燕 일대의 북부 변경 지역에서는 梨lí라고 한다. 송宋, 위衛, 연兗, 예豫 지역에서는 薹dié, 진秦, 진晉의 교외와 진陳, 연兗의 중심지에서는 耇gǒu 또는 鮐tái라고 한다."라고 풀이하고 있다. 이 중 "薹", "耇"도 '老'자에 '성부'를 부가한 '방언자'로서 '考', '老' 등과 함께 묶일 수 있는 '전주'자이다.

'전주'는 방언음 간 분기에 따라 만들어진 '조자 현상'이다. '전주'자는 동일 '부수'에 상이한 '성부'를 부가해 만든 것이다. 비록 '형성'의 조자 방법을 취하고 있으나 방언음에 대응하며 만들어졌다는 점에서 '전주'자에는 그만의 특별한 수요가 존재한다. '전주'는 그 같은 수요에 부응한 글자들이 모이면서 자연스럽게 형성된 부류이다.

'전주'는 방언음 간 차이로 인해 한 단어가 여러 자로 표현된 현상이다. 그에 반해 '가차'는 중국어에서 동음同音의 단음절 상황이 보편화되어 여러 단어가 한 자로 표현된 현상이다.『설문해자서』에서는 "가차는 본래 자신의 글자가 없어서 소리에 의지해 개념을 기탁하는 것이다. 令과 長이 그렇다.假借者, 本無其字, 依聲托事, 令長是也。"라고 풀이하고 있다. 이는, 문어로 구어에 존재하는 단어를 기록할 글자가 없을 때 이미 존재하는 동음 또는 유사음의 글자를 부득이하게 '차용'해 표시한다는 것이다. 이와 관련하여 허신은 '令'과 '長'을 예로 들었다. '令lìng'의 본의는 '명령하다'이다. 하지만 고문헌에서는 '양호하다良', '선하다善'란 의미로 차용되었다. '長cháng/zhǎng'은

또 다른 예로, '頂dǐng'은『설문해자』에서 '꼭대기顛이다. 頁머리의 의미를 따르고 丁dīng의 소리를 따른다.'라고 되어 있다. 그런데 '顛diān'에 대해서도 '꼭대기頂이다. 頁머리의 의미를 따르고 眞zhēn의 소리를 따른다.'라고 되어 있다. 여기서 '頂'과 '顛'은 모두 '頁'이란 동일 부수를 따른다. 독음도 유사하고 의미도 같아 호환될 수 있으므로 한 쌍의 전주자이다."(上海: 上海教育出版社, 1984, p. 151)
『방언方言』권6에서 "顛과 頂은 '위'이다.顛,頂,上也。"라고 되어 있는 것으로 보아 "顛"과 "頂"은 분명 '방언자方言字'이다.

'긴 머리카락'을 본뜬 글자이다. 하지만 훗날 '장관長官'이란 의미로 차용되었다.14 그 외, 莫(莫mò) 자는 본래 해가 초원 너머로 지는 '황혼'을 뜻했지만

---

14 '令'의 갑골문은 ♢이다. 이에 대해 상승조商承祚는『은허문자류편殷墟文字類編』에서 "고문의 令은 亼ji와 人을 따른다. 많은 사람을 모아 놓고 명령하는 것이다."라고 하였다. 임의광林義光은『문원文源』에서 다음과 같이 언급했다.

"『설문해자』에서 말하길, '令은 명령하다이다. 亼와 卩jié을 따른다.'고 하였다. 卩은 곧 人자이다. 口가 人 위에 있는 형상으로서 고대에는 ♢, ♤로 썼다. 입으로 호령하고 그 아래서 사람이 무릎 꿇고 엎드려 듣는 모습을 본떴다."

이에 '令'의 본의는 마땅히 '명령하다'이다. 또 주준성朱駿聲의『설문통훈정성說文通訓定聲』에서는 "令은 [가차되어] '영리하다靈'이고 실제로는 '좋다良'이다. 令ling, 靈líng, 良liáng은 모두 쌍성雙聲이다."라고 하였고(『설문해자고림說文解字詁林』第9冊, p. 4021에서도 보인다)『서경·고요모書經·皐陶謨』에서는 "어찌하여 아첨하면서 꾸민 얼굴빛으로 간사한 짓 하는 사람들을 두려워하는가何畏乎巧言令色孔壬."라고 하였다.『시경詩經』「권아卷阿」에서는 "아름다운 소문과 덕망令聞令望.", 「비궁閟宮」에서는 "착한 아내와 장수하신 어머니令妻壽母.", 「증민蒸民」에서는 "멋진 거동과 안색令儀令色."이라고 하였고,『이아석고爾雅·釋詁』에서는 "令은 '선하다善'이다."라고 하였다. 고문헌에서는 '令'을 '선하다善'란 의미로 차용하여 썼는데, 이는 선진先秦양한兩漢 시기에 통용되던 현상이었기 때문에 허신도 그것을 예로 사용하였다. 홍성洪誠의『중국 역대 언어문자학 문선』(p. 115)을 보면 다음과 같이 언급되어 있다.

"『설문해자서』에서 든 令과 長 두 자에는 응당 존칭의 의미가 있다.『광아·석고廣雅·釋詁』에서 '令은 벼슬에 있는 사람君이다.'라고 풀이한 것은『여씨춘추·거사呂氏春秋·去私』편의 '남양南陽에는 현령이 있다南陽有令.'란 말에서 고증된다. 또『주례·태재周禮·太宰』에서는 '어른을 귀하게 대함으로써 백성을 얻는다以貴得民.'라고 했고『시경·대아·황의詩經·大雅·皇矣』에서는 '능히 어른이 되고 능히 군주가 되다克長克君.'라고 하였다. 이에 대해 단옥재는『설문해자주』에서 한대 체제상의 현령縣令, 현장縣長으로 풀이했으나 정확하지 않다."

'長'자는 갑골문에서 ℥, ℥이다. 이에 대해 여영량余永梁은『은허문자속고殷墟文字續考』에서 "長은 사람의 머리털이 긴 모습을 사실적으로 본뜬 것으로 '오래되다'란 의미로 인신되었다."고 하였다(이효정李孝定 編,『갑골문자집석甲骨文字集釋』, 臺北: 中央研究院歷史語言研究所, 1974, p. 2967). 종합하면 '長'의 본의는 '길고 짧음'에서의 '길다'이지만 '군주'란 뜻과 같이 '우두머리'로 가차되면서 허신도 결국

음이 같다는 이유로 부정부사 '~하지 않다'로 차용되었다. 이에 고문헌에서 '莫'자는 본의인 '황혼'과 가차의인 '~하지 않다'란 두 가지 의미로 쓰였다.15 그런데 나중에는 분별이 용이하도록 '莫'자에 부수 '日해'를 부가한 '暮mù'자가 만들어지고 '莫'자는 '~하지 않다'란 가차의를 표시하는 전용자로만 사용되었다. 여기서 '暮'자는 글자의 의미를 구분하기 위해 기존 글자에 '의부'를 부가한 신생 '형성'자이다. 수많은 '형성'자들은 모두 이 같은 경로를 통해 만들어졌다.

'가차'자는 갑골 복사卜辭와 기물 명문銘文 중에 적지 않게 보일 만큼 꽤 이른 시기에 출현했다. '가차'는 '상형', '지사', '회의' 외로 언어를 기록하는 효과적인 방법 중의 하나였다. 글자 생산의 어려움을 피하면서도 동음자를 간단하게 차용함으로써 언어를 기록한다는 목적을 달성할 수 있었기 때문이다.16 '가차'는 의미에 대한 고려 없이 차용된 글자를 순수 음표기 기호로 사용했다. 하지만 '가차'로는 고정된 발음표기 자모를 만들 수도 없었고 가차하는 과정에서 독립된 발음표기 체계가 구성되지도 못했다. 그

그것을 예로 사용하였다.

15 [역주]원서는 이 부분에서 '莫'의 가차의를 '莫不~하지 않는 것이 없다'로 기술하였다. 그러나 『고대중국어 허사사전古代漢語虛詞典』(중국사회과학원 언어연구소 고대중국어연구실 編, 商務印書館, 1999, p. 370)과 『왕력 고대중국어자전王力古漢語字典』(왕력 主編, 中華書局, 2000, p. 1062)를 보면 '莫'를 '莫不'로 풀이한 용례가 없다. 이에 오기로 판단하여 역자가 본문과 같이 임의 수정하였다.

16 손이양孫詒讓의 「왕자장과 가차서를 논함與王子莊論叚借書」에는 다음과 같은 언급이 있다.
"대개 천하의 일은 끝이 없으니 조자 초기에는 가차할 예가 없으면 일에 따라 글자를 삼았다. 글자가 셀 수 없을 정도로 많아지자 소리에 의지해 일을 기탁하게 되었다. 살펴보면 본래 글자는 아니지만 말하면 그 소리다. 늘으면 충문히 이해뇌고 사용하니 끝이 없다. 가차는 문자 생산의 무궁함을 저지하고 변통하도록 하니 조자의 근본이라 여길 수 있는데 어찌 불가한가?"(『설문해자고림說文解字詁林』 제1冊, p. 233)

러므로 '가차'의 출현이 표음문자의 존재를 뜻하는 것은 아니다. 형식적인 측면에서 '가차'는, 새로운 글자를 만드는 것이 아닌, 서사 부호가 없는 단어에 그 부호를 부여하는 것이다. 예를 들어, '花huā'자는 원래 '꽃송이 花朵huāduǒ'를 가리켰으나 후에 '소비하다 花費huāfèi'의 '花'로 차용되면서 오늘날 두 가지 의미를 병용하게 되었다. 여기서 '소비하다'란 의미는 신생 글자를 따로 만들지 않고도 서사 부호를 부여 받았다. 따라서 언어 기록이란 관점에서 볼 때, '가차'는 새로운 글자를 생산하지 않는 '조자법造字法'이라고 할 수 있을 것이다.

5.2.6. 한자 서체의 변화

한자 서체字體는 다음 세 단계의 중요한 변화를 거친다. 첫째, 상商, 주周 시기의 갑골문과 금문이 전서로 발전한 단계, 둘째, 전서가 예서로 발전한 단계, 셋째, 예서가 현재 통용되는 해서로 발전한 단계가 그것이다.

5.2.6.1. 갑골문과 금문

갑골문甲骨文은 거북의 껍질과 소의 어깨뼈에 새긴 문자로서 청淸 광서光緖 년간(1880년 이후) 하남성河南 안양시安陽 소둔촌小屯村에서 제일 먼저 발견되었다. 1928년 이래로 여러 차례 발굴을 통해 출토된 갑골은 약 15만여 편이다. 갑골에 새겨진 낱자는 총 4천여 자로 절반 이상이 해독되었다. 소둔촌 일대가 상商나라 도읍지였기 때문에 출토된 갑골문자는 모두 상대 유물에 속한다. 상 왕조에서 점을 쳤던 기록들이 대부분이나 간단한 사건 기록들도 포함되어 있다. 상나라 반경盤庚이 은殷으로 천도한 이후로는 나라 이름을

'은'이라고 불렀다. 그로 인해 갑골문을 '은허복사殷墟卜辭'라고도 한다.

갑골문은 갑골에 새겨넣은 것으로서 윤곽이 매우 가늘고 선이 대부분 곧다. 두드러진 모서리에 앙상한 자형이 굳세 보인다. 갑골문은 이미 상당히 갖춰진 문자였으나 회화성이 꽤 강했다. 극소수에만 표음 성분이 있고 절대 다수에는 표음 성분이 없다. 갑골문은 구조가 완전하게 정형화되지 못했기 때문에 글자마다 이체가 상당히 많다. 같은 글자임에도 클 때가 있고 작을 때가 있으며 편방도 있을 때가 있고 없을 때가 있다. 또 점을 많이 찍기도 하고 적게 찍기도 하며 방향이 바뀌기도 한다. '龜guī 거북'자를 예로 들어보자.

금문金文은 상商 말에 시작하여 서주西周 시기 성행했던 서체이다. 솥이나 종鐘鼎 등의 청동기에 새기거나 주조했던 탓에 '금문金文'이라고 불렀다(고대에 '金'은 금속 일체를 가리켰다). 과거에는 '종정문鐘鼎文'으로 칭하기도 했으며 금속에 아로새기는 행위를 고대에는 '銘míng'이라고 했기 때문에 '명문銘文'이라고도 했다. 상, 주 시기 명문상의 내용은 길상吉祥, 격려, 치하의 말들이다. 수록된 금문은 현재까지 3천여 자에 이르며 그중 2천여 자가 해독되었다.

금문은 갑골문에서부터 변화되어 자형과 구조가 갑골문과 상당히 유사하다. 하지만 대다수가 주조를 통해 가공 가능했기 때문에 굵고 둥글둥글한 필획에 비교적 고른 크기를 가진단 점에서 갑골문과 차이를 갖는다. 금문은 일반적으로 갑골문보다 간단하고 쓰기 쉽다. 나만 서체의 미화를 위해 획이 추가된 글자도 있다. 예를 들면 아래와 같다.

5.2.6.2. 전서

'篆'은 '길게 당기다', '길게 늘이다'란 뜻이다. 전서篆書는 필획을 길게 늘여 쓴 자형으로서 대전大篆과 소전小篆을 포함한다. 대전은 서주西周 말기의 주周 선왕宣王 시기 문자로서 금문의 계통을 이어 발전한 것이다. 현존하는 대전 자료는 두 종류이다. 하나는 『사주편史籒篇』이다. 『사주편』은 주 선왕 시기 사관史官들이 교육에 사용했던 식자교본으로서 일찍이 유실되었다. 하지만 『사주편』 잔권에 근거해 『설문해자』 안으로 수록된 223개의 '주문籒文'은 오늘날에도 볼 수 있다. 또 하나는 '석고문石鼓文'으로서 당唐대 초기에 발견된 것이 오늘날에도 남아있다.

주 평왕平王이 동쪽으로 천도하자 진秦나라는 서주의 옛 지역을 차지하고 서주 문화를 계승하였다. 대전이 진나라에서 발전해간 것은 이 점에 기인한다. 서기 221년 진시황이 중국을 통일하고 '서동문書同文' 정책을 펼치자 이사李斯 등 관리들은 문자를 정리하고 서체를 개정하였다. 철저한 한자개혁이 단행되면서 대전이 소전(또는 진전秦篆)으로 개조되고 "옛 제후국 지역에서 진계 문자와 다른 것을 포기하"면서[17] 결국 전국의 서체가 통일되었다. 그리고 이는 한자 서체 발전에 지대한 영향을 미쳤다.

---

17 『설문해자서』.

대전의 필획은 번다했지만 소전은 대전에서 간략화 되었다. 소전의 '小'는 '간화되다'란 의미이다. 이에 대해 허신은 『설문해자서』에서 "『사주편』의 대전을 모두 취한 뒤 많은 부분을 생략하고 개정한 것을 소전이라고 한다.皆取『史籒』大篆, 或頗省改, 所謂小篆者也。"고 풀이하였다. 여기서의 "생략하고 개정하다省改"는 곧 간화를 가리킨다. 대전과 소전 간에 간화된 흔적은 꽤 명확하다. 예를 들면 다음과 같다.

대전				
소전				
	車	則	商	圍

전서는 필획이 고르고 선의 굵기도 동일하다는 특징을 갖는다. 또한 쓰기 방법이 정형화되어 더 이상 갑골문과 금문처럼 많은 이체가 존재하지도 않는다. 더불어 자형의 구조가 긴 직사각형長方形을 띠면서 한자가 방괴 형식을 갖는 토대도 다졌다.

5.2.6.3. 예서와 해서

전서에서 예서隸書로의 변화는 자형과 구조의 일대 변혁이었다. 예서는 한편으로 전서의 구조를 타파하며 점차 간화되어 갔으며, 또 한편으로는 전서의 둥근 곡선을 곧은 필획으로 바꿔나갔다. 이 같은 변혁은 소전과 그 이전 고문자들의 모습을 완전히 바꾸었다. 예서는 자형이 필획화되고 구조가 납작한 직사각형의 특징을 갖는다. 그뿐만 아니라, 붓으로 글을 썼기 때문에 굵고 가는 필획에 삐침과 파임, 모난 부분棱角 léngjiǎo등이 더해졌다. 그 뒤로 출현한 해서는 이 같은 예서의 자형 구성을 토대로 변화된 결과이다. 예서에 이르러 한자는 고문자의 회화적 성질을 버리고 완전하게 부호화된다. 그에 따라, 전서와 예서 간에는 내부 구조상의 질적 차이가 존재한다. 아래 예를 살펴보자.

"春chūn 봄", "奉fèng 바치다", "泰tài 평안하다"의 상반부가 전서에서는 각기 상이했지만 예서에서는 '夫'으로 같아졌다. 또 전서의 "侯hóu 후작", "晉jìn 나아가다"은 필획이 상대적으로 많았지만 예서에서는 간단해졌다. 전서에서의 편방은 비교적 고정적이었다. 예를 들어 '水'자는 편방일 때 위, 아래, 왼쪽 중 어느 쪽에 있든지 모두 '氵'(森, 𡈼, 𡈼)이었다. 하지만 예서와 해서에서는 '水'(淼), 'ⅰ'(江), '氺'(益), '氺'(泰) 등으로 형체가 분화되었다. 전서에서 예서로의 이 같은 변화 과정을 '예변隸變'이라고 하는데, 이는 한자 자형 발전의 중요한 전환점이다.[18]

한漢대에는 예서 외에 '초서草書'도 있었다. 초서는 예서의 '거친' 쓰기 방법으로서 필획이 이어져 있을 뿐만 아니라 간단하여 예서의 윤곽만 지녔다. 다만 초서는 쓰기에 편리할 뿐 읽기에는 불편하여 통용되지 못했다.

---

18 한자 서체에 대한 '예변隸變'의 영향은 장선국蔣善國, 『한자자형구조론漢字形體學』 (北京: 文字改革出版社), 1959, pp. 175~291 참고.

반면에 해서楷書는 한대 말에 시작해 위魏, 진晉, 남북조南北朝 시기에 성행하였고 예서와 초서의 토대 위에서 발전해갔다. 해서는 예서와 초서의 단점을 보완하고 나아가 예서의 풍격도 바꿨다. 알맞게 간화되어 쓰기도 쉬웠으며 초서처럼 읽기에 어렵지도 않았다. 해서는 형체가 단정하고 필획이 명확하여 과거 어떤 서체보다도 쓰기 쉽고 보기 쉬웠기 때문에 위진시대부터 오늘날까지 정식으로 통용되는 서체로 여겨져왔다.

한자는 상商, 주周 시기 고문자에서 현재의 해서까지 변화해왔다. 거쳐온 시간은 길었지만 모두가 형식적인 변화였던 관계로 표의라는 본질에는 아무 변화가 없었다. 한자 서체의 변화는 결과적으로 '번다함에서 간략함으로'라는 추세를 갖는다. '번다함에서 간략함으로'는 사회적 수요에 문자가 적응한 필연적 발전 법칙으로서 한자 자형과 구조의 변화는 바로 이 법칙을 따라 진행돼왔다.

5.3. 한자의 간화와 병음화

5.3.1. 고대의 한자 간화

한자는 과거 3천여 년 동안 간화의 방향으로 발전해왔다. 고대에는 내부적 발전법칙에 따라 자연스럽게 진행된 조정이었고 그 목적도 한자 자형과 구조를 변경함으로써 용이한 식별과 편리한 사용을 도모하는 데 있었다.

한자의 초기 발전 과정에서 용이한 식별과 편리한 사용은 서로 모순이었다. '용이한 식별'에는 문자의 구조적 정밀함이 요구된다. 그리고 그에 기빈하여 의미가 충분히 반영될 수 있어야 한다. 반면에 '편리한 사용'에는 문자의 구조적 단순함이 요구된다. 그로써 쓰기에 편리할 수 있어야 한다. 갑골문은 회화성이 강했기 때문에 식별에 용이했던 반면 쓰기에는 불편했다. 해서는 필획이 곧았기 때문에 쓰기에 편리했지만 식별에 용이하진 않았다. 그런데도, 갑골문에서 해서로 거쳐온 한자의 자형 변화는 '편리한 사용'이 '용이한 식별'을 압도했던 과정이었다. 다만 그 과정에는 의미 분별을 중시하고 서사의 편리함을 방기한 때도 있었다. 예를 들어, '莫'의 본의는 '해가 저물다'였다. 하지만 그것이 후대에 '~하지 않다'란 부정부사로 가차되면서 본의를 구별하기 위해 '暮'가 새로 만들어졌다. '暮'자는 필획의 증가로 이전보다 쓰기는 복잡해졌지만 식별은 용이해졌다. 이는, 한자의 서체 변화 추세에 반하여, '용이한 식별'이 '편리한 사용'을 능가한 예이다.

　한자의 간화 과정은 사실 식별과 쓰기가 상호 균형을 이루는 과정이다. 한자의 발전과정에서, 고문자에서 예서로의 변화는 중요한 자형 간화 중의 하나였다. 이를 계기로, 회화성을 띠던 상형 부호가 점, 가로획, 삐침, 파임 등의 필획 부호로 바뀌며 쓰기의 편리함이 크게 개선됐기 때문이다. 간화의 주요 목적은 쓰기에 불편했던 자형과 구조를 개조함으로써 필획의 다소多少에 대해 과도하게 따지는 일이 없도록 하는 데 있었다. 반면에 일부 자들은 예변을 거치며 필획이 늘어날 때도 있었다. 예컨대, '日'자는 고문자에서 하나의 필획으로 이뤄진 동그라미였다. 하지만 예서에서는 3개(세로획竪 shù, 꺾음折 zhé, 가로획橫) 또는 4개의 필획(세로획竪, 가로획橫, 세로획竪, 가로획橫)으로 분해된다. 그런데도 쓰기에는 확실히 예서의 '日'자가 고문자의 '日'보다 편리했기 때문에 간화의 한 방법으로 수용됐다. 이처럼 한자 자형의 발전과정은, 한편으로, 편리한 사용을 목적으로 한 간화 과정에서 문자 구조가 서슴없이 파괴되기도 했다. 그러나 또 한편으로는, 문자의 기능, 특히 자형의 표의 기능과 표음 기능을 개선하는 과정에서 자형이 가차

없이 번다해지기도 했다.[19]

고대 한자의 서체와 구조는 축소되거나 확대되는 등의 각기 다른 변화를 거쳤어도 '자형으로써 의미를 드러낸다'는 한자의 특징은 여전히 유지됐다. '鬥dòu 싸우다'와 '隻zhī 쪽' 두 자를 예로 들어보자. '鬥'의 전서는 '鬥'이다(『설문해자』 '鬥'부에서는 "鬥는 두 무사가 서로 마주하고 있는 모습이다. 병기를 뒤로하며 싸우는 모습을 본떴다.鬥, 兩士相對, 兵杖在後, 象鬥之形。"고 풀이했다). 그리고 '隻'의 전서는 '隻'이다(『설문해자』 '隹'부에서는 "隻는 새 한 마리이다. 오른손으로 새를 잡고 있다. 한 마리를 잡으면 隻, 두 마리를 잡으면 雙이다.隻, 鳥一枚也。從又持隹。持一隹曰隻, 二隹曰雙。"라고 풀이했다). 예변과 해서화를 거쳤어도 이들 두 자의 구조적 의미는 여전히 대략적인 파악이 가능한데, 이와 같은 한자의 자연적 조정은 그것의 의미표시 기능을 토대로 진행돼왔다. 아울러 초기 한자의 간화에는 자형에 대한 규범도 포함된다. 예컨대 '羊'자의 고문자에는 여러 가지 상이한 쓰기법이 존재했다.

이들 쓰기법은 고문자의 자연적 조절 과정 속에서 하나의 동일 자형으로 병합되어 '羊'가 되었다. 나머지 자형들의 도태는, 자형의 단일화와 식별의 용이함을 요구받은 결과이자 문자 간화의 필연적 과정이었다.

정리하자면, 초기 문자의 간화는 필획의 감소와 함께 자형의 단일화, 식

---

19 구석규裘錫圭, 「한자 정리사업 중 참고할만한 역사적 경험들을 논함談談漢字整理工作中可以參考的某些歷史經驗」 참고(소배성蘇培成, 윤빈용尹斌庸 編, 『현대한자 규범화 문제現代漢字規範化問題』, 北京: 語文出版社, 1995, p. 10).

별의 용이함, 쓰기의 편리함이 균형을 맞춰가는 과정이었다.

5.3.2. 현대의 한자 정리

한자의 자연적 조절 과정은 3천여 년을 거치며 안정화되었다. 하지만 현대 한자의 간화는 의식적으로 단행한 인위적 정리이자 개혁의 결과로서 글자 수를 정선하고 필획을 덜어내는 데 심혈을 기울였다. 그로 인해 한자 학습과 쓰기는 좀 더 쉽고 편리해졌다. 1949년 이후의 한자 정리 작업은 주로 두 가지 방면에서 이뤄졌다. 그 중 하나는 필획의 간소화였고 나머지 하나는 한자 수의 정선精簡이었다.

5.3.2.1. 필획의 간소화

1949년 이후로 필획의 간소화는 계획적으로 진행되었다. 1956년 공포된 『한자간화방안漢字簡化方案』은 다년간의 시범 적용을 거친 뒤 1964년 『간화자총표簡化字總表』로 정리돼 나왔다. 총 2,238자로서 2,264개 번체자를 간화시킨 『간화자 사용의 사회 규범으로 여겨졌다.

이들 간화자의 대부분은 사회 속에서 관용적으로 광범위하게 사용되던 것이다. 이 중에는 办辦 bàn 처리하다, 体體 tǐ 몸, 声聲 shēng 소리, 乱亂 luàn 어지럽다, 宝寶 bǎo 보물, 尽盡 jìn 다하다, 对對 duì 대하다, 杰傑 jié 출중하다 등과 같이 과거부터 줄곧 사용돼온 간체자나 속자도 있다. 또한 认認 rèn 식별하다, 识識 shí 인식하다, 拥擁 yōng 껴안다, 护護 hù 보호하다, 阶階 jiē 계단, 队隊 duì 대열, 击擊 jī 공격하다, 讲講 jiǎng 말하다, 币幣 bì 화폐, 进進 jìn 나아가다, 论論 lùn 논하다 등처럼 1949년 전후로 중국 공산당에서 사용하던 간화자가 채택되기도 했다. 그리고 云雲 yún 구름,

礼禮 lǐ 의례, 网網 wǎng 그물, 采採 cǎi 채취하다, 从從 cóng 따르다, 无無 wú 없다, 弃棄 qì 버리다, 个個 gè 개, 后後 hòu 뒤 등과 같이 고대 쓰이던 한자古字, 또는 필획이 비교적 간단한 이체자나 통가자通假字도 있다. 더불어, 일부는 『한자간화방안』을 제정하는 과정에서 만들어지기도 했다. 예를 들면 齿齒 chǐ 이, 灭滅 miè 멸하다, 伞傘 sǎn 우산, 丛叢 cóng 군집하다, 专專 zhuān 전문적이다 등이 그에 속한다.

간화자의 자형과 구조 구성에는 정해진 방식이 없다. 다만 간화자를 번체자와 대조해보면 다음과 같은 차이를 발견할 수 있다.

1. 자형의 일부를 생략한다. 예를 들면 아래와 같다.

飛 — 飞   習 — 习   鄉 — 乡   聲 — 声
奪 — 夺   奮 — 奋   廣 — 广   開 — 开

2. 필획이 많은 편방 또는 원래 글자의 일부를 필획이 적은 편방으로 대체한다. 예를 들면 아래와 같다.

糧 — 粮   燈 — 灯   爐 — 炉   斃 — 毙
陽 — 阳   歷,曆 — 历   審 — 审   華 — 华

3. 편방 또는 원래 글자의 일부분을 간단한 부호로써 대체한다. 예를 들면 아래와 같다.

漢 — 汉   對 — 对   僅 — 仅   鄧 — 邓
轟 — 轰   辦 — 办   棗 — 枣   岡 — 冈

4. 초서를 해서화한다. 예를 들면 아래와 같다.

學 — 学　　東 — 东　　繼 — 继　樂 — 乐
書 — 书　　偉 — 伟　　盡 — 尽　堯 — 尧

5. 필획이 적은 자를 따로 만든다. 예를 들면 아래와 같다.

頭 — 头　　竈 — 灶　　響 — 响　護 — 护
筆 — 笔　　膚 — 肤　　塵 — 尘　義 — 义

6. 필획이 적은 동일 발음의 글자나 유사 발음의 글자를 차용한다. 예를 들면 아래와 같다.

干gān (干戈gāngē 방패와 창) — 干湿(乾濕gānshī 건조함과 습함), 能干(能幹 nénggàn 유능하다)

丑chǒu (子丑zǐchǒu (간지)자축) — 丑陋(醜陋chǒulòu 모양이 추하다)

斗dǒu (升斗shēngdǒu 되와 말) — 斗争(鬪爭dòuzhēng 투쟁하다)

谷gǔ (山谷shāngǔ 산골짜기) — 五谷(五穀wǔgǔ 오곡)

한자의 인위적 간화는 필획의 간소화에 치중했기 때문에 원래의 한자 구성 의도와 방식에 주의를 기울이지 않았다. 인위적 간화방식은 원래 글자의 일부를 남기거나 간단한 부호로 대체하든지 윤곽만을 남기든지 함으로써 한자의 표의적 성질을 완전하게 파괴했다. 그 결과 한자는 부호성 문자로 바뀌었고 더이상 전통적인 '육서六書' 원칙에 따라 분석할 수 없게 됐다.

간화된 한자는 부호성이 강하다. 이는 의부와 성부가 많은 경우 생략된 데 기인한다. 그 결과 부족해진 편방 제시로 학습에 불리할 때도 있고 강한 부호성으로 억지로 외워야 할 수밖에 없을 때도 있다. 더불어, 적어진 필획만큼 글자들이 쉽게 혼동되기도 한다. 아래 예를 살펴보자.

儿, 几 — 兒ér 아이, 幾jǐ 몇
风, 凤 — 風fēng 바람, 鳳fèng 봉황
仑, 仓 — 侖lún 차례, 倉cāng 창고
旧, 归 — 舊jiù 옛날의, 歸guī 돌아가다
书, 韦, 车, 东, 乐 — 書shū 책, 韋wéi 가죽, 車chē 차, 東dōng 동쪽, 樂lè 즐겁다
刍, 当, 兰 — 芻chú 풀을 베다, 當dāng 맡다, 蘭lán 난초

   상기 간화자들의 필획은 모두 원래의 번체자보다 적어졌다. 하지만 그만큼 서로 혼동되기 쉬워 늘 한자의 용이한 식별과 편리한 사용 간에 모순을 겪어왔다.

   간화자의 목적은 필획을 간소화하여 한자를 쉽게 사용하도록 하는 데 있다. 하지만 필획의 감소는, 그와 동시에, 원래는 없던 부건들을 부가해야 하기도 했다. 예를 들어, '堯yáo 높다'의 부건은 원래 '土, 土, 土, 兀'이었다. 하지만 '尧'로 간화되면서 부건은 '戈'와 '兀'로 바뀌었다. 여기서 '戈'는 전통한자에 없던 부건이다. 또 '樂lè 즐겁다'와 '戔jiān 적다'은 '乐'와 '戋'으로 간화되었는데 이 역시도 전통한자에는 없던 부건들이다. 한자의 식별은 부건의 자형 구성에 의지했지만 간화로 인해 부건이 늘어나면서 오히려 학습과 읽기에 불리해졌다.

   간화자는 계획적인 정책 집행이 60여 년 동안 진행된 결과 현재 매우 광범위한 지역에서 통용되고 있다. 그런데 간화자가 번체자를 완전하게 대체하며 상용 서체로 여겨질 수 있을지는 여전히 검증이 요구된다. 고대 간화 과정에서 상형의 고문자를 예서로 간화시키기 위해 일부 한자들의 구조를 파괴한 것은 불가피한 일이었고 또 가치 있는 일이었다. 하지만 오늘날, 예서보다 쓰기 편한 해서가 존재하는 상황에서 필획을 줄이기 위해 글자 구조를 파괴하거나 체계성을 교란시킨 것이(예를 들어, 음은 '盧 lú'를 따르지만 자형은 '尸'을 따르게 하는 일부 한자들) 과연 그럴 만큼 가치

있는 일이었는지 가히 의문스럽다. 어떤 이들은 고문자를 예서로 간화시킨 사례를 인용하며 현재 진행 중인 간화의 사적歷史 증거로 삼기도 하는데 이는 적절하지 못하다. 머지않은 미래에는 컴퓨터, 프린터, 스캐너 등 장비의 보급으로 문자를 써야하는 부담이 분명 크게 줄어들 것이다. 따라서 향후 한자 정리 작업의 중점을 간화에 둘 것인가, 문자 구조의 합리화에 둘 것인가는 진지하게 고려돼야 할 문제이다.[20]

5.3.2.2. 한자 수의 정선

한자 수의 정선은 한자 간화의 또 다른 목적이다. 1949년 이래로 자수의 정선은 다음 네 가지 측면에서 진행되었다. 1. 이체자를 정리한다, 2. 인쇄 통용한자를 정리한다, 3. 지명에 사용된 벽자僻字를 폐지한다, 4. 계량단위의 번역명에 사용된 벽자, 복음자複音字를 선별적으로 폐지한다.[21]

한자가 발전하는 과정 중에는 '羣qún 무리'을 '群'으로, '烟yān 연기'을 '煙'으로, '炮pào 대포'를 '砲'나 '礮'로도 쓰는 등 적지 않은 이체자가 만들어졌다. 이체자의 존재는 한자를 학습하고 사용하는 데 혼란만 불러왔을 뿐 어떤 이점도 없었다. 이에 이체자는, 사용의 편의를 위해서, 통용성과 간결성을 겸합시킨다는 정리 원칙에 따라 1955년『제1차 이체자 정리표第一批異體字整理表』로 만들어 공포되었고 그 과정에서 1055개 이체자가 선별적으로

---

20 앞의 책, p. 13.
21 뒤 세 개 항목의 정리는 그것의 유지를 위해 몇몇 규정規章으로 공포되어 있다. 예를 들면, 1964년『한자 활자 자형 통일에 관한 연합 공지關於統一漢字鉛字字形的聯合通知』, 1987년『지명용 한자에 관한 일부 규정關於地名用字的若干規定』, 1977년『일부 계량 단위 명칭에 쓰이는 한자 사용 통일에 관한 공지關於部份計量單位名稱統一用字的通知』등이 그에 해당한다.

폐지되었다.

5.3.3. 한자의 병음화

한자 병음화는 병음 자모를 이용하여 방괴형의 한자를 대체해 중국어를 기록하는 것이다. 한자 병음화는 일찍이 한자 개혁의 최대 목표였으나 60여 년 동안 추진됐음에도 불구하고 여전히 이루지 못했다. 그것의 최대 장애물은 중국어의 어음 특징에 있다. 중국어 말소리에는 두 가지 특징이 존재하는데, 하나는 음절구조가 간단하고 음절수가 적다는 것이고 또 하나는 성조가 의미변별 기능을 갖는다는 것이다.

음절구조가 간단하고 음절수가 적기 때문에 중국어에는 동음어同音詞가 대량으로 출현했다.[22] 중국어 동음어가 커뮤니케이션 과정에서 초래하는 불편은 자주 발견된다. 다만 음색, 표정, 제스쳐, 정서, 분위기 등 맥락 요소들에 힘입어 구어에서는 그 불편이 비교적 쉽게 해소된다. 뿐만 아니라 말이 빨랐다면 재설명도 가능하다. 그럼에도 불구하고 구어 속 동음어에는 여전히 몇 가지 문제들이 따른다. 예컨대, 성씨 중에 '張Zhāng'과 '章Zhāng'은 대화 과정에서 자형의 도움을 받아야만 구분된다. 그로 인해 각각 '弓長張 gōng cháng Zhāng 弓과 長이 결합된 자형의 張씨이다', '立早章lì zǎo Zhāng 立과 루가 결합된 자형의 章씨이다'으로 소개된다. 더군다나 '于Yú', '余Yú', '虞Yú', '俞Yú', '魚Yú'

---

[22] 현대중국어에서 어음과 성조가 모두 동일한 단음절 단어와 다음절 단어 수는 적지 않다. 『한어병음어휘漢語拼音詞彙』 증보판(1964년)에 수록된 59,100여 단어 중에서 음과 성조가 모두 동일한 단음절 단어는 1,538개(543 묶음), 다음절 단어는 3,621개(1,715 묶음)이다. 이는 총 5,159개로서 전체 단어 수의 8.7%를 차지한다.

등의 다섯 성씨는 위와 같이 부연할 문자도 없어 같은 것으로 여겨질 때가 많다. 이렇듯 동음어는 중국어에서 매우 보편적이기 때문에 소리를 매개로 소통하려면 의미가 맥락 요소들에 따라 분별돼야 한다.

 병음화로 중국어 동음어에 초래되는 곤란함은 문어가 구어에 비해 훨씬 크다. 대화 과정에서 의지하는 맥락 요소들이 부재하기 때문에 문어는 문자와 전후 문맥에 따라 의미가 이해되기 때문이다. 문자가 단어의 의미를 빠르고 정확하게 반영할 수 있는가 여부는 글 전체를 이해하는 데 있어 매우 중요한데, 이 점에서 음소문자拼音文字는 그 효율성이 극히 낮다. 앞서 예로 든 '于', '余', '虞', '俞', '魚' 등 다섯 성씨는 한어병음자모로 모두 yu이다. 즉, 보이는 알파벳과 들리는 발음이 서로 같다. 그 결과, 병음자모로 기록하는 것만으로는 이 다섯 성씨를 구분하는 것이 불가능하다. 또 다른 예로, '時事shíshì 최근 사건들', '時世shíshì 당대', '時勢shíshì 시대 추세' 등 다음절 동음어는 "時shí"에 단음절 동음 형태소 "事shì", "世shì", "勢shì"가 결합된 것으로서 병음자모로는 모두 shishi로 적힌다. 이를 설령 단어 단위로 붙여 쓴다고 해도 구분이 어렵기는 마찬가지다. 그 외에, yanshi로 읽히는 '嚴實yánshí 빈틈없다', '眼屎yǎnshǐ 눈곱', '掩飾yǎnshì 숨기다', '演示yǎnshì 시범을 보이다', '驗屍yànshī 검시하다', '艷屍yànshī 젊은 여성의 시체', '艷詩yànshī 연애시', '岩石yánshí 암석', '厭世yànshì 염세적이다', '延時yánshí 지연하다' 등의 동음어도 병음자모로는, 성조 부호가 부가된다고 해도, 여전히 분간하기가 쉽지 않다. 하지만 한자는 자형을 이용하여 의미를 드러내므로 그 기능이 시각적으로 발휘된다는 점에서 동음어를 분별하는 효율이 상당히 높다. 음소문자와 비교하면, 한자는 자체의 표의적 특성 때문에 순수하게 중국어를 기록하던 부호에서 중국어의 구어적 제약을 일부 받거나 구어로부터 거의 독립된 서사 부호로 발전해왔다. 그만큼 한자는 단어의미와 직접 연계되어 있어 읽고 이해되는 속도가 빠르다. 그리고 그만큼 음소문자는 전후 문맥에 대한 이해에 의지해야 하므로 중국어에서 인식 속도가 더디다. 이에 한자가 음소문자로 대체됐다면 이해는 느려지고 오독은 늘어났을 것이다.

중국어 어음의 또 다른 특징은 성조에 의미 변별 기능이 있다는 것이다. 한자는 자형을 통해 의미를 드러낸다. 그 때문에 한자로 쓰인 문어에서는 성조로 인해 곤란함이 초래되지 않는다. 하지만 병음자모로 기록된 문어라면, 높낮이에 따라 부호가 부가되지 않을 경우 동음어의 의미 분별이 어려워 이해하지 못하는 결과가 초래된다. 음소문자에 성조부호를 부가하는 데는 기술적 어려움이 따른다. 반면에 중국어에서 성조는 일종의 자연스러운 행위이자 어휘의 일부분이다. 그래서 말을 하거나 들을 때 성조의 존재 여부에 주의를 기울이지도, 또 발화된 성조를 애써 분별하려고 하지도 않는다. 한자를 쓸 때마다 성조부호를 붙여야 한다든지 읽을 때마다 일일이 성조를 분별해야 한다든지 하는 것은 매우 기계적일 뿐만 아니라 정상적인 발화행위와도 부합하지 않아 쓰고 읽는 속도만 심각하게 저해할 뿐이다. 게다가 성조 분별은 모든 사람들이 쉽게 해낼 수 있는 것도 아니다.

결론적으로 동음어와 성조는 한자 병음화에 있어 넘기 힘든 장애물이다. 언어 자체가 가진 성질을 인위적 방법으로 바꿀 수는 없다. 다만, 오늘날 한어병음은 한자 독음의 정확한 표기, 한자 배열과 검색, 인명과 지명의 통일된 표기, 보통화 보급 등에 걸쳐 여전히 불가결한 기능을 발휘하고 있다.

5.4. 한자의 정자법

5.4.1. 정자법의 필요성

한자의 자형과 구조는 해서에 이르러 안정화된다. 안정화된 해서는 통용 표준 서체로서 2천 년 동안 널리 사용돼왔다. 해서는 필획과 부건部件으로 구성되는데 경우에 따라서는 이들 간에 차이가 작아 쉽게 혼동되곤 한다. 이로 인해 초래된 실수를 '착자錯字'라고 한다. 예를 들면, '狹隘xiá'ài 지세가 좁다'의 "隘ài"와 '洋溢yángyì 충만하다'의 "溢yì"는 자형이 흡사해도 형방과 의미가 모두 다르다. 이 때 '狹隘xiá'ài'를 '狹溢xiá yì'로, '洋溢yángyì'를 '洋隘yáng ài'로 쓴다면 '착자'이다. 한자는 표의자로서 자형과 독음 간에 관련성이 긴밀하지 않다. 이에 음이 같거나 비슷한 글자를 자주 빌려 쓰곤 하는데 이 때 사용된 한자를 '별자別字'라고 한다. 예컨대, '安ān 설치하다'과 '按àn 누르다'은 음이 같지만(성조는 다르다) 별개의 글자다. '安'은 현대중국어에서 '설치하다'라는 의미이지만 '按'에는 그런 의미가 없다. 하지만 음이 같다는 이유로 '安裝ānzhuāng'을 '按裝àn zhuāng'으로 썼다면 '별자'이다. 그 외, '暑shǔ 덥다 — 署shǔ 관공서', '妨fáng 방해하다 — 防fáng 방어하다' 등과 같이 자형과 발음이 모두 비슷해 차용된 '별자'도 있다.

'착자'와 '별자'는 문자의 사용 관습을 어겨 문어에 혼란을 야기한다. 그런 점에서 '착자'와 '별자'는 문자를 존중하지 않는 태도의 반영물이기도 하다. 이에 대해, 정자법正字法은 한자 사용 규범으로서 한자를 언중들이 함께 약속한 쓰기법에 따라 쓸 것을 요구한다. 또한 자형形, 의미義, 독음音 간 결합 형식을 어기거나 자형의 구성을 임의로 조작, 파괴하지 말 것을 요구한다. 글자를 명확하고 정연하게, 그리고 정확하게 씀으로써 글을 쉽게 읽도록 하는 것은 자신의 문화를 중시하고 자신의 문자를 존중하는 데 있어 당연히 취해야 할 태도이다.

5.4.2. 자형과 독음에 주의한 한자 쓰기

흔히 보이는 착자와 별자들은 모두 자형과 독음을 잘못 인식한 데서 비롯된다. 주요하게는 아래 몇 가지로 나뉜다.

1. 필획의 오류로서 아래와 같다.

宰(宰zǎi 주관하다)　　虐(虐nüè 학대하다)　　預(預yù 미리)
颐(颐yí 턱)　　　　　　旅(旅lǚ 여행하다)　　辣(辣là 맵다)
染(染rǎn 염색하다)　　　舍(含hán 포함하다)

2. 자형이 유사해 발생한 오류로서 다음과 같다.

怏yàng 불만족스럽다 (快kuài 빠르다)　　沓tà 겹치다 (杳yǎo 묘연하다)
叵pǒ ~할 수 없다 (巨jù 크다)　　　　　 豉chǐ 발효시킨 콩장 (鼓gǔ 북)
枘ruì 장부 (柄bǐng 손잡이)　　　　　　灸jiǔ 뜸뜨다 (炙zhì 굽다)
倭Wō 왜국 (矮ǎi 작다)　　　　　　　　蹈dǎo 춤추다 (踏tà 나가다)

3. 독음이 같거나 비슷해 발생한 오류로서 아래와 같다.

供獻gòngxiàn 바치다　　(貢獻gòngxiàn 기여하다)
克苦kèkǔ 학대하다　　　(刻苦kèkǔ 애쓰다)
慘酷cǎnkù 참혹하다　　 (殘酷cánkù 잔혹하다)

會悟huìwù 깨닫다　　(會晤huìwù 회견하다)

4. 자형과 독음이 유사해 발생한 오류로서 다음과 같다.

靡mí 낭비하다 — 糜mí 죽　　　侯hóu 후작 — 候hòu 기다리다
暑shǔ 덥다 — 署shǔ 관공서　　冷lěng 춥다 — 泠líng 시원하다
梁liáng 들보 — 粱liáng 조　　 妨fáng 방해하다 — 防fáng 방어하다

5. 앞·뒤자의 영향을 받아 발생한 오류로서 아래와 같다.

縐紋zhòu wén (皺紋zhòuwén 주름)　　咀呪zuǐ zhòu (詛呪zǔzhòu 저주)
恣態zì tài (姿態zītài 자태)　　　　 蘋菓píng guǒ (蘋果píngguǒ 사과)

한자는 구성 구조가 복잡하기 때문에 조자 의도에 소홀하거나 자형에 부주의하다든지 의미나 독음을 피상적으로만 이해한다든지 할 경우 착자나 별자를 쓰기 쉽다. 한자는 대다수가 '형성'자이기 때문에 아래와 같이 자형 구성과 의미 간 관계에 주의를 기울인다면 착자와 별자의 발생은 대부분 피할 수 있다.

5.4.2.1. 형방의 분별

한자의 의미를 제시하는 형방에 주의하면 착자를 줄이는데 도움이 된다. 예를 들어, '贍養shànyǎng 부양하다'은 재화와 관련돼 있다. '目mù 눈'이 아닌 '貝bèi 조개'의 의미를 따르기 때문이다. 이에 그것과 '瞻'자를 헛갈려서는 안 된다. '瞻zhān 바라보다'자는 '目'의 의미를 따르므로 의미도 '瞻仰zhānyǎng 우러러보다'의 "瞻"자처럼 보는 것과 관련돼 있다. '辨', '辦', '辯' 중에서 '辨

biàn 분별하다'자는 '칼刀 dāo'과 관련돼 있어 '分辨fēnbiàn 구분하다'처럼 나눈다는 의미가 있다. 하지만 '辦bàn 처리하다'자는 '힘力 lì'과 관련되어 '辦事bànshì 일처리하다'와 같이 일한다는 의미이다. 그리고 '辯biàn 변론하다'자는 '말言 yán'의 의미를 가지므로 '辯論biànlùn 논쟁하다'처럼 진술한다는 뜻이다.

5.4.2.2. 성방의 분별

성방은 독음을 제시한다. 이에 성방과 한자 독음 간 일치 여부에 주의하면 착자와 별자를 줄이는 데 도움이 된다. 예를 들어, '吟yín 읊다', '琴qín 거문고', '含hán 포함하다', '念niàn 생각하다', '貪tān 탐하다' 등은 모두 '今jīn'에서 독음을 취했다. 여기서 한자와 성방 간의 관계를 명확히 인식한다면 '令lìng'으로부터 독음을 취한 '領lǐng 깃', '冷lěng 춥다', '零líng 0', '岭lǐng 고개', '鈴líng 방울' 등의 한자와 헛갈려 잘못된 성방을 쓰지는 않을 것이다.

그럼에도 가장 중요한 것은 자전 찾는 일에 소홀하지 않고 자형, 의미, 독음에 주의하면서 정확한 글자를 사용하는 것이다. 그리고 이것을 꾸준하게 지속할 때 착자나 별자의 출현은 줄어들 것이다.

제6장 맺음말

6.1. 중국어와 중국문화

언어는 문화를 표현하는 주요 형식이고 문화는 언어가 표현하는 구체적 내용이다. 어떤 민족어든지 그 속에는 그만의 깊은 문화적 함의가 내포돼 있다. 그리고 그 각각의 문화는 언어의 특수한 의미성분뿐만 아니라 단어와 문장구성 패턴에도 중요한 영향을 미친다.

중국어의 수많은 글자와 단어의미는 특정한 문화적 배경과 직간접적으로 연결되어 있다.

예를 들어 돈에 관련된 글자들을 살펴보자. '財cái 재물', '貨huò 화폐', '貢gòng 조공하다', '賑zhèn 구제하다', '贈zèng 주다', '貸dài 대출하다', '賒shē 외상을 긋다', '買mǎi 사다', '賣mài 팔다', '賄huì 뇌물', '賂lù 금품' 등은 모두 '貝bèi 조개' 부수에 속해있다. '貝'는 한낱 패류일 뿐인데 어떻게 화폐의 의미를 갖게 되었을까? 『설문해자』'貝' 부에는 다음과 같은 언급이 나온다. "고대에는 조개로 화폐를 삼고 거북을 보물로 여겼다. 주대周代에는 泉이라는 화폐가 있었다. 진대秦代에 이르면 화폐로서 조개를 폐기하고 錢을 통용했다.古者貨貝而寶龜, 周

而有泉, 至秦廢貝行錢。" 이로써 중국 고대에는 일찍이 조개껍데기를 교역의 매개물로 사용했음을 알 수 있다. 진대 이후로 화폐로서의 조개는 폐기됐으나 조개를 화폐로 삼던 고대 제도는 상기와 같이 문자의 자형과 구성에서 여전히 그 흔적을 보이고 있다. 운남雲南에서는 명대明代까지도 '바다조개海肥hǎibā'[1]를 화폐로 사용했는데 이는 조개를 화폐로 사용했던 잔재이기도 하다.

또한 '家jiā 집'자는, 『설문해자』 '宀'부에서 "거처이다. 宀의 의미를 따르고 豭jiā의 독음을 따른다. 생성省聲이다. 尻也, 從宀, 豭省聲。"라고 하며 형성자로 분석했다. 하지만 단옥재는 『설문해자주』에서 '家'를 "돼지의 거처"란 뜻의 회의자로 보았다. 원시시대의 '집'은 위층엔 사람이 살고 아래층엔 돼지를 키우는 구조였을 것으로 보는데, 현재 운남雲南의 시골 마을에는 아직도 이러한 방식의 집들이 남아있다. 이는 언어학과 사회학이 연구의 단서를 상호 제공할 수 있다는 증거이기도 하다.[2]

지금도 자주 접하는 단어인 '紅娘hóngniáng 중매쟁이'은 사람들이 아름다운 인연을 맺도록 적극적으로 노력하는 사람의 대명사로 굳어져 있다. 하지만 『서상기西廂記』란 중국 고전 희곡의 주요 스토리와 인물에 대해 모른다면 '紅娘'의 함의까지 이해하기는 어려울 것이다. 또 '모든 대나무를 사용해도 다 써내지 못한다'는 뜻의 성어 '罄竹難書qìng zhú nán shū'는 (주로 죄악을 지칭하는)사실들이 많아 다 표현하기 힘들다는 것을 비유한다. 그런데 여기서의 竹가 죽간竹簡, 즉 옛사람들의 서사도구였던 것을 모른다면 성어의 진정한 의미를 체득하지 못할 것이다.

---

1   [역주]'肥'는 '蚆조개 bā'의 이체자이다.
2   상기 두 예는 나상배羅常培 『언어와 문화語言與文化』, 북경: 語文出版社, 1989, pp. 9~10 에서 취하였다.

근대 이래로 발생했던 열강들의 침략과 괴롭힘은 외세에 대한 중국인들의 적대감과 경멸의 정서를 불러일으켰다. 그 결과 중국인들은 '東洋鬼子 dōngyáng guǐzi 동양놈', '日本鬼子 Rìběn guǐzi 일본놈', '洋鬼子 yángguǐzi 양놈', '鬈毛鬼 quánmáoguǐ 곱슬머리 귀신', '黃毛鬼 huángmáoguǐ 노랑털 귀신', '紅毛鬼 hóngmáoguǐ 붉은털 귀신', '美國鬼 Měiguóguǐ 양키', '美國佬 Měiguólǎo 미국놈', '俄國佬 Éguólǎo 러시아놈' 등과 같이 일찍부터 동서양 외국인들을 '鬼 guǐ 귀신([역주]보기 싫은 놈)', '佬 lǎo 놈', '毛 máo 털' 등으로 낮춰 불렀다. 지금은 대도시를 중심으로 서양인들을 '老外 lǎowài 외국인'라고 부르기 좋아하는 사람들도 있는데 중성적 의미의 단어일 뿐 경멸의 뜻이 담겨있지 않다.

『논어·학이 論語·學而』의 "節用而愛人。아껴 쓰고 백성을 사랑하라."이란 예에서 보듯 '愛人 ài rén'은 원래 동빈구조의 구였다. 그리고 '愛人'은, 위魏 혜강嵇康의 「성무애락론 聲無哀樂論」에 언급된 "可以我愛而爲之愛人, 我憎則爲之憎人。내가 사랑한다고 해서 사랑스러운 사람이라 하고, 내가 미워한다고 해서 미운 사람이라고 할 수 있겠는가." 과 같이 '사랑스러운 사람'을 의미하는 합성어이기도 했다. 이처럼 '愛人'은 남녀 간에만 국한해 쓰이던 것이 아니었다. 하지만 '5·4' 운동 이래로 반봉건과 자주적 결혼을 외치면서 '愛人'은 남녀 간의 사랑만 부각시켜 연인, 애인, 부부 등을 가리키게 됐다. 이는 노신魯迅의 「꿈 이야기를 듣다 聽說夢」에 나오는 다음의 문구에서 증명된다. "식욕의 뿌리는 실로 성욕보다 깊다. 말을 거는 애인과 미개봉한 채 놓인 연애 편지를 마주하며 흥분된 가슴을 안고도 우리는 거리낌 없이 밥먹자고 할 수 있다. 食欲的根底, 實在比性欲還要深, 在目下開口愛人、閉口情書, 並不以爲肉廟的時候, 我們也大可以不必諱言要吃飯。(『남강북조집 南腔北調集』에서)" '愛人'은 1949년 이전부터 홍군의 소비에트 지구에서 부부간에만 사용되면서 계급적 색채를 띠던 '老爺 lǎoyé 나리', '夫人 fūren 부인', '太太 tàitai 마님' 등을 대체했다. 그로부터 문화대혁명이 끝날 때까지 부정적 의미를

제6장 맺음말 257

띠었던 '夫人', '太太', '小姐xiǎojie 아가씨' 등은 중국인들에게 수용되지 못했고, 그러면서 '愛人'은 남편과 아내를 가리키는 말로 줄곧 사용됐다. 하지만 '夫人', '太太', '小姐', '先生xiānsheng 남편' 등은 개혁개방 이후로 부정적 의미를 벗고 본래의 의미를 되찾았고 그 영향으로 인해 앞으로는 '愛人'도 과거와 같이 포괄적인 의미로 사용될 것으로 보인다.

중국어는 형태 변화가 없는 고립어에 가깝다. 때문에 그것의 문장 의미는 일반적으로 어순을 토대로 정해진다. 바꿔 말하면, 중국어 어순에는 강제성이 있기 때문에 특정 의미를 표현하려면 특정 어순을 따라야만 한다. 예컨대, '我吃飯나는 밥을 먹는다'의 문장 의미는 '吃我飯'이나 '我飯吃'의 어순으로는 표현할 수 없다. 빈어를 전치시킬 때에도 규칙이 있어 '飯吃我'는 성립 불가하고 '飯我吃밥을 내가 먹는다'는 의미가 유사하나 등가는 아니다. '不怕辣매울까 걱정하지 않는다', '辣不怕매운 것은 걱정하지 않는다', '怕不辣맵지 않을까 걱정이다' 간에도 모두 의미상 차이가 있고 '死讀書맹목적으로 독서하다' 역시 '讀死書기계적으로 독서하다'나 '讀書死독서만 하다 죽다'와 다르다.

때론 단어의 품사자질이나 의미가 문장 의미를 제약하고 어순을 결정하기도 한다. 예를 들어, 현대중국어에는 외국인을 당황하게 만드는 '中國隊大勝美國隊중국팀이 미국팀에 대승을 거뒀다'와 '中國隊大敗美國隊중국팀이 미국팀을 대파했다' 두 문장이 있다. 양자는 동사만 다른데 단어의미가 반의 관계임에도 문장의미는 동일하다. 어떻게 이럴 수 있을까? 전자의 "勝shèng 이기다"은 타동사이므로 비교적 쉽게 이해된다. 그러나 후자의 "敗bài 지다"는 자동사이다. 자동사는 일반적으로 빈어를 갖지 않기 때문에 '지다'의 의미를 감내하는 대상은 주어이다. 하지만 빈어를 가질 경우 "敗"는 사역동사使動詞가 되고 그 의미를 감내하는 대상도 주어가 아닌 빈어가 맡는다. 그러므로 '中國隊大敗美國隊'의 의미는 '中國隊使美國隊大敗중국팀은 미국팀이 대패하도록 만들었다'로 바꿔 기술될 수 있고, 겸어구조로 해석되면서 자동사라는 "敗"의 단어 자질은 계속 유지된다.

문장의미가 어순에 의해 결정된다는 말은 사실, 의미적으로 호응 가능해야 한다는 원칙 아래, 중국어의 의미조합성意合性이 언어단위들을 상호 결합시킨 결과가 문장의미란 뜻이다. 의미조합성에 기초한 결합은 형태적 제약으로부터 언어단위들을 자유롭게 함으로써 언어의 표현 형식에 보다 많은 융통성을 부여한다. '死讀書', '讀死書', '讀書死'와 같이, 어순이 바뀌면 구조관계가 변하고 그에 따라 의미에도 변화가 생긴다.

'형식조합'으로 구성되는 인도유럽어계 언어와 달리, '의미조합'으로 구성되는 중국어는 단어의 형태표지가 불충분한 관계로 문장의 형식과 의미구조를 구분짓는 외부표지가 충분하지 않다. 그 때문에, 겉으로 볼 땐 중국어에 이렇다 하게 논할만한 어법이 없어 보인다. 하지만 문장의미가 어순에 의해 결정되고 문장이 일정한 규칙에 따라 조합된다는 점에서 어법은 분명 존재한다. 다만 객관화되지 않은 주관적 어법으로서 심리적으로 존재하는, 그리고 아직 외형화 되지 않은 심리적 실체로서의 어법이란 차이가 있을 뿐이다.[3]

중국어의 이 같은 통사적 성질은 중국문화의 특징을 보여준다.[4] 중국어는 '충분한 의사 전달에 만족'하는 경향을 추구할 뿐 어법의 형식적 완정함을 중시하지 않는다. 이는, 깨달음은 중시하되 형식 논증은 중시하지 않는 중국의 철학과, 또 예술 면에서 '외적 형태보다 내적 정신을 담는神似' 데

---

3 상리常理, 「중국어 의미조합법 논강漢語意合法論綱」, 원효원袁曉園 主編, 『중국언어학의 발선방향中國語言學發展方向』, 北京: 光明日報山版社, 1989, pp. 101-113 참조.
4 [역주]원서에서는 '漢文化'로 쓰여있다. 다만 '漢語'를 '중국어'로 번역한 것과 같은 맥락에서 일관성을 고려하여 '중국문화'로 번역하였다.

제6장 맺음말　259

중시해 온 중국의 유구한 문화 전통과 불가분의 관계에 있다. 언어가 없으면 문화도 없다. 언어는 문화의 영향을 받고 문화를 반영하기도 한다. 그런 점에서, 중국어 학습에 중국문화에 대한 학습 역시 이 필요하다는 점은 의심의 여지가 없다.

언어 지식과 문화 지식을 동일한 체계로 간주하지 않는다면, 어문학습에서 문화적 함의가 중시되지 않아도 응용능력을 충분히 갖출 수 있다고 여길 수 있다. 하지만 그 같은 생각의 어문학습은 합리적인 방법으로 진행될 수 없다.

당대唐代 왕창령王昌齡의 「부용루에서 신점을 보내며芙蓉樓送辛漸」 두 수 중의 하나를 보자.

> 寒雨連江夜入吳, 平明送客楚山孤。
> 洛陽親友如相問, 一片冰心在玉壺。
> (찬비가 강따라 밤새 오吳나라로 쏟아지는데
> 아침에 너를 보내니 초산楚山도 홀로구나.
> 낙양洛陽의 친구가 혹시 나에 대해 묻거든
> 한 조각 고결한 마음冰心은 옥호玉壺 속에 담겨있다 전해주오.)

이에 대한, 영국의 저명 한학자 허버트 자일스(Herbert A. Giles翟理斯)가 번역한 마지막 구절은 아래와 같다.

> Tell them, "an icy heart in vase of jade." (*Gems of Chinese Literature*, Volume II)
> ("옥으로 만든 꽃병 속 얼음처럼 차가운 마음"이라고 그들에게 말해주오.(『중국 문학의 보배』, 제2권))

상기 중영 번역본을 다시 중국어로 전환하면 '告訴他們, '一顆冰冷的心在

玉石的瓶子里。그들에게 '차디찬 마음, 옥병에 있다'고 말해주시오.'와 같이 정취와 감정으로 넘치던 원래 시구가 따분하고 무미건조해진다. 상기 역자가 범한 실수는 일종의 문화 착오이다. 그는 중국어의 "冰얼음"과 "玉옥"이 각각 '섭씨 0도, 또는 0도 이하에서 응결하여 고체가 되는 물', '윤이 나며 광택이 있는 아름다운 돌'을 의미하고, 그래서 그것이 영어의 "ice", "jade"와 부합한다는 것은 알았다. 하지만 "冰"과 "玉"에는 '얼음과 옥처럼 맑고 깨끗하다, 인품이 고결하다冰淸玉潔'는 문화적 의미가 있는 데 반해 "ice"와 "jade"에는 이 같은 의미가 없다는 것은 이해하지 못했다.

6.2. 중국어 활용의 문화 차이

언어가 상이한 화자들 간 교류에서는 언어적 오류가 없었더라도 문화적 차이에 따라 오해가 발생할 수 있다.[5]

영어권 화자들은 타인의 칭찬을 듣게 되면 보통은 자기를 낮추거나 겸손을 떨지 않고 그대로 받아들인다. 하지만 중국인들은 일반적으로, 칭찬의 수용이 교만이나 자만, 또는 교양의 부족을 의미하기 때문에, 부끄럽게 받아들이거나 자신의 성취가 뜻밖의 행운이었을 뿐이라고 말하며 거절한다. 일례를 보자. 중국인 몇 명이 부유한 미국인 집에 손님으로 갔다. 손님들은 주인의 소개로 집 이곳저곳을 구경하며 "집이 정말 멋있네요!"라고 했다.

---

[5] 본 절 이하의 예들은 등염창鄧炎昌, 류윤칭劉潤淸의 『언어와 문화—영한 언어 문화 내조語言與文化—英漢語言文化對比』, 北京: 外語敎學與硏究出版社, 1989 및 요아핑姚亞平의 『문화적 충돌—언어 교류文化的撞擊—語言交往』, 長春: 吉林敎育出版社, 1990에서 취하였다.

그러자 이 말을 들은 부인이 기뻐하면서 그들의 관습대로 "고맙습니다!"라고 웃으며 응했다. 중국 손님들은 그녀의 대답을 의외라고 느꼈다. 그 뒤로, 식탁에서 이야기를 나눌 때가 되자 주인은 대학 졸업한 지 얼마 안 된 중국인 여성 통역에게 "영어 참 잘하시네요, 아주 유창해요."라고 했다. 그러자 여성 통역은 겸손하게 "아닙니다! 아니에요! 영어 잘 못 해요."라고 응했다. 통역이 이렇게 대답할 줄은 생각지 못했기에 주인은 조금 의아해했다. 이상과 같이, 상대 화자의 대답에 대한 서로 다른 반응은 쌍방의 언어 관습이 달랐던 데 기인한다. 각자가 자신의 문화적 배경에 기초하여 상대의 대답을 이해하고 있기 때문이다.

중국인들은 만나면 "吃過了嗎?식사하셨어요", "您到哪兒去?어디 가세요"라고 안부를 묻곤 한다. 무심결에 내뱉는 말이기 때문에 어느 누구도 왜 그런 말을 하는지에 대해 생각해보지 않았을 것이다. 설사 생각해봤다고 해도 그냥 당연히 해야 하는 것으로만 여겼을 것이다. 하지만 중국에 온 지 얼마 안 됐던 한 외국 유학생은 "중국인들은 왜 맨날 제게 밥 먹었는지 묻는 거죠? 저도 돈이 있어요. 제게 밥 사줄 필요가 없다구요."라고 원망하듯 말하기도 했다. 여기서 그는 '식사했나요'라는 말이 그저 자신에 대한 우호적 표현이었을 뿐임을 몰랐기 때문에 오히려 화를 내기까지 한 것이다. '어디 가세요'를 영어로 직역하면 'Where are you going'이다. 중국인들에게는 가벼운 인사로 사용되지만 대부분의 영어권 화자들은 이 말에 불쾌해하며 'It's none of your business!당신 알 바 아니잖아요'라며 반응할 가능성이 높다.

영어권 화자들은 '사생활'을 매우 중시하기 때문에 개인적인 일에 타인이 관여하는 것을 바라지 않는다. 그래서 만약 누군가가 'I'm going out나 나가요'라고 말했다면 그에게 어디 가는지 더 묻지 말아야 한다. 또 만약

'I have an appointment나 약속 있어요'라고 말했다면 누구와 약속했고 어떤 약속인지 캐묻는 것은 적절치 않다. 경우에 따라서는, 하고 싶지 않은 일이 있거나 참가하기 싫은 활동이 있다든지 상대의 초대를 거절하고 싶다든지 할 때 상기와 같은 표현들로 상대의 후속 질문을 회피하기도 한다. 대다수 영국인과 미국인들에게 있어 낯선 사람이나 익숙지 않은 상대의 나이를 묻는 것은 예의에 어긋난다. 수입 규모, 결혼 여부, 정치 성향, 종교나 신앙 등에 묻는 것도, 상대방이 개의치 않는 경우를 제외하고는, 마찬가지로 실례이다. 그러나 중국인들은 이들 문제에 대한 질문이 부적절하다고 생각하지 않는다.

영어권 화자들은 늘 이름으로 상대를 호칭하지 '미스터 ○○', '미세스 ○○', '미스 ○○' 등으로 호칭하지 않는다. 이는 미국인들 사이에서 특히 흔한데 심지어는 초면인데도 이름으로 호칭하기까지 한다. 나이에 상관없이 모두 이처럼 호칭하지만 여기에는 상대를 존중하지 않는다는 의미가 전혀 없다. 그래서 어린아이가 손윗사람을 Joe, Ben, Mary라고 부르는 것도 들을 수 있고 심지어는 자식이 부모나 조부모를 이렇게 부를 수도 있다. 나아가 사회적 지위가 다른 상대도 이처럼 호칭할 수 있다. 예를 들어, 상당수 대학생은 교수를 이름으로 부른다. 교수 역시 이 같은 호칭법에 전혀 반감이 없다. 학생들이 자신을 존중하지 않는다거나 함부로 대한다고 생각하지도 않는다. 학생들이 이렇게 할 수 있는 것은, 오히려 학생들에게 자신이 우호적이고 쉽게 다가오도록 대했음을 보여주는 것으로 생각한다. 당연히 이는 중국인의 관습과 상반된다. 만약 중국어권에서 자식이 부모나 조부모를, 또 학생이 선생님을 직접 이름으로 불렀다면 어른들의 반응은 생각만으로도 충분히 짐작 가능하다. 욕을 먹었거나 뺨까지 몇 대 맞았을 것이다.

문화적 배경을 토대로 언어의 본질을 파악하고 문화의 보편적 발전 규칙을 참고하여 언어의 발전 규칙을 인식, 연구함으로써 언어 현상이 만들어지고 변화하는 원인을 상세히 규명한다면 언어를 더욱 깊이 이해할 수 있을 것이다.

후기

본서는 '종술綜述'이란 이름으로 중국어의 기초지식을 종합적으로 기술하고 있다. 중국어는 그 내용이 방대하고 복잡하다. 이에 본서에서는 전체적인 관점에서 현대중국어의 어음, 어휘, 어법의 특성과 그에 관련된 어문 운용 문제를 주요하게 다뤘다. 언어와 문화가 밀접하게 연결돼 있다는 점에서 중국어에 반영된 특성은 근본적으로 문화 현상이다. 본서는 이 점을 상당히 심도 있게 논의했고 그것이 책 전체의 큰 맥락을 관통하고 있다. 한자는 방괴형 표의·표음문자이면서 그것만의 형태 구조적 특징을 갖고, 또 중국어와 매우 밀접한 관계에 있다. 때문에 본서에서는 중국어에 대한 기초지식을 종술한 이후 '문자'에 대한 논의를 부가했다.

내용은 깊고 어렵지만 가능한 한 쉽게 풀어쓰고자 하였다. 이에 여러 학설을 언급하면서도 출처는 부기하지 않았고 예시나 해석에 있어서도 최대한 간단명료하게 제시하고자 했다. 장황함을 피하기 위해, 분석도 이해에 중점을 두었고 주석도 무익하다면 하지 않았다. 그런데도, 중국어의 구조 규칙은 대단히 복잡하므로 평이함에도 한계가 있을 수밖에 없었다.

'현대중국어'는 국내외 거의 모든 대학 중문과에서 개설되는 과목이므로 관련 참고서 역시 셀 수 없을 정도로 많다. 홍콩대학香港大學 중문과의 중국어 수업은 최근 몇 해 동안 진원지陳遠止, 사요기謝耀基와 필자가 함께 맡아왔는데 수강생들이 점점 많아지면서 학생들이 참고할만한 교재의 집필 필요성을 느끼게 됐다. 이에 본서는 교육의 편의 제공 외에도 학생들의 필기 부담을 줄이고, 무엇보다도, 홍콩의 어문 환경과 학습자 수요에 부응하고자 했다. 본서는 중국어 특성에 대한 종술을 기조로 하고 있으나 그것의 운용과 문화라는 두 범주를 함께 아우르고 있다는 점에서 기존의 어문 참고서들과 차별성을 갖는다. 사회와 교육 환경의 영향으로 인해, 홍콩 학생들은 말하기와 쓰기 모두에 걸쳐 영어와 월어의 간섭에서 벗어나기 어렵다. 이러한 점에 초점을 맞춰, 복잡한 내용도 간결하게 제시함으로써 학생들이 중국어의 특성을 포괄적으로 이해하도록 하였고, 그 특성에 준해 중국어를 잘 구사하고 잘 쓰도록 유도하였다. 이는 학생들의 어문 수준 향상에 빠른 효과를 가져다줄 것이다. 결과적으로 본서는 학부생, 대학원생, 그리고 어문 분야 교수 및 연구자들에게 참고가 될 수 있으리라 생각한다.

내용은 모두 여섯 챕터로 나뉜다. 문자와 성운 분야 전문가인 진원지가 '어음'과 '문자' 부분의 집필을 맡았고 어법 분야 전문가인 사요기가 '어법' 부분 집필을 담당했다. 최근 관심이 어휘 분야에 집중돼 있었기 때문에 '어휘' 부분 집필과 '머리말', '맺음말' 부분의 집필은 필자가 맡았다. 아울러, 책의 전체 서식과 문체도 필자가 맡아 통일하고 수정하였다. 탈고 후에는 관록의 어문 분야 전문가인 맥숙의麥淑儀, 진치홍陳熾洪 교수로부터 교열을 받아 적지 않은 오류들을 수정할 수 있었다. 책의 표지는 같은 과 동료인 양영안楊永安 박사와 부인 황미혜黃美慧 여사가 함께한 디자인이다. 이 자리를 빌려 감사의 마음을 전한다.

진원지, 사요기와 필자는 지난 반년 동안 본서의 자료 선택과 방향 설정,

장절 배치 및 집필 과정에서의 크고 작은 난제들에 대해 함께 모여 토론하고 연구하였다. 다소간의 의견 불일치가 불가피했지만 우정에는 변함이 없다. 오히려 이견의 해소로 상호 간에 감정은 그 전보다 더욱 견고하고 돈독해졌다. 책을 마무리하면서 일과 외에 집필로 바빴던 시간을 되짚으며 또 다른 책으로 함께할 날이 빨리 오길 기대해 본다.

이가수 李家樹

무인년 단오, 홍콩대학 중문과에서 쓰다

■ 찾아보기

(ㄱ)
가차 ··················· 233
간화자 ················ 242
갑골문 ················ 234
개구도 ················· 30
개음 ···················· 30
고어 ·················· 110
공명도 ················· 30
구 ················ 56, 127
구조관계 ············ 116
근원의 ················· 96
근접 인신의 ········ 96
금문 ·················· 235

(ㄷ)
다의어 ················· 74
단문 ·················· 159
단어 ············ 58, 127
단음절어 ············· 47
단일어 ················· 60
대전 ·················· 236
독체자 ··············· 204
동음어 ················· 73
동의어 ················· 76
동형동음 ············· 73

(ㅁ)
마찰음 ················· 23

문단 ·················· 127
문장 ·················· 127
문장분석 ············ 148
문장성분 ············ 122

(ㅂ)
반의어 ················· 79
반절 ···················· 28
방언어 ··············· 108
복문 ·················· 159
본의 ···················· 96
부건 ·················· 204
비유의 ··············· 105
비음 ···················· 23

(ㅅ)
사호 ···················· 31
상대 반의어 ········ 80
상형 ·················· 214
『설문해자』 ········· 214
설측음 ················· 23
성모 ···················· 15
성조 ···················· 16
소전 ·················· 236
신조어 ··············· 108
실사 ···················· 59
쌍성 ············· 19, 65

(ㅇ)

압운 ……………………………… 37
어법단위 ……………………… 126
어순 …………………………… 116
연면어 …………………… 19, 65
영성모 ………………………… 29
예변 …………………………… 238
예서 …………………………… 237
외래어 ………………………… 111
운두 …………………………… 30
운모 …………………………… 15
운미 …………………………… 30
운복 …………………………… 30
육서 …………………………… 211
음보 …………………………… 17
음소 …………………………… 14
음역어 ………………………… 65
음절 …………………………… 15
의미 …………………………… 119
의미관계 ……………………… 118
의미조합 ……………………… 115
의존 형태소 …………………… 58
이음절어 ……………………… 47
이체어 ………………………… 210
이형동음 ……………………… 73
이형어 ………………………… 210
인신의 ………………………… 96

(ㅈ)

자립 형태소 …………………… 58
전서 …………………………… 236
전주 …………………………… 227
절대 반의어 …………………… 79

지사 …………………………… 216

(ㅊ)

첩운 ……………………… 19, 65
초서 …………………………… 238

(ㅌ)

통사 …………………………… 121
통사론 ………………………… 127

(ㅍ)

파열음 ………………………… 22
파찰음 ………………………… 23
평측 …………………………… 37
표음문자 ……………………… 197
표의문자 ……………………… 197
품사 …………………………… 122
필획 …………………………… 204

(ㅎ)

『한자간화방안漢字簡化方案』…… 242
합성어 …………………… 60, 129
합체자 ………………………… 204
해서 …………………………… 239
허사 ……………………… 59, 116
형방 …………………………… 200
형성 ……………………… 200, 222
형태론 ………………………… 127
형태소 ………………………… 56
화용 …………………………… 119
확대 인신의 …………………… 96
회의 …………………………… 219

중국 언어의 이해

1판 1쇄 발행 2022년 2월 28일

원   제 | 漢語綜述
지 은 이 | 이가수(李家樹), 진원지(陳遠止), 사요기(謝耀基)
옮 긴 이 | 박찬욱, 김희성, 김승현, 신근영
펴 낸 이 | 김진수
펴 낸 곳 | 한국문화사
등   록 | 제1994-9호
주   소 | 서울시 성동구 아차산로49, 404호(성수동1가, 서울숲코오롱디지털타워3차)
전   화 | 02-464-7708
팩   스 | 02-499-0846
이 메 일 | hkm7708@daum.net
홈페이지 | http://hph.co.kr

ISBN 979-11-6685-078-3 93720

• 이 책의 내용은 저작권법에 따라 보호받고 있습니다.
• 잘못된 책은 구매처에서 바꾸어 드립니다.
• 책값은 뒤표지에 있습니다.

오류를 발견하셨다면 이메일이나 홈페이지를 통해 제보해주세요.
소중한 의견을 모아 더 좋은 책을 만들겠습니다.